湖南师范大学一流学科建设项目资助
湖南省重点学科建设项目资助
湖南师范大学博士出版基金资助
湖南省社科基金项目研究成果（编号：16YBA257）
湖南省教育厅基地项目研究成果（编号：15K072）

《老年人权利公约》理性构建研究

«LAONIANREN QUANLI GONGYUE»
LIXING GOUJIAN YANJIU

何燕华 / 著

By Heyanhua

法律出版社
LAW PRESS · CHINA

目　录

中文摘要

在20世纪中,人口寿命发生了巨大变化,21世纪全球人口出现迅速增长。与此同时,在世界人口结构中,年龄分布从青年转向老年,人口老龄化成为全球面临的问题。老龄化社会意味着社会劳动人口减少,劳动生产率下降,使赡养关系发生重大变化,对社会经济的发展提出了挑战。在老龄化过程中,如果劳动力增长减缓,再加上老龄化对社会卫生保健支出的要求增加,伴随而来的就是经济增长变慢。因此,老龄化在世界各地经历的相关性,要求各国充分重视老龄问题,改变态度、政策和做法,从而发挥老年人的巨大潜力,并增强其本身参与家庭和社区生活的能力,保证其作为享有充分权利的公民参与其社会,并确保其有保障、有尊严地进入晚年。老年人所扮演的角色的复杂性和多重性,要求这个世界不能再把老龄化看作仅仅是老年人自己的问题。

然而,老年人在权利实现上面临独特的挑战,这些挑战是所有或大部分区域共有的,它们妨碍了老年人的社会、经济和文化参与度。联合国作为全球最大、最有影响的普遍性政府间组织,维护和促进人权是其根本宗旨和原则之一。联合国人权保护规范是国际和国内社会推动人权立法和决策及实施的重要标准。通过审查联合国现有的老年人权利保护规范,发现联合国框架内的老年人权利保护存在"规范漏洞"和"实施漏洞"。联合国关于老龄化和老年人问题的政策文件为各项事务和公共政策提供了全面的处理方案,但作为"软法律",由于没有提出任何关于遵守和实施方面的规定,也无法制裁不履行行为,这些政策文件不具备法律约束力。因此,必须制定老年人权利保护的"硬法律",从政治、经济、文化、社会、公民权利等方面全面构建老年人权利规范体系,界定国家责任,明确国际层面和国内层面的实施机制,并纳入联合国核心人权公约体系。

本书分为五个部分:

第一部分交代了全球老龄化背景和老年人面临的权利挑战,论证了人权视角下老年人权利保护的正当性,审视了联合国体系内老年人权利保护的不足之处,指出《老年人权利公约》理性构建的必要性和可行性以及公约制定的意义所在,介绍了目前联合国框架下《老年人权利公约》制定的进程。

第二部分为《老年人权利公约》基本原则构建,针对老年人作为权利主体的独特性和权利受到侵犯的特殊性,提出基本原则的功能以及应该具备的特性,比较研究了联合国框架下各利益方在基本原则方面的相关决议及建议,最后提出《老年人权利公约》的基本原则应包括平等和非歧视原则、尊严原则、自主原则、照顾原则。

第三部分重点研究了《老年人权利公约》权利体系构建,追溯了联合国人权机构中对老年人权利的关注,提出《老年人权利公约》对权利体系应遵循综合性和全面性的结合、人格与人类繁荣的结合、人权的普遍性和特殊性的结合,构建包括公民权利和政治权利、经济、社会和文化权利在内的老年人权利框架。这些权利内容并非相互区别、相互排斥,而是相互包容、相互影响。

第四部分研究了《老年人权利公约》实施机制构建,遵循联合国国际人权公约实施的一般原理和机制,从国际层面和国内层面提出了《老年人权利公约》的实施。在国际层面上,在吸收联合国体系内关于人权条约机构改革成果的基础上,建立老年人权利委员会,同时借鉴现有核心人权条约机构的模式,综合考虑与其他人权实施机制的合作以及如何更进一步促进和保护人权的实施。在国内层面的实施上,《老年人权利公约》需明确规定各缔约国需要采取的初步步骤之一是全面审查本国立法和政策框架,从立法、行政、司法方面采取措施,确保国内保护符合国际公约的要求。

第五部分回到中国问题上,以国际的视角解决中国的问题,本部分考察了中国老龄化的现状,审视了现行老年人权利保障体系,指出应对老年人权利的国际保护,中国无论是在理论上还是在实践上,均没有做好相应的准备。本部分提出中国应积极参与《老年人权利公约》的制定,争取在重要的国际人权条约中体现中国的话语权,另外还需在国内加强以“权利”为基础的法律保障体系的建设、完善老年人权利保障监督机制。

关键词:老龄化;联合国;法律原则;老年人权利;国家责任;实施机制

引　言

一、研究背景

（一）全球老龄化不可逆转

人口老龄化是21世纪最重大的人口转型。根据世界卫生组织的标准，当一个国家60岁及以上的人口占总人口的比例达到10%以上时；或者一个国家65岁及以上的人口占总人口的7%以上时，则迈入“老龄化社会”（Aged society）。[①] 就全球而言，由于家庭规模变小和人类寿命延长，世界人口结构中，年龄分布从青年转向老年。20世纪50年代，世界人口的8%为60岁及以上的人口。2000年，这一比例上升至10%，预计2050年将达到21%（见图1）。从2009年到2050年，预计全球60岁及以上的人口将增加两倍左右，从7.43亿人增至20亿人。届时，老龄人口数量将超过15岁以下儿童人数。区域差别将扩大，老龄化程度

① WHO（2002），“Active Aging：A Policy Framework”，See http://www.who.int/ageing/publications/active_ageing/en/. Visited on July 10，2015.

在较发达地区更高,在欠发达地区进程稍慢。预计欠发达地区老年人的比例将从2009年的9%增加到2050年的20%。尽管如此,但其老年人人数超过发达国家。预计到2050年,发展中国家将生活着全球80%的老年人。在这期间,发展中国家老龄人口将从4.81亿人增至16亿人、(见图2),

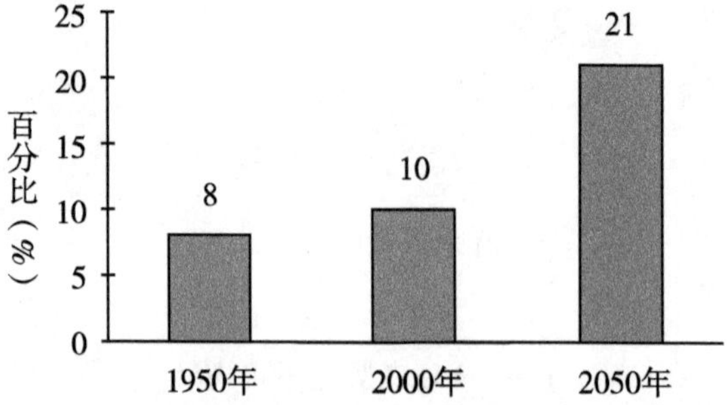

图1 1950年至2050年全球60岁及以上的人口比例①

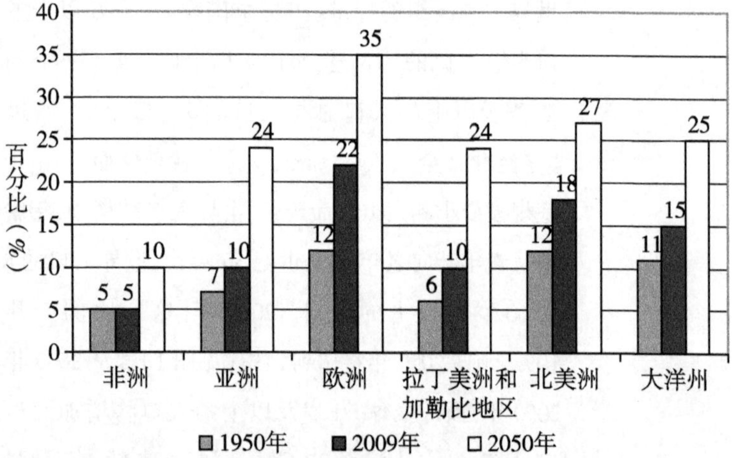

图2 1950年、2009年和2050年各地区60岁及以上人口的数量和分布情况②

① 图表来源:http://www.un.org/chinese/esa/ageing/trends.htm,访问日期:2015年5月20日。

② 图表来源:联合国人口议题网站:http://www.un.org/zh/development/population/ageing.shtml,访问日期:2015年5月20日。

而发达国家老龄人口将从2.62亿增至4.06亿。所有区域都将出现老龄人口增长的情况，这种进程是不可逆转的。

个人、社区、国家和国际生活等各个方面在这种全球的人口变化中已经深受影响。人们的社会、经济、政治、文化、心理和精神上都将产生变化。同时，它与劳动力市场、资本市场、政府养老金、服务以及传统的支助系统等这些由技术和文化变革所调整的全球模式相互作用。最重要的体现在于赡养关系将发生重大变化，从而引起巨大的经济和财政后果。[①] 赡养关系用“可能支助比”（Potential Support Ratio，PSR，也有翻译成潜在赡养率，此处依照联合国官方文件中文版本）来表达，指每个65岁或更老的人有多少个15岁至64岁的人可能承担的负担。每个65岁以上的人口所对应15岁至64岁的人口数量越多，经济增长和生活水平提高的潜力越大，反之亦然。在1950年至2000年，“可能支助比”从12降至9。到21世纪中期，“可能支助比”预期将下降至4（见图3）。

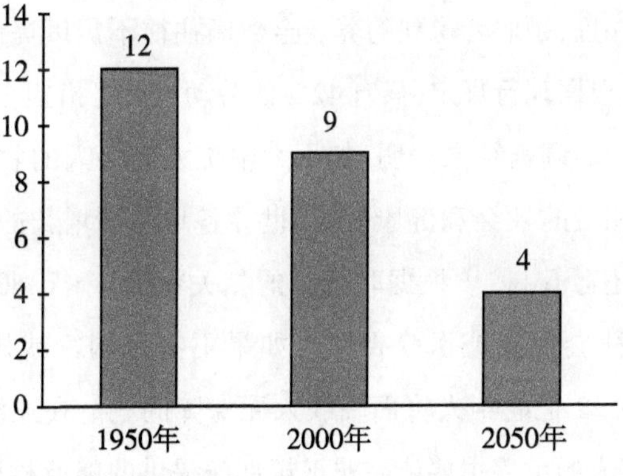

图3　1950年至2050年世界可能支助比（PSR）[②]

---

① ［英］乔治·马格纳斯：《人口老龄化时代——人口正在如何改变全球经济和我们的世界》，余方译，经济科学出版社2012年版，第5页。

② 资料来源：http://www.un.org/chinese/esa/ageing/trends.htm，访问日期：2015年5月20日。

可以看出人口老龄化的冲击,“可能支助比”已经下降和将继续下跌这一情况,对社会保险计划,特别是传统的制度有重大的影响。

(二)老年人面临特殊的权利挑战

在老龄化背景下,国际社会普遍面临必须决定如何可以利用长寿,确保老龄人口能在社会和经济上活跃、有保障和健康,并能为社会带来贡献。然而,遗憾的是,老年人的人权状况,长久以来并没有得到足够的重视。伴随着社会老龄化的加深,出现了与老龄相关的风险:贫穷、边缘化、受忽视、歧视和健康不良。越来越多的研究表明,如同种族歧视和性别歧视,老年人遭受社会排斥、歧视和边缘化已经成了一个跨国界、跨文化和跨越现代化和工业化的全球性问题。根据国际劳工组织出版的《2014/15 年世界社会保护情况报告》,在 2010 年至 2012 年,世界各地超过法定可领取养老金年龄的人口中只有将近一半人在领取一份养老金。并且,领取者得到的养老金数额往往不足以提供收入保障。报告还指出,根据现行规定,只有 42% 的劳动人口可指望今后能领取养老金。该报告的调查结果表明,如不大幅扩大老年人的收入保障及为老年人提供相关的社会和健康服务,世界各地不断增长的老年人中的贫穷率可能还会升高。[①] 根据联合国的相关数据,今天,80% 的世界人口没有任何社会保障或医疗保险。如果不制定国家或国际政策,到 2050 年,大约 12 亿老年人将面临收入无保障问题。在亚洲、非洲和拉丁美洲,老年人的生存主要依靠非正规部门提供的就业机会,常常只能从事低素质的工作。欧洲的调查显示,24% 的老年人是暴力和虐待行

① 国际劳工组织:《2014/15 年世界社会保护情况报告:促进经济复苏、包容性发展和社会正义》,第四章,2014. http://www. ilo. org/global/research/global-reports/world-social-security-report/2014/WCMS_245159/lang-en/index. htm 2016 - 2 - 10,访问日期:2015 年 5 月 20 日。

为的受害者。从 2000 年到 2050 年,部分和完全依赖抚养的老年人数量将增加一倍。在武装冲突与地震、洪水等自然灾害中,老年人特别易受伤害。在有的国家,性别或土著血统等其他因素加剧了对老年人的歧视。[①] 联合国相关文件指出,老年人面临的收入保障、获得与其年龄相称的保健服务、进入劳动力市场和社会保护、免受虐待和暴力以及年龄歧视这些挑战是全球所有或大部分区域共有的,它们妨碍了老年人的社会、经济和文化参与度。[②]

(三)国际社会对老年人权利保护缺乏关注

目前,对各个国家来说,面临两种不同的挑战:改变对老龄化的传统看法以及对老年人承担起本国责任。联合国世界老龄大会呼吁,各国应把老龄化作为一个机会,而不是一个问题。[③] 各国应制定政策,使人们无论年龄,在任何时间都能充分享有人权,并且在一个老龄化世界中保障人权。这需要根据人权规范制定新的立法和国家政策,承认平等和无年龄歧视。但是,大部分国家并未适应老龄化所带来的人口构成新挑战。

联合国分别于 1982 年和 2002 年召开了老龄问题世界大会,第二次会议通过了《马德里老龄问题国际行动计划》(以下简称《马德里行动计

---

① 联合国经济及社会理事会社会发展委员会第五十届会议:《2002 年马德里老龄问题国际行动计划》第二次审查和评价秘书长的报告,UN. Doc. E/CN. 5/2012/5. 3 November 2011。http://www. un. org/en/ga/search/view _ doc. asp? symbol = E/CN. 5/% 202012/5&referer = http://www. un. org/zh/documents/index. html&Lang = C,访问日期:2015 年 10 月 20 日。

② United Nations Economic and Social Council Commission for Social Development: Second Review and Appraisal of the Madrid International Plan of Action on Ageing, 2002, Report of the Secretary-General, Fifty-first session 6 – 15 February, 2013 E/CN. 5/2013/6, 28 November 2012. See http://www. un. org/en/ga/search/view _ doc. asp? symbol = E/CN. 5/2013/6. Visited on 20 October, 2015.

③ 参见联合国网站:http://www. un. org/chinese/events/ageing/info. htm,访问日期:2015 年 10 月 20 日。

划》),是联合国体系内解决老龄问题的行动纲领。第二次老龄问题世界大会后,秘书长提出了执行《马德里行动计划》的行进图。[①] 该行进图旨在老龄问题领域协助各成员国制定国家优先事项和促进国际合作。行进图确定了《马德里行动计划》的成功执行取决于两个方面:国家能力建设和将老龄问题纳入国家发展议程的主流。在执行《马德里行动计划》五年之后,2007 年的第一次审查和评价显示,这方面的变化甚微。[②] 只有少数成员国报告它们使用主流化作为政策工具。由于缺乏资金和人力资源,许多低收入国家在执行《马德里行动计划》方面的国家能力也没有得到长足的发展。在把老龄问题纳入国家政策主流方面的进展即便有,也很有限。2012 年第二次审查和评价[③]则表明,执行工作依然不力。政策与实践之间存在差距,主要制约因素在于动员和(或)建设充足人力和财政能力方面也存在不足。《马德里行动计划》通过十年之后,无论是在将其纳入国家发展计划方面,还是在国家的能力建设方面,各个国家仍进展有限。虽然发达国家会员国制定了一些个别政策,但由于金融危机,一些方案被削减和重组,对老年人的生活造成直接影响。在许多发展中国家,人们对《马德里行动计划》的认识仍然很不足,老年人目前的生活状况也仍然较差。

除了两次老龄问题世界大会通过的《马德里行动计划》之外,1991

---

① 联合国大会第五十八届会议:第二次老龄问题世界大会的后续行动秘书长的报告,UN. Doc. A/58/160, 17 July 2003。http://documents-dds-ny. un. org/doc/UNDOC/GEN/N03/433/33/pdf/N0343333. pdf? OpenElement,访问日期:2015 年 10 月 20 日。

② 联合国经济及社会理事会社会发展委员会第四十五届会议:第二次老龄问题世界大会以来老龄问题领域的重大发展秘书长的报告,UN. Doc. E/CN. 5/2007/7, 21November 2006。http://documents-dds-ny. un. org/doc/UNDOC/GEN/N06/625/89/pdf/N0662589. pdf? OpenElement,访问日期:2015 年 10 月 20 日。

③ United Nations Economic and Social Council Commission for Social Development: Second Review and Appraisal of the Madrid International Plan of Action on Ageing, 2002, Report of the Secretary-General, Fifty-first session 6 – 15 February, 2013 E/CN. 5/2013/6. See http:// www. un. org/en/ga/search/view_doc. asp? symbol = E/CN. 5/2013/6. Visited on 20 October, 2015.

年《联合国老年人原则》也是联合国另一个重要的文件,其侧重于老年人的权利保护,提出了独立、参与、照顾、自我实现和尊严这五项原则和十八项国家在处理老龄问题方面的建议。

尽管联合国关于老龄化和老年人问题的政策文件为各项事务和公共政策策略提供了全面的处理方案,但作为"软法律",这些政策文件不具备法律约束力,也无法制裁不履行行为。相反,它们具体表现为各国政府约定以其为指导的各种规范规则,但没有提出任何关于遵守方面的规定,其标准的执行往往很无力。因此,正如联合国大会第67/139号决议指出的,自2002年《马德里行动计划》通过以来,各国政府、联合国系统相关机构以及包括非政府组织和私营部门在内的民间社会为加强合作和统筹并提高对老龄问题的认识和敏感度付出了各种努力,但仍不足以增加老年人的机会,使他们充分有效地参与经济、社会、文化和政治生活。①

因此,我们需要在国际层面对所有老年人权利在平等和非歧视的法律框架范围内进行思索,在这种框架中,不仅应该对业已存在的"软法律"起着加强作用,还应使老年人的所有权利,包括政治、经济、社会、文化、公民权利能得到综合的保护,并且国家负有尊重、保护和促进义务,使老年人能够充满活力地参与社会,并不因政府的换代或经济危机而受影响。

二、研究的意义

(一)理论意义

第一,推动国际人权法理论研究的具体化。老年人作为个体的人,

① 联合国大会第六十七届会议第67/139号决议:订立一项全面综合国际法律文书以促进和保护老年人权利与尊严,UN. Doc. A/RES/67-139,13 February 2013,p. 2。

其人权保障具有特殊性,从国际人权法理论视域研究老年人权利保护,可使抽象的国际人权法理论有具体载体,充实国际人权法的内容,弥补国际人权法律框架的“规范缺失”。

第二,丰富我国及国际社会老年人权利保护立法理论。老年人所面临的独特和普遍的人权挑战很大一部分来自“老龄歧视”或“年龄歧视”,并体现在生活的各个领域,如就业、卫生服务、社会服务、经济、代际关系、诉诸司法、文化艺术等许多其他领域。本书的研究将提高国内或国际社会在老年人权利保护上更广泛的社会共识,有利于转变人们对待老年人这一社会群体观念中陈腐的看法,从而为国内或区域立法提供理论支持。

(二)现实意义

第一,有助于应对全球人口结构的变化。老龄化导致全球人口结构的变化不仅在国家层面,而且在国际层面对社会、经济所产生的影响是深远的,且不可估量。这对社会政策和公共政策提出了更高的要求,对基本人权的享受以及基本自由的追求应适用于全社会所有年龄段的人口。在国际人权法的框架下,以联合国立法为基础,加强全球范围内老年人的基本人权的保护,有助于各国以及国际社会应对人口结构变化所带来的负面影响。

第二,有助于推进和深化国际人权法领域内老年人权利框架及其实现。近年来,虽然国际社会和一些国家开始重视老年人的权利保护,在联合国体系内,存在一系列规范和决议,但其“软法”性质难以保证其执行力。现有人权机制对老年人的具体情况没有一个系统、全面,且具有约束力的应对办法。2010 年 12 月,联合国大会第 65/182 号决议,决定设立联合国所有会员国参加的“老龄问题不限成员名额工作组”(Open-ended Working Group on Ageing,OEWG),研究进一步制定文书和采取措施的可能性。2012 年 12 月,联合国大会第 67/139 号决议授权 OEWG 审议订立一项全面保护老年人权利的国际文书。但迄今为止,这一国际文书的订立遇到重重阻力,仍然没有办法出台草案。因此,研究联合国老年人权利国际公约的制定具有重大的意义。在联合国立法体系内规范老年人权利保护,将扩大老年人权利覆盖范围,而国际人权法对国家的责任和义务的强化是老年人权利框架形成的保障。

第三,有助于我国老年人权利保护立法之完善。中国早在 20 世纪末就已进入老龄社会,21 世纪人口老龄化速度不断加快,应对老龄社会的突出问题已经成为急迫的课题。中国老龄政策规范和调整的领域主要局限于老年人的供养、医疗保健、照料服务、精神文化生活、权益保障等有限的几个方面,老龄政策似乎就是"老年人的政策"。本书以国际人权法为视角审视我国老年人权益保障,可以为国内立法及实施机制的构建提供参考条款和标准。

三、研究现状

(一)国外研究现状

对于老年人权利保护联合国立法的研究,国外相关的研究成果体现在以下几个方面:

一是基于人权的老年人权利保护的合理性。加拿大人权教授 Frederic Megret 在"The Human Rights of Older Persons: A Growing Challenge"(2011 年)一文中指出面对世界老龄化人口结构,老年人权利保护受到独特的挑战,提出国际社会中,老年人人权面临碎片化,论证了老年人作为特定权利主体,对其人权进行保护的合理性;美国学者 Martin 等教授十多年来跟踪世界各地老年人人权状况,定期在《美国国际法评论》中发布老年人人权现状的报告(从 2002 年到 2014 年共发布三份报告），指出老年人人权遭受践踏已经成为一种普遍现象，提出了老年人权利应该纳入人权框架进行保护；Luke T. Lee 在“Aging：A New Human Rights Concern”（2013 年）一文中提出对老年人权利保护应纳入人权法关切的领域。

二是老年人权利保护在国际法中的地位。美国佐治亚州立大学 Arlene S. Kanter 教授在“The United Nations Convention on the Rights of Persons with Disabilities and its Implications for the Rights of Elderly People Under International”（2009 年）一文中梳理了目前老年人的权利保护在国际法中的地位，指出国际法对老年人的权利保护远远不能适应老龄化社会的要求；香港中文大学 Kwong-Leung Tang 等在“Global Social Justice for Older People：The Case for an International Convention on the Rights of Older People”（2014 年）一文中指出，老年人权利在国际社会中没有引起足够的重视，在全球老龄化日益加剧的今天，必将不利于公平正义原则的实现。

三是联合国制定专门性国际公约的必要性。国际社会有两种主张，即赞同的观点和反对的观点。赞同的观点中比较有代表性的有：以色列海法大学教授 Doron 在“From National to International Elder Law”（2013 年）一文中指出应制定专门国际公约，以期引起全球对老龄问题的关注；Kanter 教授（2007 年）指出，《残疾人权利国际公约》的成功范例为老年人权利保护提供了思路，联合国制定专门性国际公约可以填补老年人这类特殊群体在联合国法律框架下的空白；Rodriguez-Pinzon 教授（2010 年）全面审查了老年人权利保护国际机制后指出，在全球老龄化趋势下，必须从人权层面清晰规范老年人权利保护，而国际社会缺乏一个综合性的法律机制。而反对的观点中，哥伦比亚大学教授 Weissman 在“The Human Rights Dilemma：Rethinking the Humanitarian Project”（2013 年）一文中认为，国际人权公约忽视了特定的文化和信仰传统，忽视了受保护者真实的参与，不能使受保护者达到真正的平等；Madek 教授在“Note：Killing dishonor：Effective Eradication of Honor Killing”（2003 年）一文中认为，国际公约的达成以成员国的政治妥协为代价，而忽视了真正的受保护者的权利；Udombana 在“International Law and the Prohibition of Children's Involvement in Armed Conflict.”（2005 年）一文中认为，如《儿童权利国际公约》，国际公约面临巨大的实施障碍，公约的制定于实际并无作用。

（二）国内研究现状

国内在老年人权益保障方面的研究成果比较多，以下从专著类和论文类分别梳理国内老年人权益保护相关文献。

1. 专著类研究成果

国内老年人权利保护方面，现有专著类的研究成果多集中在从社会法、地方立法、民法学、宪法学等视角对老年人权益保障的研究。从时间上来看，大都集中在 2013 年我国新修改的《老年人权益保障法》实施之前。从研究内容上来看，与本选题相关的成果主要分为两类：

一是基于我国老年法完善的研究方面。代表性的专著类成果主要有：肖金明（2013 年）对老年人权益保障立法进行了域外比较和地方立法比较，并梳理了与公法、民法和社会法的关联，提出了全面修改《老年人权益保障法》的立法建议；曹健、王云斌（2012 年）从国内比较和国际比较两个角度对老年人养老保障、医疗保障、服务保障、权益保障以及社会责任、市场责任进行研究，提出我国老年人权益保障的立法蓝图；曾庆敏（2011 年）从社会法范畴入手，指出应厘清老年法在我国法律体系中的地位及属性，老年立法的权利主体是老年人，具有其特殊性，立法上也应有区别于其他针对一般主体的特殊性，因此提出在这种认识的基础上全面修改《老年人权益保障法》的具体建议；李超（2007 年）考察了历史上和国外典型国家有关老年人权益保护的实践,提出完善我国《老年人权益保障法》的具体建议,对我国老年社会保障、医疗保障、老年护理等方面的规范建立有参考价值。

二是基于老年人作为社会弱者权利保护的研究。代表性的成果主要有:姜向群等(2010年)研究了与老年人有关的年龄歧视和老年虐待两个方面的问题,在年龄歧视方面比较了英美法系国家以及我国城区年龄歧视问题的表现,研究了年龄歧视的历史过程及原因、社会背景、概念、含义、指标体系及衡量标准,提出了从提高老年人参与程度、提高老龄政策覆盖水平、使政策更加具体和可操作、提高政策的权威性四个方面发展我国老年社会政策的思路;在老年虐待方面通过对相关标准和指标的评估,提出加强对被虐待者的社会保护和加强对照料者的社会支持;余少祥(2008年)从法律和权利的角度对社会弱势群体的认知、社会弱势群体保护的正当性、社会弱势群体保护的基本方略进行了全面的研究,对本书中老年人权利的研究有很好的启示作用;吴宁(2008年)将社会弱势群体问题归结为生存权、发展权,从法理角度对其保护的正当性进行证明,从利益表达、人权保障、保护限度、权利救济以及国际法保护方面提出制度建设的建议;齐延平(2006年)从人本主义视角、人的尊严视角、生存权视角论证了社会弱势群体权利的人权特质,为老年人权利保护提供论证思路。

2. 论文类研究成果

近年来,论文类研究成果较为丰富,所涉及的研究内容和视角也很广博。

一是从学位论文具有代表性的成果来看,与本书相关的主要有:刘苓玲(2007年)剖析了老年保障系统的基本要素,在比较研究的基础上提出对我国老年社会保障制度建立的启示;朱雪林(2012年)对加拿大监护制度进行了全面的剖析,针对我国成年监护制度的问题,提出了修改我国《老年人权益保障法》相关制度的建议;李欣(2012年)以私法自治理念为主要研究视角和理论基础，分析比较国外先进立法经验，从立法理念、立法体例、意定监护、法定监护等方面对我国老年人监护制度提出了完善建议；徐宏伟（2009年）比较国外先进养老制度的优缺点，借鉴先进经验，对建立适应中国国情的养老保障制度提出建议；刘大玉（2010年）借助制度主义的分析路径，以风险社会理论为视角，通过对代表性国家在金融危机下的养老保险制度的研究，分析了我国养老保险制度的问题并提出对策；吴欣欣（2013年）从老年人权益的特殊性着手，分析了我国老年人权益保障面临的现状，介绍了域外经验，并对未来我国老年人权益保障工作提出建议；陈尚尚（2012年）通过对域外经验的比较，提出要在立法上制定和修改相关法律法规、在司法上设立巡回法庭以方便老年人诉讼、行政上实行弹性退休制；张智慧（2012年）审视了我国老年护理照顾方面的规范，提出制定《老年人服务法》；郑蓉菲（2014年）从宪法行政法的视角审视了新修改的《老年人权益保障法》，提出仍需建立《子女赡养法》、加强"精神赡养"方面的立法。除此之外，赵碧涛（2015年）从我国老年妇女权益保护的角度提出救济路径；王汝洋（2012年）、朱虹（2009年）探讨了我国社会养老服务法律制度的完善；魏慧芳（2015年）探讨了我国老年人精神赡养法律保护的现状及问题，等等。

二是从期刊论文代表性成果来看，与本书相关的主要有：陈雄（2013年）考察了老年人宪法权利的道德根基，提出应以传统伦理上的"孝"为基础，弘扬传统美德，以法定化的尊老传统为依据，继续推进老年人宪法权益保障事业；李欣（2013年）指出老年人的医疗自主权以生命健康权和人权尊严权为权利渊源，建议将生前预嘱制度合法化，适用意定老年监护合同，加强法定老年监护中医疗自主决定权的维护；王利清（2013年）认为，老年人的弱权与失权现象主要体现在生活层面的弱权、制度层面的失权与社会层面的弱权，为此，建议政府采取向老人增权的政策取向；杨海坤（2013年）以我国老年人权益保护立法为例，指出应适应宪法实质平等权的要求,在立法理念、立法内容、立法体系、立法制度环境等方面加强弱者权利的立法保障;熊必俊(2002 年)介绍了联合国第二次老龄问题世界大会以及相关的文件,建议把开发老年人力人才资源纳入社会经济发展规划,提高老年人参与社会发展的能力。

综上所述,以上国内外研究现状中,国外代表性的研究成果以及国际实践为本书顺利完成奠定了良好的基础,其中很多观点和研究方式值得借鉴。但总体来说,国外研究成果的侧重点有所偏颇,较少从法理学以及国际法学的角度对老年人权利进行分析,有的成果运用的实证材料不够全面。另外,缺乏对联合国体系内老年人权利保护的成就作全面的追溯和反思,没有对《老年人权利公约》应有的法律原则、权利框架、实施机制进行全面综合性的思考。而从国内相关成果看,部分研究成果为本书的研究提供了很好的文献。但研究老年人权利保护的专门著作不多,仅有的几本大多从厘清我国老年法的性质入手,从民商法视角、经济法视角、宪法行政法视角审视我国《老年人权益保障法》的修改和完善。虽然有关弱势群体权利保护的专著可以为老年人权利保护提供思路和视角,但缺乏对老年人的专门研究,忽略了老年人群体以及其权利受到侵害的特殊性。学位论文的成果也多集中在对现有老年法的批评和国外先进经验的借鉴上,并以此提出完善和修改建议;期刊论文有涉及联合国老年人权利保护理论和实践的介绍,但仅止步于介绍层面,并没有从国际法理论上深入探讨老年人权利国际人权法保护的合理性,更没有为老年人权利在国际人权法上的应然提出一个综合的权利框架以及有效的实施机制。因此,总体来说,国内研究成果很少关注到联合国在老年人权利保护方面的动向,在从国际人权法角度思考老年人权利保护方面尚属空白,针对目前老龄化已严重影响到社会生活的每一个方面的现状以及老年人在人权保护方面面临的不利状况,更是缺乏意识和应对措施。

四、可能的创新之处

（一）填补了国内相关理论研究的空白

本书全面考察了联合国体系内关于老年人权利保护的规范及机制，比较分析联合国在这方面的不足与缺陷，指出现有人权机制对老年人具体情况缺乏系统、全面的应对办法；提出了在国际人权法的框架内创设专门针对老年人权利的国际保护制度，完善了相关的理论框架；针对国际上缺乏保护老年人权利的法律机制和实施机制的现实，提出了构建一项全面、综合的《老年人权利公约》应该具备的法律原则、权利体系、实施机制；在我国老年人保护的法律机制方面，针对目前我国老年人保护现状的不足，指出应对国际社会老年人权利保护潮流，我国作为一个参与规则制订的大国，无论是在理论上还是在实践中，均没有做好充分的准备，对于在该规则制订中如何体现我国应有的话语权提出了较合理的建议。本书所涉及的这些观点在国内尚属首次涉足，填补了国内理论研究的空白。

（二）开拓了老年人权利保护新视角

从现有文献来看，对老年人权利保护的研究多以社会保障、私权保护为视角。本书注意到，在老年人权利保护措施中，联合国公约是人权维护的有效工具，有利于合理推动公共政策的改革，加强和补充现有“软法”性质的国际规范，为老年人在国内和国际上提供最大的认可度。而且，国际人权法视角下公约规范的执行和监测也有利于国家、民间社团、非政府组织与老年人之间的对话，确保老年人的权利得以实现。国内相关成果也鲜有从国际人权法角度研究我国老年人权益保障问题，本书开拓了老年人权利保护研究的新视角。

第一章　全球老龄化与联合国老年人权利保护

第一节　全球老龄化现状及其挑战

一、全球老龄化现状

“老龄化”一词来自英文 Population Ageing。世界卫生组织将老龄化界定为“一个人在生理、心理和社会结构方面的逐渐变化过程”。① 对于什么是老龄化社会，国际上目前普遍接受的标准是：当一个国家 60 岁及以上的人口占总人口的比例达到 10% 以上时；或者一个国家 65 岁及以上的人口占总人口的 7% 以上时，则迈入“老龄化社会”(Aged society)。② 它可以从两个角度来理解：第一个角度是从动态方面来看，指人口结构中老龄人口数量相对增多，在比例上处于不断上升的过程；第二个角度是从静态方面来看，

① World Health Organization: *A life course perspective of maintaining independence in older age*, WHO, Geneva, 1999, p. 4.

② WHO(2002), “Active Aging: A Policy Framework”, Geneva: WHO, See http://www.who.int/ageing/publications/active_ageing/en/. Visited on July 10, 2015.

指社会人口结构中老年人比例增大，社会呈现老年状态。[①] 因此，老龄化是一个相对于一定年龄以上的人口比例而言的概念。

根据联合国人口司的统计，1950 年，全球总人口为 25.32 亿，其中，2.04 亿为 60 岁以上人口，占全球人口总量的 8.07%；1.30 亿为 65 岁以上的人口，占全球总人口的 5.15%。到 1990 年，全球总人口为 53.63 亿，其中 5.45 亿为 60 岁以上，占全球人口总量的 10.16%；3.85 亿为 65 岁以上，占全球人口总量的 7.18%。[②] 可见，从 20 世纪 90 年代初开始，全球步入老龄化社会。

根据联合国 2015 年的最新数据，截至 2015 年 7 月 1 日，全球人口总量已达 73 亿，其中 9.01 亿为 60 岁以上，占人口总量的 12%；6.08 亿为 65 岁以上，占人口总量的 8.3%。[③] 60 岁以上的人口以每年 3.26% 的速度增长。预计到 2030 年，全球 60 岁以上的人口将达 14 亿，到 2050 年，将达到 21 亿，到 2100 年，将达到 32 亿。[④] 在中短期内，全球老龄人口持续增长是不可避免的，而且，表现出以下几个方面的特征：

（一）区域分布不均衡

从现有的发展程度和发展速度来看，在老年人人口的增长幅度和增长速度方面，发展中国家表现尤为突出。在今后的 50 年里，发展中

---

① 韩鹏：《新时期我国人口老龄化问题》，经济管理出版社 2015 年版，第 16 页。

② World Population Ageing 1950 – 2050, Population Division, DESA, United Nations, UN Doc A/CONF. 197/9, pp. 48 – 49.

③ United Nations (2015), Probabilistic Population Projections based on the World Population Prospects: The 2015 Revision. Population Division, DESA, "Population aged 65 + (both sexes combined) by country or area, 1950 – 2100 (thousands)", http://esa.un.org/unpd/ppp/. Visited on July 10, 2015.

④ United Nations Department of Economic and Social Affairs/Population Division, "World Population Prospects: The 2015 Revision, Key Findings and Advance Tables", p. 7. http://esa.un.org/unpd/ppp/. Visited on July 10, 2015.

国家的老龄人口预计将增长四倍。在亚洲和拉丁美洲，1998年，划定为老年的人口比例为8%，预计到2025年，将增加到15%；但在非洲，从1998年到2025年，这一比例预计将从5%增加到6%，到2050年，这一比例将增加一倍；在社会贫困和艾滋病肆虐的撒哈拉以南的非洲地区，这一比例将只达到上述水平的一半；在欧洲，同一时期，预计这一比例将分别从20%增加到28%；在北美洲，预计将从16%增加到26%。[①] 总的来说，发展中国家人口老龄化的速度远远快于发达国家。如60岁以上的人口比例占总人口的7%到14%这个过程，法国用了115年，瑞典用了85年，美国用了69年，而哥伦比亚仅用20年，巴西用了21年，中国用了26年。[②]

从老龄人口的绝对数值来看，发展中国家的人数众多，如2002年，中国超过60岁的老龄人口为1.34亿，印度为0.81亿；预计到2025年，中国老龄人口为2.88亿，印度为1.68亿。从老龄人口的发展速度来看，发展中国家也快于发达国家。2002年，大约有4亿年龄超过60岁的老年人生活在发展中国家，到2025年，预计会增加到8.4亿人，占世界老龄人口的70%。而其中，几乎一半的老年人生活在亚洲，2002年，亚洲的老年人占全球总数的53%，预计2025年将达到59%。[③]

(二)性别比例不均衡

在全球范围内，女性的预期寿命高于男性，因此，老龄人口中女性

① *World Population Ageing* 1950 - 2050, Population Division, DESA, United Nations, A/CONF. 197/9, p. 45.

② Kinsella, Kevin and Divid R. Phillips (2005), "Global ageing: The challenge of success", *Population Bulletin*, Vol. 60, No. 1. Washington, D. C.: Population Reference Bureau.

③ 数据统计截止日期：2015年7月1日。United Nations Department of Economic and Social Affairs/Population Division World Population Prospects, "The 2015 Revision, Key Findings and Advance Tables", http://esa. un. org/unpd/ppp/. Visited on July 10, 2015.

比重较大。相关数据显示,60 岁及以上的人口中,2000 年,女性比男性多6300 万人,在比例上女性比男性多两倍至五倍。截至 2015 年 7 月 1 日,[①]60 岁及以上的人口中,女性和男性的比例为 100:85,其中,80 岁及以上的人口中,其比例为 100:62。随着医疗条件的改善以及生活水平的提高,男女比例会逐渐有所改观,预计到 2050 年,在 60 岁及以上的人口中,100 名女性将对应 88 名男性;在 80 岁及以上的人口中,比例为 100 名女性对应 72 名男性(见表 1－1)。

表 1－1　全球老龄人口每百名女性对应的男性比例统计及预测[②]

单位:%

年龄	1980 年	2015 年	2030 年(预测)	2050 年(预测)
60 岁及以上	77.6	85.6	87.4	88.7
65 岁及以上	72.4	81.3	83.9	85.5
80 岁及以上	51.6	62.7	67.8	72.9

(三)人口高龄化加剧

老龄人口本身也在老龄化,人口高龄化正在加剧。高龄化指在人口的年龄构成方面,高龄人口所占老龄人口比例相对变大的趋势,其原因并不是由于个人寿命延长,而是由死亡率下降引起的。[③] 一般而言,年龄 80 岁及以上的人口称为高龄人口。高龄化的衡量指标为人口高龄化系数,是就 80 岁及以上年龄人口在所有 60 岁及以上年龄人口中所占比

① United Nations Department of Economic and Social Affairs/Population Division World Population Prospects,"The 2015 Revision,Key Findings and Advance Tables",http://esa.un.org/unpd/ppp/. Visited on July 10,2015.

② 资料来源:http://esa.un.org/unpd/popdev/Profilesofageing2015/index.html,访问日期:2015 年 11 月 16 日。

③ [日]兼清弘之、刘蔼馨:《人口高龄化的经济问题》,载《人口与经济》1982 年第 3 期。

例而言，是老龄人口中进入高龄人口的比重变化过程和状态，也是一种绝对的老龄化。其成因上，在于老龄人口死亡率下降，即人口老龄化中的老龄化，因此，也被有些学者称为“二次老龄化”。[①] 高龄老年人是世界上增长最快的年龄组，目前，其每年增长速度达到3.8%，老年人总数中，超过1/10为高龄老人。到21世纪中，预计将达到1/5以上(见表1-2)。

表1-2 全球80岁以上的老龄人口统计及预测[②]

单位：千

年龄	2015年	2030年	2050年
80~84岁	71450	113476	223491
85~89岁	37062	56222	130743
90~94岁	13389	24042	57779
95~99岁	2922	6836	18753
100岁以上	451	1245	3676

二、老龄化社会的挑战

21世纪最重大的趋势之一是人口老龄化，社会的各个方面因此而深受影响。正如联合国秘书长潘基文指出的：“老龄化现象对社会和经济方面的影响是深远的，老龄化以一种前所未有的方式，不仅会对老年人个人和其直系家庭的产生影响，而且会触及更广泛的社会层面和国际社会。”[③]

老龄化社会意味着社会劳动人口减少，劳动生产率下降，使赡养关

① 张友庭：《试论上海市老龄人口高龄化趋势及其影响》，载《南京人口管理干部学院学报》2008年第3期。

② 资料来源：http://esa.un.org/unpd/popdev/Profilesofageing2015/index.html，访问日期：2015年11月16日。

③ Ageing in the Twenty-First Century: *A Celebration and A Challenge*, Published by the United Nations Population Fund, New York, and Help Age International, London, p. 9.

系发生重大变化,对社会经济的发展提出了挑战。社会对养老、医疗、保健等社会保障体系的需求越来越大,而社会保障体系又直接受到年龄结构变化的影响。越来越多的老年人随着年龄的增长,需要足够的收入支持,如果他们希望在经济上继续活跃,便需要有机会从事体面行业,并需要获取适当的保健服务,包括长期护理。在发达国家,这些目标的实现取得了一定程度的进展。然而,在发展中国家,由于家庭结构的变化和移徙模式日趋城市化,越来越多的老年人正在失去传统的家庭支持,特别是在农村地区。老龄问题女性化,即老年妇女的人数超过了老年男子,也提出了一些重大的决策挑战。在许多发展中国家,老年妇女单身、失业和文盲的比例大大高于老年男子。[①] 这是最易陷入贫困的人群,而且在人数上稳步、迅速增加,因此,我们有必要在消除贫穷和发展政策的范围内处理老龄问题。

人口老龄化也影响着老年人的"可能支助比"(Potential Support Ratio,PSR,也有翻译成"潜在赡养率",此处依照联合国范本),[②]在1950年至2000年,"可能支助比"从每个65岁或更老的人有12个工龄降至9个工龄人口。到21世纪中叶,预期"可能支助比"将下降至每个65岁或更老的人有4个工龄人口(见引言图3)。"可能支助比对"社会保险计划,特别是传统的制度有重大的影响。目前,不论发达还是非发达国家,对老年人的可支助比都在降低,这对社会及经济结构有重大的影响,对一个地区、一个国家的发展形成挑战。

老龄化在社会发展中占据枢纽作用,同时它与劳动力市场、资本市

① Follow-up to the Second World Assembly on Ageing: Report of the Secretary-General, Submitted to the United Nations General Assembly, UN. Doc. A/64/127, July 2009, p. 3.

② 可支助比,指年龄在15岁至64岁的人数与年龄在65岁上人数的比率,即每个65岁或更老的人有多少个15岁至64岁的人。每个65岁以上的人口所对应15岁至64岁的人口数量越多,经济增长和生活水平提高的潜力越大,反之亦然。参见 World Population Ageing 1950 – 2050, Population Division, DESA, United Nations, UN Doc A/CONF. 197/9, pxxv。

场、政府养老金、服务以及传统的支助系统等这些由技术和文化变革所调整的全球模式相互作用。因此,在老龄化过程中,如果劳动力增长减缓,再加上老龄化对社会卫生保健支出的要求增加,伴随而来的就是经济增长变慢。[①]

老龄化的新构成要求我们制定新政策以去除障碍,促进贡献,重视老龄问题,改变态度、政策和做法,从而发挥老年人的巨大潜力,并增强他们本身参与家庭和社区生活的能力,作为享有充分权利的公民参与其社会,为社会发展做出贡献。因此,要求我们发挥创造性思维来表现老龄化的现实和潜力,以代替以往对老龄人的老古董、顽固、守旧和于社会发展无益的印象。老龄化在世界各地的经历的相关性、老年人所扮演的角色的复杂性和多重性要求这个世界不能再把老龄化看作仅仅是老年人自己的问题。

第二节　基于人权的老年人权利保护

一、老年人的界定

关于"老年人"的界定,一直以来都没有一个全球甚至区域统一的标准。不同国家、不同地区、不同历史时期、不同宗教、不同文化传统,对于"老年人"可能有着不同的定义。[②] 巨大的个体差异不可能得出一个统一的结论。[③] 老年人作为人口结构中的一类,其出生年龄很显然是

① 邹达川:《资产价格、资本流动与人口结构——对养老金投资的启示》,复旦大学2008年博士学位论文,第6页。

② 余少祥:《法律语境中弱势群体概念构建分析》,载《中国法学》2009年第6期。

③ 夏传玲:《"老"的主体界定》,载冯贵山主编:《迈向21世纪老龄问题探讨》,中国文联出版公司1997年版,第259页。

区别于其他人口的标志。但生命周期呈现出的是一种渐变的过程,在这个过程中,从壮年到老年往往没有一个清晰的界限。而且,对"老年人"进行界定,除了年龄外,还涉及生理因素、心理因素以及社会因素。[①]世界卫生组织将老年人定义为"个体在生理、心理和社会结构方面渐进的变化过程"。[②] 在理论和实践中,多少岁应是区分"老年"和其他人口群的分界线,或者说根据什么标准来判断一个人是否"老年人",却没有一致的界定。在社会学上,人的年龄被表现为三个层次,即年代年龄、生理年龄和社会年龄,[③]因此,对于"老年人"的界定,大体形成了以下三种判断标准。

(一)年代年龄

即出生年龄,又叫历法年龄或时序年龄(Chronological age),是指一个人出生后按日历计算的年龄,其界限是以"年"为标志来判定的。这是对"老年人"进行界定最常用的方法。根据联合国统计处的惯例,通常把60岁作为区分人口中的老年组群和年轻组群的分界线。但欧洲联盟统计局的统计认为,"老龄人"系指65岁或65岁以上者,因为最为通常的退休年龄为65岁,许多人在这个年龄开始有资格享受老年人全额社会保障津贴。[④] 随着老龄化社会在全世界范围内的扩大,世界卫

① Sandra Huenchuan and Luis Rodríguez-Piñero:*Ageing and the protection of human rights: current situation and outlook*, Project Document of Economic Commission for Latin America and the Caribbean(ECLAC), United Nations, March 2011, p. 13.

② World Health Organization(WHO) defines ageing as the "process of progressive change in the biological, psychological and social structures of individuals". See: WHO, *A life course perspective of maintaining independence in older age*, WHO, Geneva, 1999, p. 4.

③ [英]乃杰尔·拉波特、乔安娜·奥弗林:《社会文化人类学的关键概念》,鲍雯妍、张亚辉译,华夏出版社2005年版,第36页。

④ Ageing in the Twenty-First Century: *A Celebration and A Challenge*, Published by the United Nations Population Fund, New York, and HelpAge International, London, p. 20.

生组织重新提出了划分老年人的新标准,青年人为44岁以下人群,中年人为45岁到59岁人群,年轻的老年人为60岁到74岁人群,老年人为75岁以上人群,把90岁以上人群称为长寿老人。[①]

而且,随着医疗技术的发展以及人类对环境及自身的重视,人的平均生命期在不断延长。在1900年前后,当时的工业化国家人口预期寿命为45岁至50岁,并且开始增长,其他地区也是如此。一个世纪以后,全世界的平均预期寿命为65岁,预计到2050年将延长至75岁。在发达国家,现在的平均预期寿命为78岁,到2050年将增至85岁;在发展中国家,预计2005年至2050年平均预期寿命将从63岁延长至74岁。[②]一些工业化国家根据本国人口寿命延长的情况,改变了关于退休年龄的规定,以期减轻人口转化对养恤金和社会保障制度构成的压力。例如,在美国,个人有资格享受全额社会保障津贴的年龄逐渐提高,直到2027年提高到67岁为止。法国则根据预期寿命的变化来确定强制性缴纳养恤金缴款的年限。不过,全球的情况是极不平衡的,许多国家并没有达到这个阶段。如非洲,目前的平均预期寿命为52岁,某些国家平均寿命甚至更低。[③] 根据亚太地区的标准,60岁以上为老年人,因此,60岁及以上为我国现阶段划分老年人的通用标准,退休年龄的规定也是参照这个标准。

可见,由于社会发展水平的差异,根据年代年龄没办法确切地界定何为"老年人",因为这个概念并非在所有社会都有相同的含义。而且,随着预期寿命不断延长,它也不能对应于特定的时间跨度。

---

① See http://www.who.int/ageing/about/ageing_life_course/en/. Visited on July 10,2015.

② 联合国经济和社会事务部:《2007年世界经济与社会概览——老龄化世界的发展》,UN. Doc. E/2007/50/Rev. 1:2。

③ UN: *World Population Ageing* 1950 - 2050-*Africa*, Population Division, DESA, United Nations 2015, p. 57.

（二）生理年龄

生理年龄又称生物年龄（Physiological age 或 Biological age），在人体生理学上和解剖学上，是根据一个人的正常发育状态进行推算而得出来的年龄。这个年龄反映出了个体在组织结构和生理功能方面的实际衰老程度，常在医学上用来预计一个人的健康状况，估计其寿命。其判定标准界限为人的身体机能生长程度。生理年龄是一个新的概念，是最初由世界卫生组织（World Health Organization，WHO）欧洲局推荐使用的一套方法，为处理老工人退休和雇佣提供一个较合理的依据。1970 年 WHO 颁布了一份判断人体生理年龄的详细报告，提出了判断生理年龄的一系列指数，用于决定超过一特定的退休年龄（如 60 岁）而希望继续保留工作的工人是否可以如愿。①

生理年龄代表一个人的生命活力，主要取决于个体的生活方式和健康状况。根据英国《每日镜报》2004 年 10 月 25 日的一项报道，英国伦敦的科学家制定了一套生理年龄的测定方法，主要采用瞳孔大小、大脑活性、眼角膜环、皮肤弹性、反射动作、平衡等多项生理指标来决定。这种指标强调的是对每一个体生命跨度中未来时间的评估，而年代年龄强调的是生命个体所经历的时间，并据此决定是否退出工作岗位。因此，相对而言，生理年龄作为判断标准可以避免由于全球各个地区人口结构的不同而带来的对“老年人”界定的确定性这种弊端，为实现代际公平提供了合适的方法。但其数据上不准确性的风险和法律上不确

① Nathan w Shock, Physiological and Chronological Age, “Aging-Its Chemistry” Proceedings of the Third Arnold O. Beckman Conference in Clinical Chemistry, USA 1980, pp. 3 – 24.

定性的弊端是显而易见的。①

(三)社会年龄

社会年龄(social age),是指人在社会活动中所表露出的年龄特征,它体现了个人参与社会活动、处理社会问题、影响其他社会成员的能力程度。社会年龄是根据一个人在与其他人交往的角色作用来确定的个体年龄。也就是说一个人的社会地位越高,起的作用越大,社会年龄就越成熟。根据社会年龄对"老年人"进行界定体现了社会和文化模式对老龄化这种人类的生物进程的判定,它涉及由主观看法构成的生物性的社会类别:一个人认为自己有多"老",或别人认为一个人有多"老"。因此,一个人是否"老年人",本质上由每种社会类型的经济水平及社会生活模式所决定。②

近年来,对这一类别的人群的称谓倾向于使用"年长者(older persons)"这个词,而不是"老年人(old persons)"。③ 用于描述老年人的术语,即便在国际文书中,变化不一。其中包括:"老年人""年老者"(the aged)、"年长者"(older persons)、"长者"(seniors)"第三年龄"(the third age)"老龄人"(the elderly)等,并且将80岁年龄以上者称为"第四年龄者"(the fourth age)。④联大第47/5号和48/98号决议所采用的术

① Robin Allen, How to Define "older people" in the Context of Global Human Rights Legislation, The first one of Age UK Discussion Papers: Legal issues for strengthening international legislation on the rights of older persons, 2012, pp. 6 – 7. See http: www. ageuk. org. uk.

② Sandra Huenchuan and Luis Rodríguez-Piñero, Ageing and the Protection of Human Rights: Current Situation and Outlook, Project Document of Economic Commission for Latin America and the Caribbean (ECLAC), United Nations, March 2011, p. 15.

③ Frederic Megret, "The Human Rights of Older Persons: A Growing Challenge", *Human Rights Law Review* 11:1(2011), Published by Oxford University Press, pp. 37 – 66.

④ 联合国:《联合国经济及社会理事会经济、社会、文化权利委员会第十二和第十三届会议报告》, UN. Doc. E/1996/22. E/C. 12/1995/18. 28 February 1996, p. 93。

语是“老龄人”(elderly people),联合国经社理事会经济、社会、文化权利委员会主张使用这一术语。目前联合国的各类报告中,“老龄”和“老年”分别用在不同的语境。

(四)对“老年人”界定的思考

可见,根据一个确定的年龄来确切地界定什么是“老年人”并不容易。“老年人”这一概念的相对性使对这一群体明确地划定区别于其他人口的界线很困难,在法律保护机制当中,对权利主体适格性的判断也会带来模糊。就基本权利的实现而言,年龄不仅仅是一个数字概念,而是一种基于人们在社区中所扮演的角色的惯例、做法和认知的社会建构。老年人特殊的脆弱性可能是由身体和心理状况造成,也可能是由社会认知和个人与其所在环境互动时遇到的障碍造成的。老年人可能成为祖父母,可能工作量减少了或不再工作,或者从事不同的活动,而且他们还比其他成年人容易得病或丧失体能。然而所有这些变化都随着时间推移而演进,并且不同社会对之有不同的理解,因为这个概念并非在所有社会都有相同的含义。而且,随着预期寿命不断延长,它也不能对应于特定的时间跨度。往往有些人被认为“老了”,并不仅仅因为他们正在接近预期寿命的终点,而且还因为他们的社会角色和活动正在经历某些变化。因此,如何准确定义“老年人”,显然不能够以一个固定的自然意义上的“年龄”来适用于全球各种社会形态,“老年人”概念需要用有弹性的、包容性的方式来界定,这个概念依据一定的客观标准,同时也考虑到一些主观因素,必须与时俱进,比如随着预期寿命的变化而变化,而且还应根据不同社会环境的变化而变化,并能被各种社会形态中的老年人自己所接受和理解。[1]

二、老年人权利的特殊性

权利体现出的是人类在文明社会中所具有的一种实质性要素。对于个人来讲,它是人的基本价值追求;对于一个社会来讲,它是社会文明演化进程中重要的力量。仅此而言,任何权利的探寻也都是人作为主体自我需求与满足的探寻。[2] 西方历史上从两个视角对权利进行了界说,即政治学视角和法学视角。然而,正如有人曾说,有多少人就有多少思想家。由此,对于权利,我们也可以说,有多少思想家就有多少种对权利学说的界定。有学者认为,不能仅仅从某个特定的角度给权利下定义,这样做容易导致权利问题简单化、庸俗化。较为关键的是把握权利的要素,而不是权利的定义。那就是,应从这样一种路径来理解权利:权利是为道德、法律或习俗所认定为正当的利益、主张、资格、力量或自由。[3] 老年人作为人口结构中比例越来越大的一部分,与其他人群相比,老年人权利保护在权利主体和权利受到侵害的内容上均具有不同的特性,认识这点,是对老年人进行权利保护的前提。

(一)权利主体的特性

1. 老年人群体的特殊性

老年人群体的特殊性,是指老年人作为人口结构中的一个类别所表现出来的特点。这些特点首先表现为老年人的社会地位具有两面

---

① Ken Bluestone, Main Elements for Inclusion in an International Human Rights Instrument for Older People, Age International Consultation Response, Ref: 1613. See http://www.ageuk.org.uk.

② 程燎原、王人博:《权利论》,广西师范大学出版社 2014 年版,第 1 页。

③ 夏勇:《中国民权哲学》,生活 · 读书 · 新知三联书店 2004 年版,第 311 ~ 313 页。

性:一方面,有的社会将老年人视为社会发展的智囊和引路者,认为长寿是社会的一项成就,老年人的人力资源、技能和经验积累是文化存续的必要因素;[①]另一方面,有的社会把老年人形容成一个数量不断增加、需求越来越多的人口群体,是保守、陈旧的代表,对社会经济发展构成极大的负担。[②] 这种两面性,东西半球和南北半球表现的差异比较大。

第二个重要的特点来自社会的发展和变化导致老年人处于边缘化境地。如工业化进程虽然带来了更好的福利和社会保障,但更多地注重社会流动性、个人主义及生产力发展,这种“新自由主义逻辑”[③]很少考虑为社会发展贡献毕生的老年人的权利需求。

第三个重要的特点在于相较于其他年龄群体,老年人更易于陷入贫困和遭受歧视。由于年龄的增长和身体机能的衰退,老年人更易于成为社会弱势群体。在人类历史的非常时期,老年人更容易成为暴行的目标。据统计,“二战”期间,欧洲战场就有约二十万老年人死于有意地杀害,最重要的理由就是“老年人对社会经济发展毫无贡献,并占用了应该分配给伤员战士的住房和资源”。[④] 在社会出现经济危机、[⑤]军事冲突以及自然灾害的情况下,老年人更是首当其冲的受害者。即使在平常时期,老年人的共同特点是身体机能下降导致容易生病,需要越来

---

① 联合国社会发展委员会第二次老龄问题世界大会筹备委员会第一届会议:迈向第二次老龄问题世界大会秘书长的报告,UN. Doc E/CN. 5/2001/PC/2. 2000 - 12 - 13,p. 23。

② Ibid.,Frederic Megret,*The Human Rights of Older Persons*:*A Growing Challenge*,Human Rights Law Review 11:1(2011),Published by Oxford University Press,p. 44.

③ 新自由主义是20世纪初由英国学者霍布豪斯和霍布森等创立的资产阶级自由主义思潮内的一个学派。参见何秉孟:《新自由主义:通向灾难之路——兼论新自由主义与自由主义的渊源和区别》,载《马克思主研究》2014年第11期。

④ Gallagher,“By Trust Betrayed:Patients,Physicians,and the License to Kill in the Third Reich”,*NewYork*:*H. Holt Publishers*,1990,p. 139.

⑤ 如希腊的债务危机,使退休人群一直处在债务危机的风口浪尖上。他们是这个国家退休系统的捍卫者,一旦这个系统崩溃,他们将是受伤害最大的人群。参见 http://news.ifeng.com/a/20150705/44103887_0.shtml,访问日期:2015年9月21日。

越多的照顾和护理之类,加上经济能力下降,容易陷入贫困、受到排斥,老年人往往成为社会中首要的易贫困人群。

2. 老年人个体的特殊性

必须认识到,老年人这个群体里,并非每个人都是具有相同的能力。与其他年龄结构的人相比,老年人个体之间存在极大的多样性(diversity)。这种多样性的产生来自年龄差别、性别、民族、宗教、教育程度、社会文化、收入水平、健康状况等许多方面。正如联合国大会第64届会议中秘书长报告所指出的:老年人是个多样化的(heterogeneous)群体,包括对社会发展做出重大贡献的人,以及那些需要照顾和支持的人。①

一方面,随着年龄的增长,老年人在生理和心理机能上出现衰退,成为需要照顾和支持的人。这些人需要足够的经济支持,需要获得适当的保健服务或长期护理。对于老年人的经济支持和护理,在发达国家与发展中国家的状况很不一致。在高福利国家这些目标取得了一定的进展。但在发展中国家,由于家庭结构的变化、日趋城市化的进程,越来越多的老年人正在失去传统的家庭支持,特别是农村地区。由于老年女性的人数超过老年男性,在许多发展中国家,老年女性单身、失业和文盲的比例大大高于老年男子。②

另一方面,那些对社会发展做出重大贡献的人,展现出较强的社会地位。有的老年人由于毕生财富的积累,到了晚年,能拥有相对其他人更多的财富;有的老年人由于在某些领域有着较高的造诣,随着年龄的增长,受到越来越多的尊重;还有的老年人由于医学成就和社会福利等

---

① Follow-up to the Second World Assembly on Ageing: Report of the Secretary-General, Submitted to the United Nations General Assembly, UN. Doc. A/64/127, July 2009, papa6.

② 联合国老年人权益专家组会议报告:《联合国经济与社会事务部社会与政策发展司老龄问题方案》,2009 年 5 月,第 15 页。

原因，虽然达到了他们国家法定的退休年龄，但仍能充分使用其才能和技能。这些老年人能很好地融入社会生活中，并能在晚年展现出相对独立、富有和闲适的生活状态。

尽管老年人个体具有多样性特点，但作为人口类别的一种，不管是发达国家还是不发达国家，也不管老年人的自身实力和财富的多少，社会参与度有多高，全球所有的老年人均面临同样的问题，那就是随着身体机能的下降，较之其他人口需要更多的照顾与服务，是最易陷入贫弱状态的一类人。对老年人权利保护既要看到其权利主体的一般性，也要重视其特殊性，在权利保护上，老年人有着特殊的需要和诉求，应该通过量身定制的方案和模式进行解决。

（二）权利侵害类型的特殊性

越来越多的研究表明，如同种族歧视和性别歧视，老年人遭受社会排斥、歧视和边缘化已经成了一个跨国界、跨文化和跨越现代化和工业化的全球性问题。[①] 与其他群体相比，老年人权利受到侵害的方式多样，既包括个体层面上的，也包括制度层面上的，主要体现为以下几方面：

1. 老年歧视

目前，国际社会已经充分地意识到，对年长者的歧视和污辱在世界各地持续并普遍存在。[②] 老年歧视体现为对老年人的负面成见和看法，这种仅仅由于人们达到一定的年龄点、被认为“年老”而受到的系统性

---

① Bodner E., Lazar A., “Ageism Among Israeli Students: Structure and Demographic Influences”, *International Psychogeriatrics*, 2008(20): 1046 - 1058.

② 联合国经济及社会理事会：《2012 年实质性会议：联合国人权事务高级专员报告》，UN. Doc. E/2012/51, 20 April 2012, p. 7；联合国：《第二次老龄问题世界大会的后续行动秘书长报告》，联合国大会第六十六届会议，UN. Doc A/66/173, 22 July 2011, p. 6。

成见和歧视,被称作"年龄歧视"(ageism)。[1] 早在两千多年前,古罗马的政治与哲学家西塞罗(Marcus Tullius Cicero)在其《论老年》(On Old Age)中就曾指出:"一般人认为老人不快乐的原因有四种,其中之一是他们从积极性的工作中退出,这是因为世俗过度重视年轻人所从事的体力工作所致,忽略老年人在智力性工作上的贡献,甚至,若假定老人不能参与公共事务,那么就像是说舵手对于船的航行一无是处一般,人生的重大事务并非只靠体力、活动与敏捷的身体,而是深思熟虑、性格与意见的表达,这些并不是老人的弱点,反而是老人的强项。"[2]可见,老年人所遭遇的偏见与歧视存在时间之久远,不因为社会整体平均寿命长短而有所区别。

年龄歧视表现为多种多样,有时表现为对老年人进行经常性的丑化以及在社会生活中对老年人的负面态度,如澳大利亚一项调查表明,对老年人的偏见包括:认为他们是铁板一块,无法学习或改变,不健康,孤独,是社会的经济负担。甚至媒体在重复这些成见方面发挥了重要作用。[3] 有时表现在一个国家或地区的法律和政策中,如在招聘及用工政策方面,或法律在对公民行为能力的规定方面。老年人向一些国家人权机构提出的一个普遍性的投诉是,他们由于年龄的原因,被婉拒就业、面试或其他找工作的机会。[4] 这种歧视产生的原因是多方面的。普

---

① Report of the Expert Group Meeting"Rights of Older Persons",Convened in preparation for the report of the Secretary-General to the 64thsession of the General Assembly,5 - 7 May 2009, Bonn,GermanyUnited Nations Department of Economic and Social Affairs Division for Social Policy and Development Programme on Ageing,p. 4.

② [古希腊]亚里士多德:《亚里士多德文集》,中国民族摄影艺术出版社 2005 年版,第 24 页。

③ 联合国:《增进和保护老年人人权问题磋商会纪要报告》,联合国大会人权理事会第二十四届会议,2013 年 7 月 1 日,UN. Doc. A/HRC/24/25:11。

④ 联合国:《第二次老龄问题世界大会的后续行动秘书长报告》,联合国大会第六十六届会议,UN. Doc. A/66/173,22 July 2011:5。

遍认为,由于年龄的增加,老年人智力水平、认知能力、身体机能下降,有的失去了独立生活能力,不能够应付日常生活。因此,在社会生活中,老年人被认为是和非老年人格格不入的不同群体,与这个社会隔绝并且与年轻人存在代沟,同时也是需要照顾的、依赖性强的群体;从经济上,老年人被认为是社会的负担,是消耗资源的群体,不具有生产力并且对社会不会有所贡献,因此无关紧要。这些基于年龄判断个体的能力和对社会的贡献的看法是产生老年歧视最根本的原因,也加剧了老年人的脆弱性,使老年人难以实现其应得的权利。①

对老年人歧视经常来自多方因素,形成于两个或两个以上的原因,如性别、宗教信仰、语言、居住地域、残疾、贫穷、健康状况、文化程度等,国际社会将这种由于多种原因导致对老龄人的歧视称为“多重歧视”。②年龄歧视通常是老年人被孤立和排斥的根源,严重妨碍了老年人充分发挥潜力,也造成其他一系列的权利受到侵犯。如在养恤金方面,老年妇女可能由于多年无薪照顾家庭而没有权利得到养老金,老年男子则可能在丧偶后无权使用配偶的养恤金;在保健领域方面,老年人或是被拒绝医疗服务,或是由于年龄而受到低水平或是不充分的医疗服务;在工作场所,老年人可能被拒绝升级机会,难以保住工作,或仅仅由于年龄而不能在雇用流程中得到平等机会,等等。③

① Marthe Fredvang & Simon Biggs: *The Rights of Older Persons-protection and Gaps under Human r\Rights Law*, Brotherhood of St Laurence, Social Policy Working Paper No. 16, August 2012, p. 6.

② Discrimination in old age: multiple, cumulative and on the increase, HelpAge International, 2011. See at http://social. un. org/ageing-working-group/secondsession. shtml. Visited on 21 Sep, 2015.

③ Follow-up to the Second World Assembly on Ageing: Report of the Secretary-General, Submitted to the United Nations General Assembly, UN Doc A/64/127, July 2009, p. 8.

2. 贫穷与生活条件的不足

相对而言,老年人群体比其他人口群体容易发生贫困,也是一个比较贫困的群体。根据经济合作与发展组织(Organization for Economic Cooperation and Development,OECD)的评估,税后净收入加福利所得,如果低于全国平均收入的一半,即可归入贫困人群。根据可查到的数据得知,2008 年,在 OECD 调查的 20 个国家中,65 岁以上的老年人中,贫困率为 13.3%,而其他群体的贫困率为 10.6%。其中,老年人贫困率超过 20% 的国家有日本、希腊、美国、澳大利亚、墨西哥、爱尔兰和韩国。在澳大利亚、希腊和爱尔兰,老年人贫困率比平均人口超出 10% 之多,韩国更是超出 30%。① 比较而言,在大多数国家中,老年妇女面临更高的贫困风险。OECD 成员国中,平均有 15% 的老年妇女生活在贫困线下,而老年男子为 11%。由于妇女的平均寿命普遍高于男子,在 75 岁以上的老年人当中,贫困问题上的性别差异比 75 岁以下的老年人更为明显,主要是因为,随着年纪的增长,孀居的老年妇女更为普遍,许多孀居的老年妇女只能依靠其丈夫留下的有限的养老金度日,加剧了老年妇女的贫困。②

在发展中国家,根据各个国家提交的数据和区域间的比较,2000 年左右,撒哈拉以南的 15 个低收入非洲国家中,有 11 个国家有老人的家庭贫困率高于平均水平。③ 在拉美和加勒比地区,2001 年到 2005 年,在

① Organization for Economic Cooperation and Development, "Income distribution: poverty", OECD social Expenditure Statistics(database). OECD Pensions at a Glance 2011: Retirement-income Systems in OECD and G20 Countries(Paris, 2011).

② OECD. Growing Unequal? Income Distribution and Poverty in OECD Countries. International Poverty Centre Working Paper No. 8. http://www. ipc-undp. org/pub/ IPCWorking Paper8. pdf. Visited on 21 Sep, 2015.

③ Kakwani and Subbarao: *Ageing and Poverty in Africa and the Role of Social Pensions*, International Poverty Centre Working Paper No. 8. http://www. ipc-undp. org/pub/IPCWorking Paper8. pdf. , p. 10. Visited on 21 Sep. , 2015.

18 个国家中,有 14 个国家 65 岁以上的老的人的贫困率高于 65 岁以下人口的贫困。[①] 亚洲地区,中国和泰国老年人的贫困程度高于平均水平,特别是中国,老年妇女的贫困程度明显高于老年男子,随着年龄的增长,这种贫困差距越来越大,并且,农村老人的贫困率比城市老人更高。[②]

老年人的贫穷具有强烈的性别层面。联合国妇女地位委员会秘书长在提交妇女地位委员会第 59 届会议的报告[③]中指出,在就业、收入、获取土地和其他资产方面终生所处不利地位而产生的积累效应,加上养老金有限,使许多老年妇女极易陷入贫穷。在许多社会中,女户主家庭,包括离婚、分居、守寡和未婚老年妇女,处于特别弱势境地。

导致老年人易于贫困的原因有很多。有自身衰老的原因,严重影响工作和生产资源的获得,从而减少了老年人找新工作或继续从事生产活动的机会,使他们难以实现工作权,往往陷入贫困,包括赤贫状况;也有社会制度方面的原因,导致老年人收入减少或没有,如许多国家规定强制退休年龄,而没有考虑到老年人的实际能力,使那些尚具备较强工作能力的老年人因为年龄的原因不得不停止工作而靠领取退休金过日子。社会保障体系的覆盖程度也影响了老年人的经济状况;另外,社会观念对老年人的歧视,特别是对老年妇女的歧视对待也加速了老年人的贫困化。由于贫困,使老年生活失去保障,老年人面临的最迫切的一项挑战是生活条件的不足,包括无家可归、营养不良、长期患病却无人照料、不能享用安全的饮用水和卫生条件、医药费无法承受和收入不

---

① Holzmann, Robalino & Takayama, eds., *Closing the Coverage Gap: The Role of Social Pensions and Other Retirement Income Transfers*, UN, New York, 2014, p. 44.

② 乔晓春、张恺悌、孙陆军:《中国老年贫困人口特征分析》,载《人口学刊》2006 年第 4 期。

③ 联合国:《审查和评价〈北京宣言〉和〈行动纲要〉以及大会第二十三届特别会议成果文件的执行情况:秘书长的报告》, UN. Doc. E/CN. 6/2015/3, 2015:15。

稳定,导致老年人的生活水平低于其他人群。①

3. 暴力和虐待

自20世纪80年代以来,对老年人的暴力和虐待问题已引起公众注意,如同其他形式的家庭或人际暴力一样,对老年人的暴力和虐待行为被公认为是一种跨文化和社会经济制度的普遍行为。② 但一直以来,对于什么才是构成对老年人的暴力行为或虐待行为,没有一个精准的标准和定义,这也反映出了在对老年人的暴力和虐待行为的特征及所造成的伤害程度的认定方面,国际社会缺乏一致的立场。目前,世界卫生组织的定义被国际社会普遍采纳认可,即"在本应充满信任的任何关系中发生的一次或多次致使老年人受到伤害或处境困难的行为,或以不采取适当行动的方式致使老年人受到伤害或处境困难的行为"。③

根据2011年联合国大会第66届会议秘书长的相关报告,暴力和虐待老年人的行为有多种形式,包括被迫监护以及在护理中心、医院或家庭发生的身体和性暴力行为。此外还存在与传统观念有关的具体威胁,包括由于巫术指控而实施的暴力行为,对特别脆弱的老年人,如移民、残疾老年人、身处冲突局势下的老年人和生活在贫困状态的老年人,尤其是对无家可归者实施的暴力行为。④

对老年人的暴力和虐待行为同时存在于发达国家和发展中国家。

① UN,Current Status of the Social Situation,Well-Being,Participation in Development and Rights of Older Persons Worldwide,Department of Economicand Social Affairs,2011,p. 62.

② UN,Report of the Expert Group Meeting "Rights of Older Persons", Convened in preparation for the report of the Secretary-General to the 64thsession of the General Assembly,5 – 7 May 2009,Bonn,GermanyUnited Nations Department of Economic and Social Affairs Division for Social Policy and Development Programme on Ageing,p. 5.

③ WHO World Report on Violence and Health,Geneva:World Health Organisation,WHO, 2002. Krug,LL Dahlberg,JA Mercy,AB Zwi and R. Lozano(eds.),pp. 126 – 143.

④ 联合国:《第二次老龄问题世界大会的后续行动秘书长报告》,联合国大会第六十六届会议,UN. Doc. A/66/173,22 July 2011:3.

在美国,曾经对老年护理机构的护理人员做过调查,有 10% 的护士和护理助理承认,自己对老年人至少有过一次身体上的虐待,并且 81% 的人承认至少有过一次精神上的虐待。在德国一次同样的调查显示,79% 的护理人员承认近两个月对所属机构的老人至少有过一次虐待或疏忽行为,66% 的员工声称曾目睹其他护理人员有类似行为,并且对老年人的忽视和心理虐待是常态。在新西兰,比例更高,达到 92%,但 63% 的情况来自家庭成员的行为。[①] 国际助老会[②]于 2014 年 6 月 15 日联合国"认识虐待老年人问题世界日"公布的一项历时七年,覆盖 15 个国家的 18 项调查研究表明,11% ~83% 的老年人遭遇过各种类型的虐待而得不到救助。[③]

对老年人实施暴力和虐待可能造成严重后果,影响老年人的精神健康,可能导致抑郁、恐惧、焦虑反应和创伤后应激障碍,肢体暴力还会导致老年人提前死亡。联合国经社理事会健康权问题特别报告员强调了机构照料可能对老年人尊严和自主性造成的负面影响,对未公开的照料机构中对老年人的暴力事件发生率表示关切。虐待老人是一个全球性的社会问题,影响着世界各地数以百万计的老年人的健康与人权,越来越引起了国际社会的关注。

4. 缺乏针对老年人的特定措施和服务

衰老可能意味着更加依赖他人,可能需要特定的针对老年人的服务方式。而普遍存在的老年歧视使他们被社会当作无用之人,之前几

---

① UN, *Current Status of the Social Situation, Well-Being, Participation in Development and Rights of Older Persons Worldwide*, Department of Economicand Social Affairs, 2011, p. 49.

② 国际助老会(HelpAge International),成立于 1983 年,是一个有 60 多家非营利机构参与的全球性的网络化的非政府组织,工作目的是帮助全球老年人主张其权利,挑战老年歧视,克服贫困,使老年人过上有尊严、安全、积极、健康的生活。

③ http://www.helpage.org/get-involved/sign-the-ada-petition/,访问日期:2014 年 7 月 28 日。

十年的独立工作、经济价值都被忽略了,仅仅因为行动不便、不能表达完整或反应慢就把他们当成社会的负担,致使对老年人的照料显示出了大量的人权问题。联合国相关报告指出,在养老机构照料和家庭照料中,老年人在实现其自由和人身安全权、隐私权、行动自由权、言论自由权、免遭酷刑或其他残忍、不人道或有辱人格的待遇的权利、人格完整权、适足生活水准权和可达到的最高水准的身心健康权方面面临的挑战很常见,但是没有得到适当的应对。数据显示,照料机构不足,缺乏适当的监督程序和训练有素的工作人员,包括社工、护士、老年病学家和医疗工作者,而且服务条件欠佳。①

三、人权视角下老年人权利保护证成

人权是人实际享有和依据其自然属性和社会属性应该享有的权利。人权来自人的尊严和固有价值,自由和平等是人权的基本原则。②“人权”本身就是一个新型的权利概念,它具备权利概念的一般特征,所不同的只是加入了关于人的尊严和价值这一特定的意蕴,③是“已经得到普遍接受的,唯一的政治与道德观念”。④ 让每个人机会均等地参与社会的发展并公平地分享社会发展的成果,从而使人人达致物质上免于匮乏、精神上免于恐惧的生活境地,是人权追求的最高境界。⑤ 从生理上,老年是每个人必经的重要部分。老年人的特征与权利受到侵害的特殊性使老年人的需求和权利保护具有特殊性质,妨碍了老年人平

① 联合国经济及社会理事会:《2012 年实质性会议:联合国人权事务高级专员报告》,UN. Doc. E/2012/51,20 April 2012。

② 孙平华:《世界人权宣言研究》,北京大学出版社 2012 年版,第 4 页。

③ 夏勇:《人权概念起源——权利的历史哲学》(修订版),中国政法大学出版社 2001 年版,第 28 页。

④ [美]路易斯·亨金:《权利的时代》,信春鹰等译,知识出版社 1997 年版,第 1 页。

⑤ 齐延平:《社会弱势群体的权利保护》,山东人民出版社 2006 年版,第 1 页。

等、自由,且有尊严地生活,也妨碍了老年人老有所为,平等地参与社会发展,享受社会发展成果。因而,人权理念应该是老年人权利保护的价值基础。只有在人权视角下,才能保障老年人权利的实现,才能使老年人权利的享受和行使并不是基于个人与社会的一种施舍,或国家的一种福利,而是老年人对于他人与国家或社会的一种主张与诉求,是老年人基于普遍接受的人权观念和精神的一种应得,老年人也无须以感恩的心态来评价国家或社会为其提供的权利保护。这种权利保护与人权的基本原则——平等,以及作为人权的重要构成部分——尊严的内涵是一致的。

(一)平等价值与老年人权利的特别保护

平等的价值观一直以来是人类社会追求的核心理念之一。它始于柏拉图和亚里士多德时代,是人类克服社会生活苦难的一种理想。在亚里士多德看来,平等的含义就是相类似的事物应受到相类似的对待;与此同时,不相同的事物应该依据他们的不同而予以不相同的对待。[①]人权的内在要求是平等,无平等便无人权。[②] 虽然老年人在法律上平等地享有权利是一种不证自明的公理,也是一种普遍的制度实践,[③]但是,老年人的特点以及老年人面临权利侵害的特殊性使老年人在权利平等实现上面临着特殊的障碍,要想使老年人能平等地拥有现实的人权,需

① Aristotle, *Ethica Nicomachea*, V. 3. II3Ia – II3Ib, w. Ross trans. 1925. 转引自周勇:《少数人权利的法理》,社会科学文献出版社 2002 年版,第 18 页。

② 陈佑武:《人权证成中的问题与出路》,载《甘肃社会科学》2005 年第 6 期。

③ 根据相关成果对近 200 年间的人类社会的 248 部宪法分五个阶段进行统计表明,人的平等权利作为一种价值和作为一种权利在各个时间段的宪法中出现的最低比率是 78.6%,最高比率是 90%。参见马尔赛文:《成文宪法的比较研究》,陈云生译,华夏出版社 1987 年版,第 251 ~ 252 页;另外,几乎所有的国际人权法文件中,都宣示平等的价值并承诺对个人权利不分任何区别平等保护。

要对其人权加以特别保障。在人权法领域,保障平等价值实践的手段主要有两种:一种是对特殊群体区别对待;另一种是反歧视。

对特殊群体区别对待是平等价值在立法实践中得以确定的应有之义,即平等权的立法保障并不排斥由于公民在自然上的和社会上的差异而为保障实质平等而采取的合理差别对待。[①] 这种实质平等,指的是"为了在一定程度上纠正由于保障形式上的平等所招致的不平等,依据各个人的不同属性采取分别不同的方式,对作为各个人的人格发展所必需的前提条件进行实质意义的平等保障"。[②] 老年人在政治、经济、社会、文化等诸多种权利实现上被边缘化和侵蚀的现实状况下,急需采取特别权利保护措施,将法律上的、形式上的平等转化成事实上的、实质上的平等。实质平等理论在此情况下,一定程度上纠正了由于形式平等带来的不公平与严重冲突的社会正义。

反对歧视也是保障平等价值实践的重要手段。歧视是指任何仅仅基于种族、肤色、性别、语言、宗教、政治或其他见解、国籍或社会出身、财产、出生或其他身份而进行的区别、排斥、限制或优惠,其目的或效果为否认或妨碍任何人在平等的基础上认识、享有或行使权利和自由。[③] 不歧视是人权保障的基本原则。歧视包括多种类别,主要有法律歧视与事实歧视、显性歧视与隐性歧视、直接歧视与间接歧视。规定在法律中的歧视是法律歧视,法律规定虽然是平等的但事实上却造成歧视的就是事实歧视。法律上的歧视是一种显性歧视,而表面上平等、事实上

① 邓剑光:《法治、宪政与人权保障》,知识产权出版社 2009 年版,第 248 页。

② 林来梵:《从宪法规范到规范宪法:法学的一种前言》,法律出版社 2001 年版,第 107 页。

③ 根据国际劳工组织的定义,歧视是指任何区别、排斥或限制,其目的或其影响均足以妨碍或否认在与其他人平等的基础上认识、享有或行使政治、经济、社会、文化、公民或任何其他方面的人权和基本自由。参见 http://www. ilo. org/dyn/normlex/en/f? p = NORMLEXPUB:1:0。

却构成歧视的就是隐性歧视。[①] 老年歧视是危及老年人平等享受权利的主要原因之一,有的来自个人层面,有的来自体制层面。老年人权利受侵犯的问题往往以老年人受到歧视的现象表现出来,如在卫生保健方面,老年人会被剥夺获得服务的权利及接受不到符合标准的或不充分的照顾;在工作方面,可能会由于年龄问题无法得到应有的提升;或在招聘过程中,得不到平等录用机会,等等。[②] 这些现象表明,老年歧视已经形成了根植于社会结构中的社会现象,平等权利的实践价值也就具体体现在反对歧视的实践上。

正如日本学者桥本公亘所言:"法的平等,所以非为绝对的平等之意,而为相对的平等之意者,系由于现实生活中之具体的人类,具有事实上之差异,如忽视此种差异,而实现数学的平等,宁为不平等之强制。"[③]因此,对老年人权利进行特别保护是实现人权法上平等价值的要求,在人权普遍化的今天,实为社会公平、正义应有之义。

(二)人的尊严与老年人权利保护

对于什么是尊严,在西方伦理思想史中,古希腊哲学家普罗泰戈拉(Protagoras)首次关注人的主体地位,提出了"人是万物的尺度,是存在的事物存在的尺度,也是不存在的事物不存在的尺度"[④]这一著名的观点,以后的斯多葛派、古罗马哲学家西塞罗(Marcus Tullius Cicero)、中世纪哲学家阿奎那(Thomas Aquinas)、意大利人道主义学者皮科·德

---

① 白桂梅:《人权法学》(第2版),北京大学出版社2015年版,第30页。

② 联合国经济与社会事务部社会与政策发展司:《老龄问题方案》,"老年人权益"专家组会议报告,2009年5月,第3页。

③ 林纪东:《比较宪法》,台湾五南图书出版公司1980年版,第183页。转引自郝铁川:《权利实现的差序格局》,载《中国社会科学》2002年第5期。

④ 北京大学哲学系外国哲学史教研室:《古希腊罗马哲学》,商务印书馆1961年版,第138页。转引自刘娟:《人格尊严及其实现》,河北师范大学2010年博士学位论文,第74页。

拉·米朗多拉(Pico della Mirandola),以及启蒙运动的完成者康德(Immanuel Kant)都对"尊严"进行了富有价值的哲学阐述。"尊严"概念深深植根于宗教和哲学思想中。[①] 到了19世纪中期,尊严概念进入了所谓的政治时期,成为德国、法国工人运动中为赢得合乎人之尊严的生活条件而奋斗的一面旗帜。从20世纪中叶始,尊严概念进入了其关键的法律建构期,以人权与人的尊严这两个概念同时被写入了《联合国宪章》和《世界人权宣言》[②]为标志,尊严理念作为人类的一种重要价值开始固化为一项为国际社会乃至全球文化所普遍认同的法律原则,同是也成为一种普遍流行的国际性伦理词汇。[③] 人是一种尊严的存在,这一种现在看来约定俗成的观念是随着人们对人权认识的不断加深的扩大而形成的理念。在人类对人权的认识逐渐扩大的过程中,人们开始认识到,人权的本质在于尊重人作为人所具有的尊严,也正因如此,无论侵害主体如何,国家的义务都应该是保障其统治下的所有个人享受人作为人所具有的尊严。[④] 因此,尊严概念与人权理念具有密切关联,当今国际学术界业已形成共识,即尊严概念应成为人权理论研究中不可或缺的一项内容,尊严是人权的一部分。[⑤]

人拥有尊严和价值,这种尊严与价值不得受到无端的侵害的理念,是当今世界文明的一个核心要素,它构成了人类共同生活并有效抵御

① Christian Tomuschar, *Human Rights—Between Idealism and Realism*, 3rd Edition, 2014, Oxford University Press, p. 87.

② 《联合国宪章》序言记载:我联合国人民同兹决心欲免后世再遭今代人类两度身历惨不堪言之战祸,重申基本人权,人格尊严与价值……《世界人权宣言》序言记载:鉴于各联合国国家的人民已在联合国宪章中重申他们对基本人权、人格尊严和价值以及男女平等权利的信念……

③ 甘绍平:《人权伦理学》,中国发展出版社2009年版,第139页。

④ [日]大沼保昭:《人权国家与文明》,王志安译,生活·读书·新知三联书店2003年版,第212页。

⑤ 甘绍平:《人权伦理学》,中国发展出版社2009年版,第136、160页。

人际间的迫害与虐待之现象以及人类的自我毁灭的一个精神基础。它是人类在追求自由、正义和人道的生存状态的斗争历史上所取得的一项巨大成果。[①] 老年人权利普遍受到侵害的现象,大部分是由于老年人作为人应该享有的尊严受到了侵害,使老年歧视成为老年人面临的独特的和普遍的权利侵害源头。这种对老年人尊严的漠视,使社会观念不承认老年人在社会中的身份和价值,将老龄看作一种弱势情况、一种风险、一个弱点或一个负担,也使国家的制定公共政策时不愿意在针对老龄问题上进行财富的再分配。[②] 老年人权利保护中应确保老年人有权享有人的尊严以及个人尊严不受侵害,首先,应保障老年人作为社会一员,有权满足个人尊严和人格的发展所需的政治、社会和文化权利,这是维护老年人尊严的权利基础;其次,还应当具备满足个人所需的经济生活水平,这是在生存基础上老年人享有尊严的保障;另外,还应针对老年人群体中不具有健全权能的人以人道对等,保障他们同其他主体一样享有人的尊严。只有在人权理念下指导各个国家的政策制定,才能确保老年人权利能得到保障,并保证老年人享受有尊严的生活。

因此,对老年人权利进行特别保护是人权的基本精神所在,体现着人权的价值。从人权的视角讨论老年人权利保护问题,有助于立法者及社会利用一套一以贯之的价值观念和原则来评判各种法律及政策的正当性,同时,实现老年人权利保护模式的转换,使针对老年人的医疗、保健政策,不再基于福利或援助性质,而是基于国家对公民人权保障和维持公平社会所进行的投资,并使全社会逐步摆脱在老年问题上形成

① 甘绍平:《人权伦理学》,中国发展出版社 2009 年版,第 138 页。

② 参见以色列海法大学老年病系教授以色列·多伦先生在 2013 年 4 月 15 日在日内瓦举行的"增进和保护老年人人权问题"磋商会上的发言,该会议由联合国人权事务高级专员办事处举办。参见联合国文件:UN. Doc. A/HRC/24/25. paras. 36 – 38。

的种种成见和陋习，也是老年人享受有尊严生活的保障。

四、联合国老年人权利保护现状及不足

(一)联合国框架下老年人权利保护规范

老龄化问题早在30多年前便已提上国际议程。1982年，自联合国《维也纳老龄问题国际行动计划》(以下简称《维也纳行动计划》)通过以来，国际社会已经就应对人口结构变化的必要性达成了共识，但遗憾的是，多年来，重点一直放在老龄化的发展层面上，对于老年人权利保护方面的关注，却是近几年的事。目前，联合国框架下仍没有一部专门适用于老年人权利保护的有约束力的国际条约，有关老年人权利保护规范，散见于几部核心人权条约及其实施机构，以及涉及老年问题的不具约束力的决议、计划等政治文书中。

1. 联合国核心人权条约与老年人权利保护

国际人权运动在1948年12月10日联合国大会通过了《世界人权宣言》后即翻开了新的篇章。自此，联合国框架下一系列国际人权条约和其他文书相继被通过，目前已形成了九大核心条约，[①]关于老年人权利保护的规定，明确或隐含在大部分条约中。

《世界人权宣言》是一部综合性文件，不仅涉及公民权利和政治权利，还涉及经济、社会和文化权利。虽然宣言是由联合国大会以一项无约束力决议的形式通过的，并不是一个条约，但“自其通过以来的这些年，《世界人权宣言》通过其在各种语境中的影响，已对国际法的形式和

---

① 九大核心人权条约，参见 http://www.ohchr.org/CH/Issues/Pages/CoreInstruments.aspx，访问日期：2015年10月28日。

内容产生了显著的影响……”[①]如今,鲜少有国际事务律师会否认《世界人权宣言》是一份独立或者至少反映联合国会员国所应承担的某些法律义务的规范性文书。[②]《世界人权宣言》第2条明确了所载一切自由和权利的主体范围,[③]但该条没有明确指出老年人,而以“其他”的表述方式对未明确指出的主体加以概括,老年人也应在此之列。《世界人权宣言》明确提出了由于衰老而应享受的保障体现在第25条第1款规定中。[④] 这几个条款是首次在国际人权文书中针对老年人权利保障的规定,但仅仅只是间接地作出一般性的规定,而且只限于“必要的社会服务”和“社会保障”。并且,第25条中,将老年人与“失业、疾病、残废、守寡”归于“失能”类别,看成一种风险和负担,体现了缺乏对老年人特殊性的认知和权利的漠视(见表1-3)。

《经济、社会及文化权利国际公约》[联合国大会1966年12月16日第2200A(XXI)号决议]和《公民权利和政治权利国际公约》[联合国大会1966年12月16日第2200A(XXI)号决议]是《国际人权法案》的一部分,提供文化权、经济权、社会权、公民权及政治权等基本人权的保护,适用于所有的人,对于老年人权利保护,同样只是间接涉及。涉及老年人面临挑战的几个具体权利,分别是:工作权(第6条和第7条)、享受社会保障的权利(第9条)、享有适当生活水平包括食物、衣着和住

① UN. 1971 Survey of International Law, Report of the Secretary-General, UN. Doc. A/CN. 4/245:196. 转引自[美]凯利·D. 阿斯金等:《妇女与国际人权法》(第1卷),黄列、朱晓青译,生活·读书·新知三联书店2007年版,第21页。

② [美]托马斯·伯根索尔等:《国际人权法精要》,黎作恒译,法律出版社2010年版,第28页。

③ 即“人人有资格享有本宣言所载的一切权利和自由,不分种族、肤色、性别、语言、宗教、政治或其他见解、国籍或社会出身、财产、出生或其他身份等任何区别”。

④ 即“人人有权享受为维持他本人和家属的健康和福利所需的生活水准,包括食物、衣着、住房、医疗和必要的社会服务;在遭到失业、疾病、残废、守寡、衰老或在其他不能控制的情况下丧失谋生能力时,有权享受保障”。

房的权利(第 11 条)、享有能达到的最高标准身心健康的权利(第 12 条)、受教育的权利(第 13 条)。

《公民权利和政治权利国际公约》中,也没有特别提及针对老年人政治权利保护。第 18 条、第 19 条和第 22 条中分别规定的国家保护公民言论、集会、结社自由的条款,第 25 条规定每个公民平等参与国家事务的权利,第 26 条规定平等和非歧视原则。[①] 这些条款中同样没有特别提及"年龄",但普遍认为,基于年龄的区分,应归入第 26 条所指"其他身份"类适用于老年人。

除了以上《世界人权宣言》和属于《国际人权法案》体系下的两个条约及相关解释外,还有几个专门性的国际条约提到了与"年龄"有关的权利保护。其中,《消除对妇女一切形式歧视公约》(联合国大会 1979 年 12 月 18 日第 34/180 号决议)是联合国人权条约中第一个明确提出禁止年龄歧视的公约,其第 11 条保证在男女平等的基础上享有的权利中提到,在年老情况下在第 5 款中规定享有"社会保障权"及"带薪度假的权利"。在《保护所有移徙工人及其家庭成员权利国际公约》(联合国大会 1990 年 12 月 18 日第 45/158 号决议)中,禁止年龄歧视的范围被扩大,第 7 条所列举的禁止歧视的理由中,将"年龄"包含其中(见表 1-3)。

《残疾人权利公约》(联合国大会 2007 年第 61/106 号决议)是对老年人权利保护规定较为全面的公约,虽然公约并不同意将老年人归入"失能"或"残疾"群体,但里面许多条款都适用于老年人权利保护,一部分条款明确提到与"年龄"相关的权利,一部分条款隐含老年人的权利保护。明确针对老年人的条款有:第 8 条第 1 款第 2 项提到关于反对基于年龄的歧视;关于健康的第 25 条第 2 款和关于适当生活水平和社会

① 即"所有的人在法律前平等,并有权受法律的平等保护,无所歧视。在这方面,法律应禁止任何歧视并保证所有的人得到平等的和有效的保护,以免受基于种族、肤色、性别、语言、宗教、政治或其他见解、国籍或社会出身、财产,出生或其他身份等任何理由的歧视"。

保护的第28条第2款第2项也提到“老年人”。此外,第13条提到适合年龄的司法救助;第16条有两款提到考虑年龄的保护措施。隐含老年人权利保护的条款包括:第9条,关于无障碍环境;第12条,关于在法律面前获得平等承认,包括采取适当措施支持他们享受和行使其法律权利;第19条,关于独立生活和融入社区,包括基于平等原则选择居所,并获得各种居家、住所和其他社区支助服务;第20条,关于个人行动能力,包括获得助行器具、用品、帮助起居的技术和专门工作人员的协助;第26条,关于保健和康复,以保持最大限度的自立(见表1-3)。

表1-3 联合国核心人权条约中明确老年人权利保护的规范

国际人权公约	条目	内容
《世界人权宣言》(1948年)	第25条第1款	人人有权享受为维持他本人和家属的健康和福利所需的生活水准,包括食物、衣着、住房、医疗和必要的社会服务;在遭到失业、疾病、残废、守寡、衰老或在其他不能控制的情况下丧失谋生能力时,有权享受保障。
《消除对妇女一切形式歧视公约》(1979年)	第11条第1款e项	享有社会保障的权利,特别是在退休、失业、疾病、残废和老年或在其他丧失工作能力的情况下,以及享有带薪度假的权利。
《保护所有移徙工人及其家庭成员权利国际公约》(1990年)	第1条第1款	本公约,除此后另有规定外,适用于所有移徙工人及其家庭成员,不分性别、种族、肤色、语言、宗教或信念、政治见解或其他意见、民族、族裔或社会根源、国籍、年龄、经济地位、财产、婚姻状况、出身或其他身份地位等任何区别。
	第7条	缔约国依照关于人权的各项国际文书,承担尊重并确保所有在其境内或受其管辖的移徙工人及其家庭成员,享有本公约所规定的权利,不分性别、种族、肤色、语言、宗教或信念、政治见解或其他意见、民族、族裔或社会根源、国籍、年龄、经济地位、财产、婚姻状况、出身或其他身份地位等任何区别。

续表

国际人权公约	条目	内容
《残疾人权利公约》(2008年)	第8条第1款第2项	在生活的各个方面消除对残疾人的定见、偏见和有害做法,包括基于性别和年龄的定见、偏见和有害做法。
	第13条第1款	缔约国应当确保残疾人在与其他人平等的基础上有效获得司法保护,包括通过提供程序便利和适龄措施,以便利他们在所有法律诉讼程序中,包括在调查和其他初步阶段中,切实发挥其作为直接和间接参与方,包括其作为证人的作用。
	第16条第2款	缔约国还应当采取一切适当措施防止一切形式的剥削、暴力和凌虐,除其他外,确保向残疾人及其家属和照护人提供考虑到性别和年龄的适当协助和支助,包括提供信息和教育,说明如何避免、识别和报告剥削、暴力和凌虐事件。缔约国应当确保保护服务考虑到年龄、性别和残疾因素。
	第16条第4款	残疾人受到任何形式的剥削、暴力或凌虐时,缔约国应当采取一切适当措施,包括提供保护服务,促进被害人的身体、认知功能和心理的恢复、康复及回归社会。上述恢复措施和回归社会措施应当在有利于本人的健康、福祉、自尊、尊严和自主的环境中进行,并应当考虑到因性别和年龄而异的具体需要。
	第23条第1款第2项	残疾人自由、负责任地决定子女人数和生育间隔,获得适龄信息、生殖教育和计划生育教育的权利获得承认,并提供必要手段使残疾人能够行使这些权利。
	第25条第2款	向残疾人提供残疾特需医疗卫生服务,包括酌情提供早期诊断和干预,并提供旨在尽量减轻残疾和预防残疾恶化的服务,包括向儿童和老年人提供这些服务。

续表

国际人权公约	条目	内容
	第 28 条第 2 款第 2 项	确保残疾人,尤其是残疾妇女、女孩和老年人,可以利用社会保护方案和减贫方案。

2. 联合国人权条约机构与老年人权利保护

人权条约机构是监督核心国际人权条约落实情况的独立专家委员会,其职能包括审议缔约国的定期报告、审议个人投诉、开展国家调查、通过解读条约规定的一般性意见并组织与条约相关的专题讨论。其中,一般性意见是指委员会发布其对人权规定内容的解读,即对专题问题或工作方法的一般意见。这些意见涵盖广泛的主题,如对实质性规定(如生命权或充足食物权)的全面解读和有关应在国家报告中提交的条约特定条款相关信息的一般性指导等。[①]

老年人权利保护规范在联合国核心人权公约中的缺失也被相关的人权条约机构注意到,并体现在其一般性意见当中。涉及老年人相关权利保护的人权条约机构主要有:

(1)经济、社会和文化权利委员会《有关老年人经济、社会和文化权利的第 6 号一般性意见》。[②]

该意见承认,《经济、社会及文化权利国际公约》并没有明确提及老龄人的权利,但第 9 条[③]的规定却含有对享有老龄福利权利的承认。然而,鉴于《经济、社会及文化权利国际公约》各条款充分适用于社会的所有成员,显然老龄人也有权充分享有《经济、社会及文化权利国际公约》

---

① http://www.ohchr.org/CH/HRBodies/Pages/WhatTBDo.aspx,访问日期:2015 年 10 月 30 日。

② UN. Doc. E/1996/22,4.

③ 即"本盟约缔约各国承认人人有权享受社会保障,包括社会保险"。

承认的一系列权利。[①] 对《经济、社会及文化权利国际公约》中并没有提到"年龄歧视"的问题,该意见指出,禁止基于"其他状况"的歧视,可被理解为适用于年龄问题。[②] 并提出,《经济、社会及文化权利国际公约》各缔约国有义务特别注意促进和保护老龄人的经济、社会和文化权利。[③] 针对《经济、社会及文化权利国际公约》中具体的规定,如第3条男女权利平等、第6条至第8条与工作有关的权利、第9条享有社会保障的权利、第10条保护家庭、第11条适当的生活水准、第12条享有身心健康权利、第13条至第15条享有教育和文化的权利等,建议成员国考虑到老年人的特殊需求,一方面通过立法的方式规范老年人的权利保护,另一方面必须废除任何歧视性的立法或政策,另外,还须在财政上提供保障,确保与老年人需求有关的预算支助或适当时请求国际合作。

(2)经济、社会和文化权利委员会《有关可达到的最高标准的健康权利的第14号一般性意见》。[④]

该意见特别提到了老年人"最高标准健康权"的保护。指出,缔约国管辖范围内的卫生设施 商品和服务必须面向所有人[⑤],明确"所有人"的范围包括"老年人"。第12条"具有广泛适用性的特别专题"中,将"老年人"作为一个专题,在第25段明确指出"在实现老年人的健康权方面……基本措施包括对男女老年人定期身体检查、身体和精神康复措施、保持老年人的活动能力和自主、治疗和照看患慢性病和

---

① 《联合国经济、社会和文化权利委员会第6号一般意见》,UN. Doc. E/1996/22,第10段。

② 《联合国经济、社会和文化权利委员会第6号一般意见》,UN. Doc. E/1996/22,第12段。

③ 《联合国经济、社会和文化权利委员会第6号一般意见》,UN. Doc. E/1996/22,第13段。

④ UN. Doc. E/C. 12/2000/4,11 August 2000.

⑤ 经济、社会和文化权利委员会:《有关可达到的最高标准的健康权利的第14号一般性意见》,UN. Doc. E/C. 12/2000/4,第12段(b)。

不治之症的人、帮助他们免除可以避免的痛苦，和使他们能够体面的去世”。

(3)经济、社会和文化权利委员会《有关工作权利的第18号一般性意见》。[①]

该意见以委员会多年来审议缔约国报告取得的经验为基础，阐述了第6条中的规范性内容、缔约国的义务、违反和在国家一级的执行，还论及了缔约国以外其他角色的义务。在“具体专题”中，明确提到“老年人与工作权”，指出，“尤其是需要采取措施防止以年龄为理由在就业和职业方面实行歧视”。[②]

(4)经济、社会和文化权利委员会《有关社会保障权的第19号一般性意见》。[③]

该意见在12段(c)款中明确社会保障制度应该包括的九种主要的社会保障中，老年人的社会保障是其中一种，对缔约国施加的权利保护义务是：“……缔约国应当确定适合于本国情况的退休年龄，其中，除其他外，应当考虑到职业的性质、特别是危险职业以及老年人的工作能力。有些老人虽然已经到了国家法律所规定的退休年龄，但是仍然没有达到缴费年限，或者没有资格领取其他的基于保险的养老金、社会保障福利或资助，而且没有任何其他收入来源。针对这种情况，缔约国应该尽最大的努力，向这些老人提供非缴费性的老年福利金、社会服务以及其他援助。”在随后对相关权利保障措施的指导中，还多次提到老年人的特殊性。

(5)经济、社会和文化权利委员会《有关经济、社会与文化权利方面

① UN. Doc. E/C. 12/GC/18，6 February 2006.

② 经济、社会和文化权利委员会：《有关工作权利的第18号一般性意见》，UN. Doc. E/C. 12/ GC/18，第16段。

③ UN. Doc. E/C. 12/GC/19，4 February 2008.

的非歧视问题的第20号一般性意见》。[①]

该意见在于阐释委员会对《经济、社会及文化权利国际公约》第2条第2款的理解，包括缔约国义务的范围、禁止的歧视理由和国家的落实。在第29段中，对《经济、社会及文化权利国际公约》中规定的"其他身份"的解释中，明确包括"老年人"，即"在几种情况下，年龄也属于禁止的歧视理由。委员会曾强调，有必要解决在提供就业、职业培训或再培训方面对年龄较大失业者的歧视，以及贫困老年人因居住地点而不平等享受普遍性老年养恤金的问题……"

(6)经济、社会和文化权利委员会《有关人人有权参与文化生活的第21号一般性意见》。[②]

委员会讨论了第15条第1款(甲)项"人人都有参加文化生活的权利"。在论及"参加文化生活权利的各个要素"时，特别指出："可获得性包括……在这方面，至关重要的是，必须提供和便利老年人和残疾人以及生活贫困的人的机会……"[③]在"需要特别保护的个人和社群"部分，"委员会认为，公约缔约国有义务特别注意增进和保护老年人的文化权利……"[④]因此，委员会促请各缔约国考虑到联合国老年人原则中所载的建议，尤其是第7项建议、[⑤]第16项建议[⑥]。

(7)消除对妇女歧视委员会《有关老年妇女及保护其人权的第27

① UN. Doc. E/C. 12/GC/20, 2 July 2009.

② UN. Doc. E/C. 12/GC/21, 21 December 2009.

③ 经济、社会和文化权利委员会：《有关人人有权参与文化生活的第21号一般性意见》，UN. Doc. E/C. 12/GC/21，第16段(b)。

④ 经济、社会和文化权利委员会：《有关人人有权参与文化生活的第21号一般性意见》，UN. Doc. E/C. 12/GC/21，第28段。

⑤ 即"老年人应继续融合于社会，积极参与制定和执行直接影响其福祉的政策，并将其知识和技能传授子孙后代"。

⑥ 即"老年人应能享有社会的教育、文化、精神和娱乐资源"。

号一般性建议》。[1]

该建议对《消除对妇女一切形式歧视公约》中的相关条款与老龄化问题之间的关系进行了探讨。指出了妇女随着变老而面临的多种形式的歧视，简要说明了缔约国对于有尊严的老龄化和老年妇女的权利所应承担的义务的内容，并包括了一些政策建议，以便将对老年妇女加以关切的应对措施纳入国家战略、发展举措和积极行动的主流，从而使老年妇女得以不受歧视地、与男子平等地充分参与社会。

该建议还指导各缔约国将老年妇女的处境问题纳入其关于《消除对妇女一切形式歧视公约》执行情况的报告之中。指出，只有充分尊重和保护老年妇女的尊严及其完整性和自我决定的权利，才能实现消除对老年妇女的一切形式的歧视。[2]

3. 老龄问题国际政策文件

1982 年的《维也纳行动计划》，是联合国有关老龄问题第一个国际性文件，从此以后，老年人状况开始引起国际社会重点关注。该行动计划集中在家庭、社会福利、健康及收入保障等方面提出了一些概括性的原则和建议，重申《世界人权宣言》的基本权利应充分地、不折不扣地适用于老年人。[3]

1991 年 12 月 16 日，联合国大会通过《联合国老年人原则》(第 46/91 号决议)，虽然是一项大会决议，但这项文书依然没有法律约束力。《联合国老年人原则》中对“独立原则、参与原则、照顾原则、自我充实原则、尊严原则”等逐一列举，并倡导各国政府尽可能地将这些原则纳入

---

① UN. Doc. CEDAW/C/GC/27，16 December 2010.

② 《消除对妇女歧视委员会，关于老年妇女问题和保护其人权的第 27 号一般性建议》，UN. Doc. CEDAW/C/GC/27，第 9 ~ 10 段。

③ http://www. un. org/chinese/esa/ageing/vienna. htm，访问日期：2015 年 10 月 30 日。

本国国家政策和法律文件中。① 随后于1992年通过《2001年全球老龄目标》和《老龄问题宣言》,进一步加深了国际社会对老年人基本福祉要求的了解。

2002年,在马德里召开的第二次老龄问题世界大会上通过了《马德里行动计划》,并经联合国大会第57/167号决议认可。《马德里行动计划》在很大程度上改变了现有的政策框架。大会促进从发展中国家和发达国家的两个角度来看老龄问题:一种关注所有年龄组、旨在建立一个不分年龄人人共享社会的代际政策办法,以及从为老年人制定政策到将老年人纳入决策过程的转变,这是马德里大会的主要成果。这种转变为参与性办法奠定了基础,包括在制定和实施影响老年人的政策时考虑到他们的观点和意见。国际社会在马德里强调,必须将老年人的关切与需要纳入国际和国家两级发展政策和方案的主流。《马德里行动计划》集中在老年人的人权与发展问题上,提出两大主要目标:一是全面实现老年人基本权利和自由;二是确保老年人充分享有经济、社会和文化权利,并消除一切形式的暴力和歧视。《马德里行动计划》从三个方面提出政策建议:老年人与发展;促进老年人的健康和福祉;确保建立有利的支助性环境。②《马德里行动计划》一直指导着国家层面老年人政策和方案的制定,鼓励各个区域、各个国家拟订与老年人相关的计划,并倡导国际合作,为各国之间以及国家与各种民间组织之间开展对话提供了一个国际框架。

(二)联合国现有权利保护机制的不足与差距

面对全球人口结构方面前所未有的挑战,老年人现在和将来都会

---

① http://www.un.org/chinese/esa/ageing/principle.htm,访问日期:2015年10月30日。

② http://www.un.org/chinese/esa/ageing/actionplan1.htm,访问日期:2015年10月30日。

是我们社会中引人注意的、实际存在的群体，然而对老年人的虐待、排挤、偏见、歧视以及老年人基本需求未能得到满足依然是现实，如何确保老年人充分享受其公民、政治、社会、经济及文化权利，联合国在国际层面针对老年人的人权保护与现实挑战存在着较大的不足与差距，具体可总结为规范漏洞和实施漏洞。

1. 规范漏洞

一方面，针对老年人的权利内容不明确。现有的核心人权条约，虽然大多数隐含了许多与老年人权利保护有关的义务，但极少明确提及年龄，在明确提及年龄的少数几个国际公约当中，权利保护覆盖极其有限，老年人的相关权利被纳入残疾人、妇女、移徙工人等其他弱势群体间接获得保护，被这些公约归入“其他身份”或“其他情况”范围内寻求依据，致使这些标准过于分散而缺乏力度。几乎所有的核心人权公约中都未指明年龄是一个禁止歧视的领域，因此，老年人受到歧视不受关注。联合国人权公约中隐含了国家对老年人的多种义务，但并没有引起各国政府和公众的注意，对私营部门行为义务和其他个体的义务也没有充分的规定。虽然有的公约委员会已经在其一般性意见中开始阐述和解释老年人权利，并指导国家为保护老年人相关权利而应采取的措施，但各国对这一工作的了解仍很有限。而在《人权法案》形成之初并没有预见到老龄化的发展以及对全球带来的影响和老年人的权利诉求，更是没有针对老年人的权利保护条款。因此，老年人的权利与国家义务仍然不明确，致使老年人在法律范围内成为“隐形”的群体。

另一方面，没有体现老年人的特殊需要。现有人权体系中完全忽视了老年人这一主体的特殊需要，体现老年人特殊要求的权利。例如，机构或家庭式保健服务、临终关怀、缓和医疗等异于其他群体特征的权利无法找到依据；在社会保障权方面，特别是老年妇女在老龄人口中所占比例较大的情况下所面临的特殊挑战，以及农村地区老年妇女和边远地区老年人的区别对待;基于性别、婚姻状况、少数民族身份、健康状况、性别取向、公民或移民身份等对老年人产生的多种歧视问题也无法找到权利依据。

另外,这种规范漏洞还表现为零碎分散,有关老年人的一些重要问题找不到适当的解决依据。对一些实质性的问题如多重歧视等,重视程度不均衡,少数经济、社会及文化权利得到重视,而公民权利和政治权利却没有得到同等关注。

这种规范上的碎片化和漏洞不能应对目前以及将来老年人面临的人权挑战,甚至使老年人无法得益于相关政策和措施,确保与其他人平等享受所有的权利。[①] 而涉及老年问题的国际政治文书,如《联合国老年人原则》和《马德里行动计划》,虽然承诺消除年龄歧视和增进老年人的人权,但没有为老年人提供全面的人权框架,也没有就重要人权问题作出规定,如法律面前的平等和非歧视、获得有效补救、免遭酷刑或其他残忍、不人道或有辱人格的待遇或处罚。[②]

2. 实施漏洞

从现有人权实施机制来看,条约与实际存在极大的差距。核心人权条约的实施,由于碎片化和漏洞,现有的规范很少转化为缔约国国内法或实践。根据可得到的数据,2000 年至 2008 年各成员国提交给各类人权监督机构的报告,在《公民权利和政治权利国际公约》框架下负责审查政府承诺的人权委员会审议的 124 份政府报告中,只有 3 份报告提到了为解决年龄歧视所采取具体的行动;在《经济、社会及文化权利国际公约》框架下的经济社会和文化权利委员会审议的 122 份国家报告

① 联合国:《联合国大会第六十六届会议,第二次老龄问题世界大会的后续行动秘书长的报告》,UN. Doc. A/66/173,22 July 2011:11。

② 联合国经济及社会理事会:《2012 年实质性会议 联合国人权事务高级专员报告》,UN. Doc. E/2012/51,20 April 2012,p. 5。

中，仅 24 份提及了老年人和老年人权利；在《消除对妇女一切形式的歧视公约》框架下的消除妇女歧视委员会审议的 190 份国家报告中，提到老年妇女遭遇的仅 32 份。[①] 而即使在这些报告中提到老年人的国家，有的也只是仅仅对老年人所面临的境况表示了关注。

实施漏洞还表现在缺乏针对老年人权利实施的适当监测机制。虽然几大公约实施委员会一般性意见规定了对老年人非常重要的一些人权，并规定了国际保护机制，但由于没有一个针对老年人权利保护的监督机制，用于监测老年人权利实施情况的数据和指标缺乏，尽管有明确的权利内容和义务要求，还是无法使国际人权机构的监测员和国家人权机构发挥作用，进而实现对老年人形成实质的保护。[②]

另外还有一个固有的缺陷在于缺乏法律约束力。两次老龄问题世界大会通过的两个行动计划及《联合国老年人原则》三个政治文书，是目前联合国老龄问题的框架，虽然载有各国政府同意遵守的规则，但这些文书既没有构成一个针对老年人的完整的人权框架，也不包含具有法律约束力的义务，没有提供一个独立的监测系统和申诉程序。由于不具法律约束力，虽然已经通过十多年，世界许多地区仍然对其所知甚少或一无所知，[③]更没有将这些文书所规定的国际标准纳入国家立法和政策

---

① Report of the Expert Group Meeting "Rights of Older Persons", Convened in preparation for the report of the Secretary-General to the 64thsession of the General Assembly, 5 – 7 May 2009, Bonn, Germany United Nations Department of Economic and Social Affairs Division for Social Policy and Development Programme on Ageing, p. 13.

② 经济、社会和文化权利委员会成员 Baharona Riera 女士在联合国"老龄问题不限成员名额工作组"第一次工作会议上的发言。参见 http://social.un.org/ageing-working-group/firstsession.shtml，访问日期：2015 年 10 月 30 日。

③ 《联合国大会 2013 年 12 月 18 日大会决议：第二次老龄问题世界大会的后续行动》，UN. Doc. A/RES/68/134：1。

行动中，在执行《马德里行动计划》五年之后，第一次审查和评价[①]显示，这方面的变化甚微，只有少数会员国报告将其使用为政策工具。[②] 第二次审查和评价则表明，执行工作依然不力。政策与实践之间存在差距，在动员和(或)建设充足人力和财政能力方面也存在不足，这仍是一大主要制约因素。通过十年后，在将《马德里行动计划》纳入国家发展计划方面，各国实践仍进展有限。[③]

由此可见，在联合国人权框架下，无论是有约束力的联合国核心人权条约，还是不具约束力的政治性文书，在老年人权利保护的执行上，与现实挑战存在巨大的差距，由于针对老年人权利保护的综合性国际人权条约缺失，使老年问题边缘化，各国用于解决这些问题的政策办法也千差万别，且日益如此。这种边缘化同样影响了各条约监管机构对待老年问题的态度，联合国人口基金会和国际助老会的一项联合调查表明，条约监管机构很少明确要求成员国在其提交的条约实施报告中必须包含老年问题，特别报告员及独立专家组在分区域审查各地区人权状况时，也不将老年人人权作为特别类别加以区别。[④]

因此，虽然大多数核心国际人权条约适用于所有老龄群体，老龄问题也已经引起国际社会的关注并提上国际议程，形成了较完备的指导性国际政治文件，但现有的框架无法防止老年人的权利受到侵害，无论

---

① 联合国社会发展委员会在其2004年2月13日第42/1号决议中决定第五年对《马德里行动计划》进行一次审查和评价，第一年每五年审查和评价一次，第一次审查和评价在2007年进行，第二次在2013年进行，第三次将在2017年进行。——笔者注

② 联合国经济及社会理事会：《第二次老龄问题世界大会以来老龄问题领域的重大发展秘书长的报告》，UNE/CN. 5/2007/7，21 November 2006：16。

③ United Nations Economic and Social Council：*Second Review and Appraisal of the Madrid International Plan of Action on Ageing*，2002，Report of the Secretary-General，UN：E/CN. 5/2013/6，28 November 2012：18.

④ United Nations Population Fund & HelpAge International，Overview of Available Policies and Legislation，Data and Research，and Institutional Arrangements Relating to Older Persons：Progress Since Madrid，United Nations Population Fund & HelpAge International，2011，New York.

在现有人权条约和文件的内容中，还是在人权机构和实施机制的实践中，一些特别关系到老年人的人权问题还没有得到足够的重视，有关老年人的歧视、虐待、暴力以及贫穷和缺乏长期医护等老年人面临的迫切人权问题威胁着老年人权利的充分享受。而且，依靠各个国家的自我规制无法保证老年人已有的权利变成实有权利，[①]需要国际层面采取措施，构建一部具有明确标准的综合性的权利公约，使老年人权利不因年龄变老而减少，促使各国将老年问题纳入社会发展主流，确保老年人权利的实现。

第三节　联合国老年人权利保护理性选择

一、《老年人权利公约》构建的现实意义

"二战"以来，老年人群体权利保护很长一段时间没有引起国际社会的重视。"二战"后出现的大规模人口增长浪潮，使联合国一直将工作重心放在发展中国家青年人群体的扶贫、生育控制、教育及投资上。20 世纪 80 年代以前，老年人权益在发达国家属于社会福利问题，在发展中国家则属于家庭责任问题。[②] 但在 20 世纪末期，人口寿命发生了巨大变化，老龄化进程已经成了全球普遍的问题，个人、社会、国家和国际生活的各个方面深受影响，对于资源分配是一重大挑战，必须做出前瞻性的思考，发挥老龄人口的潜力作为今后发展的基础，并且做出一致

---

① Chinsung Chung, *The Necessity of a Human Rights Approach and Effective United Nations Mechanism for the Human Rights of The Older Person*, Working paper prepared by Ms. Chinsung Chung, member of the Human Rights Council Advisory Committee, 2010, p. 18.

② Hal Kendig, Nina Lucas and Kaarin J Anstey, "Global and Regional Perspectives, Thirty Years of the UnitedNations and Global Ageing: An Australian perspective", *Australasian Journal on Ageing*, Vol. 32 Supplement 2 October 2013, pp. 28 – 34.

努力,将全球老龄化发展过程纳入人类发展进程,把老龄化问题同其他社会经济发展和人权的框架联系在一起,使老年人能带头改善社会,同时也改善自身状况。因此,20 世纪 80 年代后,老年人权利保护问题逐渐提上了联合国议事日程。特别是在一些相关的非政府组织的推动下,联合国在近些年采取了一系列的行动,将构建一项统一的《老年人权利公约》提上了议事日程。

(一)《老年人权利公约》构建的必要性

1. 明确老年人权利内容和国家义务内容

《老年人权利公约》的建立,将为推进、深化和准确界定老年人权利增加更多的砝码。

首先,公约扩大了权利覆盖范围。全球范围内老年人的状况提出了许多特殊和紧迫的人权挑战,这些挑战涉及公民、文化、经济、政治和社会权利。年龄歧视、长期照料、暴力和虐待、社会保护、适足的食物和住房、体面的工作、获得生产资源、法律行为能力、健康支助和临终关怀是最亟须关注的一些领域。每一项挑战都因现有保护框架中的规范和实施的缺陷而变得更加严峻。因此,公约不应只满足于现有"软法"中所包含的权利类别,应富有前瞻性地系统规定老年人权利,扩大权利覆盖面,为国家法律和政策提供统一的参考框架,并为监测执行情况提供坚实的基础。

其次,公约对国家的责任和义务的强化是老年人权利框架形成的保障。和其他各类人权公约类似,国际法下的责任和义务主体主要是国家,国家履行国际人权公约,负有尊重、保护和兑现人权的义务。按照联合国相关文件的解释,尊重义务是指国家必须避免干预或限制人们享有人权;保护义务是指国家必须保护个人和群体的人权不受侵犯;

兑现义务是指国家必须采取积极行动以便于人们享受基本人权。[①] 目前,联合国框架内还没有关于报告老年人人权问题的具体国际义务。公约为国家施加的强制性义务,保障了老年人权利框架的形成。

最后,公约的监测机制将促使老年人权利的实现。目前联合国国际人权法体系中的九部核心人权公约,每一部公约都设立了独立专家委员会,负责监督相关缔约国实施条约及其条款的情况。《老年人权利公约》建立后,与其他核心人权公约一样,对该公约执行情况的监测将鼓励各成员国、民间社团、非政府组织、私营部门与老年人之间持续的对话;同时也督促各成员国更关注有关老年人状况的信息,收集更多关于老年人的数据为实证政策发展提供指引,引导各国针对老年人制定更公平的政策,从而实现更公平的资源分配、制定对年龄更敏感的规划设计,以确保老年人的权利得以实现。

2. 加强老年人权利国际保护

目前,联合国框架下就影响老年人权益的法律而言,主要有两类:"软法"和"硬法"。"软法"即涉及老年人权利保护问题的宣言、计划等国际政治性文书,如《维也纳行动计划》(1982 年)、《联合国老年人原则》(1991 年)、《马德里行动计划》(2002 年)等。国际法上的"软法"是一种"原则上不具有法律约束力,但会产生实际效果的行为规则"。[②] 国际法上的"硬法"一般指对所规制的国际法主体具有法律上约束力的国际条约和国际习惯法。"硬法"包括涉及老年人权益、与国家和国际组织相关的成文法和公约,如核心人权条约中涉及老年人权益保护的条约。

---

① http://www.ohchr.org/ch/Issues/Pages/WhatareHumanRights.aspx,访问日期:2015 年 10 月 20 日。

② F. Snyder, "The Effective of European Community Law: Institutions, Processes, Tools and Techniques", 56. *Modern Law Review*, 1993, p. 32.

国际法上的“软法”和“硬法”作为国际法的下位概念,其性质不同,所起的作用也不一样。“软法”中有对问题和策略相当综合的处理,但篇章中未使用法律术语,而且能量流动一般是“自上而下”的。并且“软法”对责任的不履行和违反行为没有相关的任何制裁,与“硬法”相比,显得无能为力。[①] “硬法”中主要责任在于国家,国家要尊重人权,保护个人和团体,并采取积极的行动。

在联合国框架下,涉及老年人权益的“硬法”零散地规定在一些核心人权条约中,并且涉及“年龄”问题时,通常只在“其他”类别中提到,从而缺乏力度,导致老年人在法律范围内成为隐形群体。在涉及老年人权益的“软法”方面,虽然联合国相关的文书提供了比较详尽的保护标准,但这些标准过于分散,不具备法律约束力,也无法制裁不履行行为,导致许多国家未能将国际标准与国家立法和政策实施相结合。《老年人权利公约》的建立,可加强和补充业已存在、并已得到普遍接受和支持的“软法”,形成具有强制实施力的人权框架,充分促进、保护和实现老年人的权利。

3. 填补老年人权利立法空白

联合国成立以来,创立一个全面的人权法体系是联合国所取得的重大成就之一。1945 年的《联合国宪章》和 1948 年的《世界人权宣言》是这个人权法体系的基础。随后,人权法的范围逐步扩大,如今,联合国人权法体系内,包括了妇女、少数人种、儿童、移徙工人、残疾人和其他弱势群体为主体的权利保护标准,成为联合国核心人权条约。这些特征人群的人权保护被纳入国际法律体系,卓有成效地使他们免遭长

---

① Report of the Expert Group Meeting“Rights of Older Persons”,Convened in preparation for the report of the Secretary-General to the 64thsession of the General Assembly,5 – 7 May 2009, Bonn,Germany United Nations Department of Economic and Social Affairs Division for Social Policy and Development Programme on Ageing,p. 15.

期以来受歧视性惯例和做法的侵害。而老龄人口在数量上的增加和对社会经济的挑战却揭示出缺乏适当保护机制、解决老年人处境问题的现有政策和方案仍存在不足等问题，世界各地数以百万计的老年人的困难境遇期待国际人权标准来解决。国际社会普遍认识到，目前，在联合国人权框架体系中，“除了土著群体和性少数群体外，老年人的确成了全球弱势群体中最后一个没有专门的人权条约保护的群体之一”。[①]因此，老年人问题应纳入更广泛的国际人权议程，《老年人权利公约》应成为联合国人权保护机制中不可或缺的组成部分，与针对其他群体的人权保护条约一起，成为联合国核心人权条约之一。

4. 促使全社会改变对老年人的态度

一方面，《老年人权利公约》应是老年人人权维护的有效工具；另一方面，还应促使成员国乃至全球社会改变对老年人的态度。老年人所面临的独特和普遍的人权挑战很大一部分来自“老龄歧视”或“年龄歧视”，并体现在生活的各个领域，如就业、卫生服务、社会服务、经济、代际关系、诉诸司法、文化艺术等许多其他领域。而现有的核心国际人权公约中没有包括一个注重老龄问题的方针。例如，《世界人权宣言》在第 2 条中列举了禁止的歧视理由，但是没有提到年龄。不仅如此，根据《世界人权宣言》第 25 条规定，[②]其将老龄等同于失业或疾病，并描述为负面的因素。其他的国际人权法同样如此，对待老龄问题的一般模式不是忽视就是将老龄看作一种弱势情况、一种风险、一个弱点或一个负担，或者暗示老年人不应被视为一个特殊群体，或者认为他们的权利可以涵盖在其他类别（如“老年妇女”或“老龄工人”）之下。《老年人权利

① Frederic Megret, “The Human Rights of OlderPersons: A Growing Challenge”, *Human Rights Law Review* 11:1(2011), pp. 7 – 66.

② 第 25 条：“人人有权享受为维持他本人……健康和福利所需的生活水准……在遭到失业、疾病、残废、守寡、衰老或在其他不能控制的情况下丧失谋生能力时，有权享受保障。”

公约》会产生一系列的新原则从而给老年人授权,为老年人在国内和国际上提供更大的可见度和认可度,促使包括各国政府、民间社会、社区、家庭和老年人本身在内的各个主体必须参与发展新的以权利为基础的老龄文化,并且改变关于老龄化和老年人的社会态度,不再将其视为福利受助人,而是积极和有贡献的社会成员。

(二)《老年人权利公约》构建的可行性

1. 国际法框架下老年人权利保护的共识

联合国体系内对老年人权利的关注可追溯到1948年,阿根廷向联合国大会提议订立一项专门针对老年人问题的国际协定,但这项提案搁置了20年之久。到了1969年,在欧洲岛国马耳他向联合国大会提请考虑设立一项名为"老年人或年老人问题"的议程时,阿根廷的提案才予以正式讨论,在1969年12月11日第2542(XXIV)号决议《社会进步及发展宣言》第11条中,保护年老人的权利和保证年老人福利的需要被提及。[①] 四年后,题为"年长与老年人问题"的第3137(XXVIII)号决议被大会通过,该决议意识到"在愈来愈多的国家中,随着社会年龄结构的变化,以及因此造成的社会中老年人部分所占比例的增加,老年人的问题日渐巨大",建议各国政府采取行动,以便"增进老年人对社会和经济发展的贡献","防止在就业惯例上完全以年龄为根据的歧视态度,政策和措施"等。[②] 同时通过的另一项题为《老年人的社会安全》的3138(XXVIII)号决议,建议各国为老年人提供"社会保障支付""老年

① Arlene S. Kanter, "The United Nations Convention on the Rights of Persons with Disabilities and its Implications forthe Rights of Elderly People Under International Law", *Georgia State University Law Review*, Vol. 25, Issue 3, Spring 2009, Article 4.

② 联合国大会1973年12月14日第2201次全体会议第3137(XXVIII)号决议:年长与老年人问题,3(c)~(d)。

医疗保健"和"足够的住房保障"。此外，1974 年在世界人口会议中，《世界人口行动计划》其中一项条款向各国政府呼吁，请求在其国家发展政策中充分注意到老年人人口的数量及其所占比率的变化所引起的问题。

联合国国际法框架下老年人权利和地位最重要的行动开始于 1978 年，联合国大会于 12 月 14 日第三十三届会议上通过了第 33/52 号决议，确立了 1982 年为第一次老龄问题世界大会的时间，其目的在于"订出一项行动纲领来保证老年人得到经济和社会保障，并保证老年人有机会对他们本国的发展做出贡献"。此后在会议筹备的几年中，大会于 1979 年 12 月 17 日通过了题为《年长与老年人问题》的第 34/153 号决议，该决议认识到老龄化的全球普遍性以及这种现象对社会，特别是对老年人在经济和社会方面的严重影响，决议还向各有关国家政府提出了应对老龄化的政策以及充分参加 1982 年世界大会的一些建议。经济及社会理事会于 1980 年 5 月 2 日通过的第 1980/26 号决议还要求秘书长任命一名专任秘书负责大会工作。1980 年 12 月 11 日联大在其第 35/129 号决议中决定："鉴于老龄的个人和人口的老龄化问题之间的相互关系，决定把年长人问题世界大会改名为老龄问题世界大会。"此外，联大在 1981 年其第三十六届会议还通过了两个有关老龄问题的决议，一个是题为《年长人与老年人问题》的 1981 年 12 月 9 日第 36/20 号决议，另一个是 1981 年 11 月 13 日题为《老龄问题世界大会》的第 36/30 号决议，做出某些专门有关老龄问题世界大会的决定。[①] 此后，联合国分别于 1982 年和 2002 年召开了两次老龄问题世界大会，老年人权利保护引起了国际社会广泛的关注，继而出现了是否需要制定一个统一的

① 联合国：《老龄问题世界大会报告》，1982，UN. Doc. A/CONF. 113/31。

老年人权利保护国际公约的论战。[1] 在联合国相关的会议上，一些代表团、非政府组织和专家呼吁，除专门机制和进一步措施解决老年人权利保护方面的规范和实施差距之外，还应有一份具约束力的文书。这种共识体现在近年来联合国相关会议的议程当中，联合国为实现这一目标进行着不懈的努力。[2]

此外，国际人权公约体系的发展趋势也是《老年人权利公约》形成共识的一个因素。从历史发展的角度来看，从《联合国宪章》和《世界人权宣言》强调保护所有人的人权和基本自由为出发点，国际人权公约体系逐步得以发展和深化，特定群体（妇女、儿童、残疾人、迁徙工人等）和特定权利（免受种族歧视和免受酷刑的权利等）越来越得到重视和保护。这是国际人权法发展的“特殊保护”（specificity）趋势。[3] 这一趋势的形成也促成了老年人权利受到关注和重视。

2. 全球性人权公约范例

现有的全球性的人权公约也为《老年人权利公约》的制定提供了很好的范例。就全球性公约而言，联合国框架下有关妇女、儿童、残疾人权利的公约为将老年人权利纳入国际人权法框架提供了很好的示例作用，特别是2006年《残疾人权利公约》成功通过并实施，使全世界的残疾人，无论性别和年龄，都有了普遍的权利保护标准，虽然在此之前，许多国家或区域都具备关于残疾人保护的国内政策或区域条约，但全世界范围内还存在残疾人权基本权利得不到实现甚至受到漠视的现象，《残疾人权利公约》成为首部有约束力的专门针对残疾人权利保护的国

① Israel Doron, “From National to International Elder Law”, *The Journal of International Aging*, Vol. 1, Law & Policy 43, 45(2005), p. 67.

② 关于联合国在制定《老年人权利公约》方面的努力及成就将在下节阐述。

③ 吴晓晖：《论联合国人权条约监督机制改革的若干理论和实践问题》，载《武汉：武大国际法评论》2011年第1期。

际法律文书,成员国为了确保《残疾人权利公约》所规定的原则和目标得到实施,必须从教育、交通、雇佣、保健、社会服务体系等各个方面重新审视各自国内相关政策。《残疾人权利公约》至少可为老年人权利纳入国际人权法体系提供一个范例,其立法程序和行文方式均可为《老年人权利公约》提供蓝本。另外,《残疾人权利公约》的起草过程也有可借鉴之处。该公约可以说是联合国历史上最具包容性和开放性的一个公约,起草者除了各国相关政府,还包括众多非政府组织、联合国人权委员会(已于2006年改为人权理事会)、国际组织,特别值得一提的是,还包括一些来自世界各个地区的残疾人组织,这些人是公约的直接受益者。残疾人的参与代表着一个历史性的突破,改变了以往由国家主导国际条约谈判的做法,为国际谈判开辟了一个全新的、包容性的模式。在权利体系构建上,《残疾人权利公约》涵盖了残疾人的政治权利、公民权利、社会权利、经济权利、文化权利等各个方面,代表着残疾人权利范式显著的转变——从医疗或社会福利模式转变到人权模式,关注残疾人的能力建设和社会包容,防止社会歧视的产生。因此,超越了联合国以往公约或反歧视法所规定的权利主张模式。①

虽然《老年人权利公约》不能完全照搬已有的立法模式,但其中的许多经验和方法仍可值得借鉴。另外,如《消除对妇女一切形式的歧视公约》和《儿童权利公约》中所确立的相对有效的执行机制、国家报告机制、承诺监测和成员国之间交流机制,以及个人投诉机制等,被许多学

① Arlene S. Kanter, " The United Nations Convention on the Rights of Persons with Disabilities and its Implications for the Rights of Elderly People Under International Law", *Georgia State University Law Review*, Vol. 25, Issue 3 Spring 2009, pp. 527 - 573.

者认为是构建公约执行机制的好办法。① 在立法模式上，通过附加议定书的形式是获得广泛支持的最可行的立法方案，这种方案首先提出整体目标并通过一个框架性公约，然后就各项目标的实现进行分议题协商并缔结单独的议定书，这是大部分人权公约所实践的。这些对于《老年人权利公约》的成功制定和通过具有极有益的启示意义。

3. 国际非政府组织的推动

国际非政府组织(Non-Governmental Organizations，NGOs)作为市民社会(civil society)的一部分，首次在1945年的《联合国宪章》第71条中出现，并于1968年在联合国经社理事会通过的1296号决议中，被正式赋予咨商地位。此后，非政府组织发展壮大，在促进国际法的编撰和发展、监督国际法的实施、参加国际诉讼程序等方面发挥着重要的作用。② 在联合国人权事务中，非政府组织越来越成为一支重要的力量，在以往多次国际人权条约的制定中，表现得相当活跃。例如，在《残疾人权利公约》的制定进程中，非政府组织在起草条约内容上，作为起草工作组的重要组成部分，使公约在制定过程中出现了残疾人的“声音”，并在一定程度上成功地阻止了谈判的破裂。③

国际非政府组织对老龄问题的关注开始于1969年联大通过第2542(XXIV)号决议《社会进步及发展宣言》之时。两年后，1971年，联合国大会决议由联合国秘书长调查全球老年人状况，同时，国际非政府

① United Nations Department of Economic and Social Affairs Division for Social Policy and Development Programme on Ageing，Report of the Expert Group Meeting“Rights of Older Persons”，Convened in preparation for the report of the Secretary-General to the 64th session of the General Assembly，5 – 7 May 2009，Bonn，Germany，p. 18.

② 鄂晓梅：《国际非政府组织对国际法的影响》，载《政法论坛》2001年第3期。

③ Israel Doron，Itai Apter，“International Rights of Older Persons：What Difference Would A New Convention Make to the Lives of Older People?”，*International Rights of Older Persons Marquette Elder's Advisor*，Vol. 11，2010，pp. 367 – 385.

组织老龄机构(Ageing Unit)成立并参与联合国的调查。这次调查的结果形成了一份令人震惊的报告,报告指出,从1970年到世纪之交,发达国家老龄人口将增加50%,欠发达国家将增加150%。这导致越来越多的非政府组织关注老龄问题,随后在纽约成立了老龄问题非政府组织委员会(NGO Committee on Ageing)。随着老龄问题在全世界范围内关注度的提高,维也纳和日内瓦也相继成立了委员会。这三个老龄问题非政府组织委员会保持着紧密的联系,致力于在全世界范围内提高对全球老龄化带来的机遇和挑战的共识、进一步整合联合国老龄政策和项目、并且推进联合国成员国在国内社会和经济政策的制定中考虑到老龄化的现实。①

1982年第一次老龄问题世界大会召开之际,纽约和维也纳委员会参与“老龄问题国际行动计划”的起草工作,使这一历史性的文件传达了国际非政府组织的声音。每年10月1日的“国际老年人日”,在联合国总部是一个值得纪念的日子,纽约非政府组织委员会承担了部分的组织工作。在2002年召开的第二次老龄问题世界大会上,老龄问题国际非政府组织更是力量庞大,在该次会议的非政府组织世界论坛中,有约3500人,代表来自116个国家的近1000个非政府组织参加,委员会参与了《马德里行动计划》的语言修订工作,使这一重要的文件得以在全世界范围内广为传播。在后来的“第二次老龄问题世界大会后续行动”会议中以及从2011年开始的“老龄问题不限成员名额工作组”工作会议中,都有大量非政府组织参与并提交了许多建设性方案。②

国际非政府组织还协助各国政府,在消除基于年龄的歧视现象方

---

① http://ngocoa-ny.org/about_us/mission.html,访问日期:2015年10月20日。

② http://social.un.org/ageing-working-group/index.shtml,访问日期:2015年10月20日。

面、老年人权利的宣传教育等方面做出贡献。例如,2006 年 6 月 15 日,防止虐待老年人国际网络与世卫组织的“生命进程和老龄方案”、世界各地人士和非政府组织携手启动了第一个“认识虐待老年人问题世界日”活动,让人们更多地了解广泛存在的虐待老年人问题以及消除这一现象的必要性。非政府组织“欧洲老年人纲领”致力于在所有生活领域消除一切形式的年龄歧视现象,力求监测和协助欧洲联盟在这一领域里各项有关倡议的落实。①

二、联合国制定《老年人权利公约》的进程

(一)第一次老龄问题世界大会及成果

1982 年 7 月 26 日至 8 月 6 日,第一次老龄问题世界大会在维也纳召开,共有 124 个国家出席。经过大会 17 次的全体会议,第一次老龄问题世界大会通过了《维也纳行动计划》。② 如其“序言”中所指,世界人口中越来越多的人进入老龄阶段,长寿一方面是值得庆祝的事,但另一方面由此带来的挑战及潜力也应受到各国的重视。序言还庄严地重申,坚信老年人应同样充分地、不折不扣地享有《世界人权宣言》所载的不可剥夺的基本权利。《维也纳行动计划》第 4 段还指出:《维也纳行动计划》应被列于其他国际战略和计划的同一范畴内加以考虑。特别是它重申了《联合国宪章》《世界人权宣言》[联大第 217A(Ⅲ)号决议]、国际人权公约[联大第 220OA(XXI)号决议]、《社会进步和发展宣言》[联大第 2542(XXIV)号决议]、《建立新的国际经济秩序宣言和行动纲

① 社会发展委员会第四十五届会议:第二次老龄问题世界大会以来老龄问题领域的重大发展秘书长的报告,2006 年 11 月 21 日,UN. Doc. E/CN. 5/2007/7,第 12 ~ 13 页。

② UN. Doc. A/CONF. 113/31,第六章。

领》[联大第3201(S－Ⅵ)和3202(S－V－Ⅰ)号决议]、《联合国第三个发展十年国际发展战略》(联大第35/56号决议)以及《宣布1980年代为第二个裁军十年宣言》的联大第34/75和35/46号决议所载的各项原则和目标。由此，大会首次将老龄人权利纳入“人权”框架进行考察，而不只是被看作单纯的“资源消耗者”或“社会的累赘”。①

《维也纳行动计划》第2段指出了其基本目的在于加强国家在处理其人口老龄化和老年人特殊的问题和需要方面的能力建设，并建立新的国际经济秩序和增强国际技术合作，特别提到增强发展中国家之间的合作，来促进国际层面老龄问题的处理。第3段为这个目的制定了具体目标：

(1)促进各国和国际了解人口老龄化在经济上、社会上和文化上对发展进程的影响；

(2)促进各国和国际了解老龄问题所涉及的人道主义问题和发展问题；

(3)拟订并鼓励面向行动的政策和方案，目的在于保证向年长者提供社会和经济保障以及向他们提供对发展做出贡献和分享发展成果的机会；

(4)提出符合各国的标准与目标，并符合国际公认的关于人口老龄化和年长者需要的原则的备择政策和可行办法；

(5)鼓励发展针对世界人口老龄化的适当教育、培训与研究，并促进国际上在这个领域的技能与知识交流。

《维也纳行动计划》是第一个老龄人问题的国际性的行动计划，总

---

① Kwong-Leung Tang, Jik-Joen Lee, “Global Social Justice for Older People: The Case for an International Convention on the Rights of Older People”, *British Journal of Social Work* (2006) 36, pp. 1135－1150.

的来说,它从两个方面增进了全球对老龄问题的政策关注:

第一,在人权方面,它注意到了老年人在人权方面的需求,不但明确了老年人"……应被视为人口的一个组成部分。他们也应当被纳入如像妇女、青年、残疾人和移民工人等人口类别的范畴内加以考虑。年长者必须被视为社会上所有各阶层发展过程中的一个重要和必要的因素",[①]还必须"根据他们的特定需要和限制条件来考虑相应的政策和执行相应的方案",[②]《维也纳行动计划》认为国家应从七个方面进行政策干预:保健和营养、保护老年消费者、住房和生活环境、家庭、社会福利、收入保障和就业以及教育。

第二,在社会发展方面,《维也纳行动计划》认识到人口老龄化对社会经济政策的影响。即"在老年人受抚养的比率日益增长的情况下,人口老龄化对生产、消费、储蓄、投资,以及反过来对一般社会经济状况和政策所起的影响"。[③] 并且"人口老龄化问题对国家一级的通盘发展和年龄较长个人的福利与安全都会产生重大影响,因此,这一问题在不久的将来势将为一切国家所关切,而且它已影响到世界上一些较为发达的地区"。[④]

为此,如何指导国家、区域及国际层面采取行动,《维也纳行动计划》提出14项原则总的指导方针和共计62项如何促进制订政策和方案的建议。在执行方面,从各国政府的作用、国际和区域合作的作用及评估、审查和评价三个方面提出一系列的建议。《维也纳行动计划》强调需激发老年人参与社会的积极性,但大量的条文是服务类条款,从社会福利方面对国家提出行动建议,对发展中国家来说,老龄化社会相对

---

① 《老龄问题维也纳国际行动计划》,31(g)。
② 《老龄问题维也纳国际行动计划》,31(i)。
③ 《老龄问题维也纳国际行动计划》,18。
④ 《老龄问题维也纳国际行动计划》,21。

延迟，人口老龄化对社会的影响还未见紧迫，因此，该计划更适合于发达国家。对于发展中国家来说，在执行上面临的主要障碍在于经费来源，经济困难、武装冲突和自然灾害限制了用于老龄问题的经费开支；另外，政府工作人员短缺也是大多数发展中国家在执行上面临的一个普遍问题，发展中国家普遍缺少决策专家、各机构间缺少协调、职责重叠，导致执行不力。①

（二）第二次老龄问题世界大会及成果

1. 第二次老龄问题世界大会的历史背景

从 1982 年第一次老龄问题世界大会到 2002 年第二次老龄问题世界大会的二十年中，世界老龄人口急剧增长，联合国相关文件用“人口老化烈震”、“国际人口新秩序”之类的字眼来描述。② 在 20 世纪期间，全球老年人（60 岁以上）人口增加很快，在 1950 年，老年人比例是 8%，2000 年为 10%，到 2050 年，预计要增加到 22%。到 20 世纪初，全球老龄人口每年递增 2%，比整个人口的增长速度快得多，而且，预计在 2025 ~ 2030 年，增长率将达到每年 2.8%。这种“人口老化烈震”对发展中国家影响更大。③ 发展中国家人口众多，老化速度快，发达国家人口少、老化过程漫长，20 世纪西欧一些国家在百余年内老龄人口增加了一倍，而发展中世界的一些国家在 21 世纪内只需 25 年或更短的时间就会增加

---

① United Nations, *The Madrid International Plan of Action on Ageing: Guiding Framework and Toolkit for Practitioners and Policy Makers*, New York: Department of Economic and Social Affairs, 2008.

② 联合国经济及社会理事会，迈向第二次老龄问题世界大会秘书长报告，UN. Doc. E/CN. 5/2001/PC/2, p. 12。

③ 联合国经济及社会理事会人口与发展委员会，第三十六届会议秘书长报告：世界人口趋势，E/CN. 9/2003/5, p. 9。

一倍，到2050年，世界79%的老人将生活在发展中国家。[①] 在第一次老龄人世界大会召开之际，老龄化多半是发达国家和地区面临的问题。尽管城市化不断发展，发展中国家的老人多半仍生活在农村地区。[②] 老年人的迅速增加，使国际社会意识到其对政府和社会各个领域的影响，包括保健、就业与按劳动力市场、社会保障与经济增长。发展中国家人口变化来势突然，再加上已经惊人的穷人比率和资源萎缩速度，突出表明迫切需要制订种种政策，独辟蹊径，以增加老年人的参与和社会融合，缓解家庭、社会、经济组织的紧张局面。

1982年《维也纳行动计划》在颁布以后的二十年里，促进了老龄问题政策的拟订进程。以后在联合国相关会议上的无数次倡议和建议都围绕着继续推动采取优先行动解决老龄问题，具有代表性的是维也纳会议十年后，联合国大会于1991年12月16日通过《联合国老年人原则》(第46/91号决议附件)。该原则从独立、参与、照顾、自我实现和尊严方面，提出18项老年人应享有的"权利"，这是最早讨论老年人"人权"的联合国文件，促使人们改变老人是"资源的消耗者""社会的负担"的看法，用更包容的态度承认老人也是社会发展的主体和受益者。

在《维也纳行动计划》通过十周年之际，联合国大会第47次会议中，于1992年10月15日至16日召开了老龄问题国际会议，通过了《老龄问题宣言》。该宣言重申了1982年通过的《维也纳行动计划》和1991的《联合国老年人原则》，呼吁在国际社会和国家层面上采取积极的行动处理老龄问题，并且制定1992年到2001年这十年的一项老龄问题实际战略。《老龄问题宣言》还决定将1999年定为"国际老人年""……以

---

① 联合国经济和社会事务部，老龄化世界的发展——2007年世界经济和社会概览，UN. Doc. E/2007/50/Rev. 1，p. Ⅶ。

② 联合国经济及社会理事会，迈向第二次老龄问题世界大会秘书长报告，UN. Doc. E/CN. 5/2001/PC/2，p. 13。

确认在人口统计上人类已步入成熟，并且确认这种现象为在社会、经济、文化和精神事业方面促进态度和能力的成熟所带来的希望以及同样重要的为在下个世纪促进全球和平与发展方面所带来的希望。”[①]联合国大会随后在其第52/80号决议中决定该年的主题是“不分年龄人人共享的社会”。大会广泛致力于创造“不分年龄人人共享的社会”的良好环境，界定其范围和实质性内容。到1995年，理论框架已经成形，提出了四个方面内容的框架，包括：老年人的状况、个人终身发展、代际关系、发展与人口老龄化之间的关系。[②] 至今为止，建立“不分年龄人人共享的社会”这一设想已经推动全球思维、探索和政策取向的发展。

从1982年第一次老龄人世界大会以来的二十年里，全世界逐步认识到，必须把不断演进的全球老龄化情况纳入更广阔的发展背景中，老龄问题的政策应从人生过程和全社会等更加广阔的角度加以审查，国际社会需要提出一种把人口老龄化问题作为未来发展潜力的基础并做出前瞻性的设想，必须承认老年人具有做出贡献和积极改善自身与整个社会的能力，而且应纳入帮助制定国家老龄问题政策的工作中。在这样一个老年人日增的社会里，迎接挑战、开创机会的有效办法是需要在国家和全球两级采取实施一项综合性的一体化政策行动。2000年5月，联合国大会决定召开第二次老龄问题世界大会，并提交草案，指出世界大会要集中讨论的几个方面。2001年，在纽约举行的三次会议上（分别为：2001年2月26日至3月2日、4月30日至5月1日、12月10日至12日）讨论了该草案。

---

① 联合国大会1992年第47届会议第47/5号决议。

② 联合国大会第五十届会议：《筹备和举办1999年国际老人年方案的概念框架秘书长的报告》，1995年3月22日，UN. Doc. A/50/114。

2. 第二次老龄问题世界大会的成果

第二次老龄问题世界大会于1982年维也纳第一次老龄问题世界大会二十周年之时——2002年4月8日至12日由西班牙政府举办,在马德里召开。第二次老龄问题世界大会参与广泛,有159个国家的政府代表出席了会议,其中包括四位国家元首和政府首脑以及一位副总统。48个政府代表团由部长担任团长,联合国系统各实体的代表均参加了会议,还有大约700名国家和国际非政府组织以及私营部门代表获得认可参加大会。[①] 本次大会的成果是通过了《政治宣言》和《马德里行动计划》。

《政治宣言》侧重于各国政府对执行《马德里行动计划》的主要承诺。承诺第1条(“致力于在所有各个层面、包括在国家和国际两个层面、朝以下三个优先方向采取行动:老年人与发展;提高老龄健康和福祉;以及确保有利和支助性的环境”)注意到了“发展中国家,特别是最不发达国家,以及一些经济转型国家”所面临的障碍和困难,提出“必须将老龄问题纳入发展议程,以及纳入消灭贫穷战略和争取使所有发展中国家充分参与全球经济的战略(第7条)”。

《马德里行动计划》是一项综合性文件,根据三个优先方向拟定:老年人与发展,侧重于各社会调整政策和机构的需求,以协助日增的老龄人口成为有益社会的生产力;促进老年人的健康和福祉,强调需要制订政策,提倡从儿童时期起终生注意健康,以便进入健康的老年;确保有利的和支助性环境,推动面向家庭和社区的政策,为无忧无虑的老年生活提供基础。《马德里行动计划》强调必须将老龄问题纳入全球发展议程的主流,并包括自1982年通过《维也纳行动计划》以来在社会和经济

① 联合国大会第五十七届会议:《第二次老龄问题世界大会的后续行动秘书长的报告》,UN. Doc. A/57/93:3。

领域所发生的新发展。《马德里行动计划》包含35个目标和239项行动建议,主要是针对各国政府,但在其执行工作中特别强调政府间、民间社会所有部分和私营部门之间伙伴关系的必要性。也强调国际行动与合作的重要性。[①]

因此,与《维也纳行动计划》相比,《马德里行动计划》标志着国际社会在老龄人问题理念上的重大转变,不再将老年人看作基于"人道主义"关怀的社会经济发展的受助者和受益人,而是基于"人权"理念的社会发展的参与者之一,与其他年龄层次的人们一起共享社会发展的成果。另外,《马德里行动计划》关注到了发展中国家老龄化的飞速发展对经济和社会发展产生的严重的挑战,尤其是发展中国家大部分老年人生活在农村的现实以及面对老年人传染性或非传染性疾病的挑战,以及随着全球经济和社会的发展,年轻人进城导致发展中国家家庭结构的变化对传统养老模式的冲击。[②]

(三)第二次老龄问题世界大会后续行动

《马德里行动计划》通过后,2003年联合国大会第五十八届会议上,秘书长提交的报告提出了执行《马德里行动计划》的行进图。[③] 该行进图旨在老龄问题领域协助会员国制定国家优先事项和促进国际合作。行进图的核心原则是,《马德里行动计划》的成功执行取决于两个方面:国家能力建设和将老龄问题纳入国家发展议程的主流。这一办法与提高妇女地位和性别平等问题主流化所采取的办法类似。在执行《马德

① 联合国:《联合国第二次老龄问题世界大会的报告》,2002年4月8日至12日,UN. Doc. A/CONF. 197/9。

② Kwong-Leung Tang, Jik-Joen Lee, "Global Social Justice for Older People: The Case for an International Convention on the Rights of Older People", *British Journal of Social Work* (2006) 36, pp. 1135 – 1150.

③ 联合国:《第二次老龄问题世界大会的后续行动秘书长的报告》,UN. Doc. A/58/160。

里行动计划》五年之后,2007 年,第一次审查和评价显示,这方面的变化甚微。[①] 只有少数会员国报告它们使用主流化作为政策工具。由于缺乏资金和人力资源,许多低收入国家在执行《马德里行动计划》方面的国家能力也没有得到长足的发展。在把老龄问题纳入国际政策进程主流方面的进展即便有,也很有限。2013 年,马德里行动计划第二次审查和评价[②]则表明,执行工作依然不力。政策与实践之间存在差距,在动员和建设充足人力和财政能力方面也存在不足,这仍是一大主要制约因素。通过十年之后,在将《马德里行动计划》纳入国家发展计划方面,仍进展有限。无论如何衡量,老龄问题的主流化均进展甚微。此外,虽然发达国家会员国继续制定一些个别政策,但由于金融危机,一些方案被削减和重组,对老年人的生活造成直接影响。

为了加强保护老年人的人权,联合国为此做出了不懈地努力:

2010 年 12 月,联合国大会第 65/182 号决议,决定设立联合国所有会员国参加的"老龄问题不限成员名额工作组(Open-ended Working Group on Ageing,OEWG)","以审议现有的老年人人权国际框架,找出可能存在的缺口,确定如何最好地处理这些缺口,包括酌情研究进一步制定文书和采取措施的可能性,以期加强对老年人人权的保护"。[③] 工作组在 2011 年举行了组织会议,迄今已召开了七届工作会议。[④]

---

① 联合国经济及社会理事会:《第二次老龄问题世界大会以来老龄问题领域的重大发展秘书长报告》,UN. Doc. E/CN. 5/2007/7,21 November 2006。

② United Nations Economic and Social Council, *Second review and appraisal of the Madrid International Plan of Action on Ageing*, 2002, Report of the Secretary-General, UN. Doc. E/CN. 5/2013/6,28 November 2012.

③ 联合国大会,2010 年 12 月 21 日大会决议,UN. Doc. A/RES/65/182,4 February 2011, p. 28。

④ 这七次工作会议的时间分别为:2011 年 4 月 18~21 日;2011 年 8 月 1~4 日;2012 年 8 月 21~24 日;2013 年 8 月 12~15 日;2014 年 7 月 30 日至 8 月 1 日;2015 年 7 月 14~16 日;2016 年 12 月 12~15 日。参见联合国网站:http://social. un. org/ageing-working-group/index. shtml,访问日期:2017 年 1 月 15 日。

2012年12月,联合国大会第67/139号决议,决定"订立一项全面综合的国际法律文书以促进和保护老年人权利与尊严",并授权"老龄问题不限成员名额工作组","从其2013年举行的第四届会议开始,遵循在社会发展、人权和不歧视以及性别平等和增强妇女权能等领域工作中采用的整体办法,并考虑到人权理事会的意见、工作组的报告、社会发展委员会和妇女地位委员会的建议以及拟于社会发展委员会第五十一届会议期间举行的《马德里行动计划》第二次全球审查与评价会议的意见,审议关于订立一项旨在促进和保护老年人权利和尊严的国际法律文书的提议"。[①] 决议特别指出"全面""综合"的国际法律文书,一方面,意味着对工作组工作方向的指示,即要采取整合的模式去制定《老年人权利公约》,其中应包含社会发展、人权和不歧视等要素,还应当考虑到现行政策性文件的规范;另一方面,"综合"意味着《老年人权利公约》要成为国际人权法核心人权公约的构成内容,而不是现有人权公约的附属法,由此,《老年人权利公约》应具有和其他核心人权公约同样的地位。

2013年9月,大会第68届会议通过的第24/20号决议,任命一名"老年人享有所有人权问题的独立专家","与老龄问题不限成员名额工作组、人权理事会其他特别程序和附属机关、有关联合国机构和条约机构密切协调"。[②] 正如《残疾人权利公约》的起草和通过的过程一样,独立专家的任命将在推动老年人权利公约的制定方面起重要的作用,也表明联合国在老年人权利国际保护方面迈出了重要的一步。

---

① 联合国大会,2012年12月20日大会决议:订立一项全面综合国际法律文书以促进和保护老年人权利与尊严,UN. Doc. A/RES/67/139,p. 3。

② 联合国人权理事会,老年人的人权,第二十四届会议(2013年9月9日至27日)报告,UN. Doc. A/68/53/Add. 1,p. 51。

目前,各成员方对制定新的国际法律文书仍有严重分歧,[①]离联合国实现各国老龄化问题主流化及促进老年人权利的充分保护还有一段艰辛的路要走。但全球老龄化趋势以及现有保护机制的不足已被国际社会普遍认同,并且导致对政府和社会带来挑战,这种挑战需要国际法层面的法律框架,来推动富有包容性的社会的建立,使老年人能充满活力地参与社会,分享成果,并不因政府的换代或经济危机而受影响。因此,各成员方应保持耐心,循序渐进,在平等协商的基础上,仍是有望缩小差异,不断扩大共识,最终制定出一项具有法律约束力的、全面保护老年人权利的国际法律文书。

① 对于2012年联合国大会第67/139号决议的表决记录是54票赞成,5票反对,118票弃权,证明联合国成员对于新的联合国老年人权利问题公约缺乏共同的立场。参见[马拉维]珍妮特·吉纳特·克里姆,联合国大会老龄问题不限成员名额工作组的报告,UN. Doc. A/AC. 278/2013/2,24 September 2013:15。

第二章 《老年人权利公约》基本原则构建

第一节 《老年人权利公约》基本原则功能与特性

一、《老年人权利公约》基本原则的功能

法律原则决定着法律制度的基本性质和内容并体现着法律的价值内涵，法律原则尤其是法律基本原则的差异，往往直接构成各种法律制度在整体性质方面的实质性差别。所以，一项新的法律原则的引入或者是原有法律原则在基本内涵上的丰富与发展，对于某一个法律甚至整个法律制度的发展和进步，都具有极大的引导和促进作用。[①]《老年人权利公约》一旦通过并经各国认可，对全世界各地人民将具有同样的意义。但各个国家政治、经济、文化不同，且如前文所述，老年人群体自身非同质性和多样性，以及老年人

① 姚建宗：《法理学：一般法律科学》，中国政法大学出版社 2006 年版，第 87 页。转引自唐玉厚：《民法原则的司法功能》，吉林大学 2009 年硕士学位论文，第 10 页。

所面临的人权方面的挑战具有极大的多变性和复杂性，如涉及年龄的歧视也许与性别、种族、失能、健康状况或社会经济状况联系在一起，[①]因此，保证每个国家均可依据《老年人权利公约》寻求自己的办法实施和落实人人可享的共同权利，是《老年人权利公约》首先应考虑的问题。作为一项全面的、综合性的保护老年人权益的国际法律文书，不但要体现老年人权利的特征，还必须在实践中具有可操作性，从国家和地区的立法层面上，能提供规范和立法指导；从国家实施层面上，能协助各国对整个公约进行解释，方便国家遵守和实施；从个人层面上，能为老年人提供切实可行的权利救济。因此，有必要在《老年人权利公约》中确立一些基本原则，这些原则在《老年人权利公约》的实践当中，将具有执行功能、法律解释中协调功能、指引功能。[②]

（一）执行功能

从执行功能上看，《老年人权利公约》应力求设立一项针对老年人的全球普适的标准，重申并阐释老年人人权和缔约国的人权义务。新的公约需要付诸实践，在成员国通过公约文本前，必须要有基本一致的目标和意愿，否则，这样的公约将不会被遵守。而且，对于文本中表达方式，也会造成不同的人有不同的理解，以致达不到公约既定的目的，各个国家订立公约的政治意愿也难以达成一致。而如果在公约文本的序言部分或开始部分简要地、明确地阐明公约基本原则，以此解释公约

① Current Status of the Social Situation, Well-Being, Participation in Development and Rights of Older Persons Worldwide. Department of Economic and Social Affairs, United Nations, New York, 2011. See http://www.un.org/esa/socdev/ageing/documents/publications/current-status-older-persons.pdf., p. 85, 2015－10－15.

② Robin Allen QC, Legal Issues for Strengthening International Legislation on the Rights of Older Persons-Identifying a Defining Principle for a Convention for the Rights of Older Persons, p. 17. Visited at: www.ageuk.org.uk. 2015－7－10.

所载各项多样化和复杂化的权利规定,以及成员国应承担的义务规定,使各国对公约内容的理解以基本原则为导向,容易使各国达成一致的政治意愿和保持行动上的一致。

（二）法律解释中协调功能

法律解释一般是指把不清楚的条文及事实的法律意义说清楚,从而建构针对个案的判决理由,但由于解释者的前见因素及理解的环境各不相同,因而会产生主体间的不同理解,甚至产生相互矛盾的理解。对不同的理解有多种解决方法,其中用法律原则加以协调是重要方法。[①] 公约是一项具有法律约束力的国际人权条约,在公约的形成过程中,联合国各相关部门、相关专家、政治家、律师、非政府组织等均参与制定,但公约一旦通过,具体实施的是签署并批准公约的成员国以及对公约负有监管责任的联合国相关委员会,涉及成员国怎样依据公约的规定制定相应的国内法实现公约的目的,也涉及成员国内法官在具体司法实践中按哪种标准解释公约相关条款,还涉及公约负有监管责任的相关委员会如何判定成员国是否遵照公约以及遵照执行的程度如何。因此,在法律实践中,应按照文义解释、目的解释或语义解释等方法对公约文本进行解释,实施主体才能够确保实施行为与公约的目的和宗旨保持一致。在公约中规定基本原则,可使这种法律解释实践标准化,避免不同国家对条款的解释出现偏差和分歧。

（三）指引功能

从指引功能上看,《老年人权利公约》为各成员国实现老年人权利提供执行上的规范指导,这也是《老年人权利公约》的重要性所在。文

---

① 陈金钊:《作为方法的法律原则》,载《苏州大学学报》2004 年第 6 期。

本所载老年人的各项权利和成员国的义务是各国老年人人权计划的规范,但各国对文本解释的多样性和不确定性影响着公约的规范价值。另外,《老年人权利公约》的设立,必将对所有人产生影响,这种影响不仅只包括权利受益人——老年人,也包括其他群体,如政府部门、新闻媒体、不同的机构等,公约会引起他们对老龄问题的关注,促使公众对老年人这一社会群体的观念产生根本转变。但《老年人权利公约》文本所载详细内容并不一定被每个人细读,其专业性的法律条款也不易被普通民众所了解,不涉及具体的法律适用,许多人并不会去看条款,不同的群体、不同的人对《老年人权利公约》都会出现自己的解读。因此,概括性的、浅显明了的原则规定,一方面有利于批准《老年人权利公约》的成员国超越《老年人权利公约》条文解释上的多样性和不确定性,使《老年人权利公约》的目的和宗旨能得到正确实现;另一方面有利于公众理解《老年人权利公约》的内容,使他们能确信《老年人权利公约》所赋予的权利。

因此,基本原则的设定可以加速各国政治意愿的达成,使各国能更好地协调一致,同时有利于实践中对法律条文的解释和加强规范效力。

二、《老年人权利公约》基本原则的特性

(一)通用性

《老年人权利公约》将是一部有法定拘束力的国际公约,它不仅应全面规范老年人权利框架,还应开创一种范例来改变国家及区域老年人政策及方法的制定和实施,指导国家或区域涉及老年人政策和方法的制定。因此,《老年人权利公约》的基本原则应是基于现有人权原则,如“平等、不歧视原则”等基本权利,确保老年人的权利不因年龄的增加而有所减损,他们与社会中其他年龄群体一样,享有权利并承担相应的义务。根据现有的特殊群体国际人权公约(如《残疾人权利公约》《儿童

权利公约》《消除对妇女一切形式歧视公约》等)的执行及实施状况来看,国家在执行已有的人权公约以及推行以人权为基础的进步立法的过程中,经历了很多的挑战。[①] 可以预见的是,未来的《老年人权利公约》也需要应对这些挑战,例如,如何对权利的实施进行监测和报告,如何执行申诉和司法程序、如何保护和促进老年人权利可用的人力及财政资源、如何评估基于人权的政策和发展规划、如何衡量权利的规范和标准,包括保护和促进这些权利所采取的具体方式,等等。而全球范围内存在的政治、经济、文化、社会的多样性更是加剧了执行《老年人权利公约》的障碍,客观上对基本原则提出通用性的要求,即,以更丰富的内容、更易于接受的方式,在广泛的基础上明确老年人所应具备的普世的人权范围,[②]同时还应结合老年人自身的特点和老年人人权状况的特点。

通用性的特点,使基本原则成为整个公约的解释和执行指南,贯穿所有的问题,也是理解和解释老年人权利的出发点,为每一项权利的衡量提供了基准线,以便每个国家均可寻求自己的办法落实人人共享的权利。

(二)简洁性

《老年人权利公约》基本原则的执行功能、法律解释中协调功能以及指引功能要求既要注重《老年人权利公约》要素中的个别概念,又应注重一般条文,还要注重整个《老年人权利公约》体系的和谐与统一。因此,基本原则的表达必须将其意思以恰当的文字表述,语言表述的要求更高、更严、更精、更准。而且,作为一项国际人权公约,如同所有国

---

① [爱尔兰]杰拉德·奎因:《〈残疾人权利公约〉研究:海外视角(2014)》,陈博、傅志军等译,人民出版社2015年版,第101页。

② Robin Allen QC, Legal Issues for Strengthening International Legislation on the Rights of Older Persons-Identifying a Defining Principle for a Convention for the Rights of Older Persons. 2011, p. 19. Visit at: www. ageuk. org. uk 2015 - 10 - 15.

际条约一样,对《老年人权利公约》的解释首先还应适用《维也纳条约法公约》的“善意解释”规则。①

条约的基本原则作为整个条约的“灵魂”,体现了条约的宗旨和目的,必须能够按通常的语言用法,或者说能够被广为接受的用语方式来理解,语言须洗练明晰,实用性强,应高度抽象和概括,应简洁、明确,反映概念和条文中的本质属性,才能普遍适用于全球。因此,基本原则的用语的简洁性是其功能的必然要求。

第二节 联合国框架下相关决议、建议及其反思

构建《老年人权利公约》的基本原则,不能离开对现行联合国框架下老年人权利保护现有的国际文书及相关提案中有关基本原则的规定的考量。在 2013 年 8 月 12 日至 15 日联合国“老龄问题不限成员名额工作组”第四届工作会议召开之前,秘书处向会员国和联合国系统发出的普通照会,并向非政府组织征求见解,共有 31 个会员国、36 个民间社会组织和 4 个联合国系统的组织对调查做出了回应,向秘书处提交了有可能制定的有关老年人权利问题的国际法律文书中应包括的以下一般性原则:尊严、独立性、自主性、平等、性别平等、不歧视、无障碍、权能、自我实现、代际团结、尊重多样性和差异性以及参与和融合。②由此,老年人权利保护的基本原则相关决议及建议来自三个方面:一是联合国相关会议的决议;二是非政府组织参与联合国相关会议的建议;三是联合国成员国

① 第 31 条规定:条约要“依其用语按其上下文并参照条约之目的及宗旨所具有之通常意义,善意解释”。

② [马拉维]珍妮特·吉纳特·克里姆:《联合国大会老龄问题不限成员名额工作组第四届工作会议报告》,UN. Doc. A/AC. 278/2013/2,24 September2013:14。

参加相关会议的提案。以下对有代表性的决议及建议分别梳理。

一、联合国相关决议

(一)1982年《维也纳行动计划》

1982年8月5日和6日第一次老龄问题世界大会第15次和第17次全体会议在维也纳通过的《老龄问题国际行动计划》,是第一个关于老龄问题的国际文书,指导老龄问题的思考以及政策和方案制定。《维也纳行动计划》就如何采取国际行动提出了14项行动原则,这些原则包括:发展与老年人尊严的关系,①指出保证社会中老年人的尊严有利于经济增长、生产性就业、社会正义和人类团结,是发展的基本和不可分割的要素;真正解决老年人各种问题应转移社会资源的用途;②老年人发展与人道主义的问题的解决;③老年人的发展与传统和革新的平衡;④应承认并促进老年人的贡献;⑤延续、加强和保护不同形式和结构

① 即第一项行动原则:发展的目标是在全体居民充分参与发展过程并公平分配所得利益的基础上,改善全体居民的生活。发展过程必须提高人的尊严,使不同年龄组的人平等分享社会资源、权利并且平等分担责任。每个人不论年龄长幼性别或信仰,都应该各尽所能、各得所需。参见联合国:《老龄问题世界大会的报告》,1982年7月26日至8月6日,联合国出版物编号:UN. Doc. A/CONF. 113/31,第六章,A节。

② 即第二项行动原则:老年人的各种问题只有在和平、安全、停止军备竞赛和把用于军事目的的资源转用于经济和社会发展各种需要的条件下,才能得到真正解决。参见前引。

③ 即第三项行动原则:老年人的发展方面和人道主义方面的问题只有当专制和压迫、殖民主义、种族主义、基于种族、性别和宗教的歧视、种族隔离、种族灭绝、外国侵略和占领以及其他形式的外国控制不再存在,并且在具备尊重人权的条件下,才能得到妥善的解决。参见前引。

④ 即第四项行动原则:每个国家应该根据各国的传统、结构与文化价值,对人口趋势和由此引起的变化做出反应。一切老幼年龄的人在谋求协调发展时,应当设法在传统的因素与革新的因素之间建立平衡。参见前引。

⑤ 即第五项行动原则:老年人在精神、文化和社会——经济方面对社会所做的贡献是宝贵的,应当许以承认,并应进一步加以促进。用在老年人身上的花费应被视为一项持久性投资。参见前引。

的家庭;[①]支持和鼓励对老年人提供的自愿活动;[②]鼓励代际团结和互助;[③]老龄化政策应当成为社会政策的一部分;[④]促进全世界范围内老年人的发展;[⑤]促进老年人的贡献;[⑥]促进老年人的参与;[⑦]特别关注最脆弱群体;[⑧]加强老龄问题研究。[⑨]

从原则的内容来看,它关注到了老年人的特殊性,强调了老年人的特殊需求以及老龄化在发达国家的影响,指出政府各级以及市民社会应加强能力建设以应对人口老龄化,也试图解决老年人的发展潜力和依赖需求,并指出,所有的行动,都需要区域和国际加强合作。

(二)1991 年《联合国老年人原则》

《联合国老年人原则》(第 46/91 号决议附件)于 1991 年 12 月 16

① 即第六项行动原则:不同形式和结构的家庭是连接各代人的一种社会基本构成单位,应当根据每一个国家的传统和风俗习惯予以延续、加强和保护。参见前引。

② 即第七项行动原则:各国政府和特别是地方当局、各非政府组织、各自愿个人及自愿组织、包括各种老年人协会应能对为家庭和社区中的老年人提供支援和照顾的工作做出特别重大的贡献。各国政府应当支持和鼓励这种性质的自愿活动。参见前引。

③ 即第八项行动原则:社会经济发展的一项重要目标是实现一个所有年龄不分长幼的人融为一体的社会,在这个社会里,年龄歧视和非自愿隔离已被消除而各世代之间的团结和相互帮助得到鼓励。参见前引。

④ 即第九项行动原则:老龄化是贯穿整个人生的过程,我们应当把它作为这样一个事实来加以认识。为全体人民安度晚年做好准备,应当成为社会政策的一个组成部分。而且这种准备应该包含身体、心理、文化、宗教、精神、经济、保健和其他诸方面的因素。参见前引。

⑤ 即第十项行动计划:《国际行动计划》应当放在世界社会、经济、文化和精神发展趋势这个更广泛的范围之内来加以考虑,以便使老年人能够在物质和精神方面享受公正和富裕的生活。参见前引。

⑥ 即第十一项行动计划:老龄不仅是经验与智慧的象征,而且还能使人们根据自己的信仰和愿望取得更大的成就。参见前引。

⑦ 即第十二项行动计划:老年人应当积极参与政策的制订和执行,包括对他们特别有影响的政策。参见前引。

⑧ 即第十三项行动计划:各国政府、各非政府组织和有关人士均应对老年人中的最脆弱者,特别是对那些妇女占多数并来自农村地区的穷苦人承担特别责任。参见前引。

⑨ 即第十四项行动计划:有必要对老龄问题的各个方面进行进一步研究。参见前引。

日由联合国大会通过，提出了五项基本原则：独立（Independence）；[①]参与（Participation）；[②]照顾（Care）；[③]自我充实（Self-fulfilment）；[④]尊严（Dignity）。[⑤]

《联合国老人原则》还呼吁各国政府中所有关涉老年人幸福生活的职能机构或者部分涉及老年人的职能机构以及社会机构关注老年人的基本权利，这是迄今最具综合性，也是最具权威性的非约束力国际文书。[⑥] 其中规定的五个组成部分，涉及老年人地位及其对社会的贡献，承认各国人民对《联合国宪章》所重申的基本人权、人的尊严和价值以及男女平等权利的信念，鼓励各国政府尽可能将这些原则纳入本国国家方案。这些原则在老年人融入社会和承认他们的特殊需求之间找到了一个合适的平衡，是各国制定老龄政策时重要的政策工具。除此之外，《联合国老人原则》还影响了《马德里行动计划》的构想，根据这五项

① 独立原则包括：老年人应能通过提供收入、家庭和社会支助以及自助，享有足够的食物、水、住房、衣着和保健；老年人应有工作机会或其他创造收入机会；老年人应能参与决定退出劳动力队伍的时间和节奏；老年人应能参加适当的教育和培训方案；老年人应能生活在安全且适合个人选择和能力变化的环境；老年人应能尽可能长期在家居住。

② 参与原则包括：老年人应始终融合于社会，积极参与制定和执行直接影响其福祉的政策，并将其知识和技能传给子孙后辈；老年人应能寻求和发展为社会服务的机会，并以志愿工作者身份担任与其兴趣和能力相称的职务；老年人应能组织老年人运动或协会。

③ 照顾原则包括：老年人应按照每个社会的文化价值体系，享有家庭和社区的照顾和保护；老年人应享有保健服务，以帮助他们保持或恢复身体、智力和情绪的最佳水平并预防或延缓疾病的发生；老年人应享有各种社会和法律服务，以提高其自主能力并使他们得到更好的保护和照顾；老年人居住在任何住所、安养院或治疗所时，均应能享有人权和基本自由，包括充分尊重他们的尊严、信仰、需要和隐私，并尊重他们对自己的照顾和生活品质做抉择的权利。

④ 自我充实原则包括：老年人应能追寻充分发挥自己潜力的机会；老年人应能享用社会的教育、文化、精神和文娱资源。

⑤ 尊严原则包括：老年人的生活应有尊严、有保障，且不受剥削和身心虐待；老年人不论其年龄、性别、种族或族裔背景、残疾或其他状况，均应受到公平对待，而且不论其经济贡献大小均应受到尊重。

⑥ Francesco Seatzu, "Reshaping EU Old Age Law in the Light of the Normative Standards in International Human Rights Law in Relation to Older Persons", *In Protecting Vulnerable Groups: The European Human Rights Framework*, edited by Francesca Ippolito, Haut Publishing, 2015, p. 57.

原则提供的政策指导是与《经济、社会及文化权利国际公约》所载各项权利相关联的。[①]

(三)2002年《马德里行动计划》

2002年第二次老龄问题世界大会上通过了《马德里行动计划》。该文件呼吁应发挥老龄化的巨大潜力,需要全社会各部门、各层面改变态度、政策和做法,增强他们自身参与家庭和社会生活的各项权能,确保老年人有保障、有尊严地进入晚年,这也是《马德里行动计划》的目标。《马德里行动计划》确认老龄化的共同特点及其所带来的挑战,并针对每个国家各不相同的情况提出具体建议,旨在作为一个实际工具,来协助决策者侧重同个人和人口老龄化相关的主要优先问题。《马德里行动计划》没有提出基本法律原则的问题,但是,明确了三项政策指导(或称三个优先方向),为各个国家或地区实现为老年人制定政策到将老年人纳入决策过程的转变提供指南。这三项政策指导为:第一,老年人和发展;第二,促进老年人的健康和福祉;第三,确保建立有利的支助性环境。

这三个方向的进展决定着老年人生活保障的程度。明确这三项优先方向旨在指导国家层面政策的制定和执行,以实现适应老龄化世界的具体目标。

二、非政府组织建议

非政府组织在老年人领域的活动不仅在帮助老年人在当地获得良好的医疗保健、经济保障及社会融入上取得了巨大的成功,在促进和加强社会对老龄问题的意识和反虐待教育的宣传上也起到了重大的作

① Follow-up to the Second World Assembly on Ageing: Report of the Secretary-General, Submitted to the United Nations General Assembly, UN. Doc. A/64/127, July 2009, p. 15.

用。一些主要的非政府组织还积极参与公约构建。

(一)国际助老会(HelpAge International)

HelpAge International 是一个非政府组织联盟,致力于帮助全球老年人发挥他们的潜能,过上有尊严的、积极的、健康并且有保障的生活。[①] HelpAge International 代表着全世界的老龄人口,并在全球各地进行宣传,将对老年问题的关注推向公众,使社会认识到老年人对社会的贡献并且其必须享有健康护理、社会服务,以及经济保障和人身安全。该组织于 1983 年 11 月在英国成立,由最初的 5 个老年问题非政府组织[②]联盟发展到目前 80 多个附属机构,111 个非政府组织成员,有超过 22 万人员在全球 70 多个国家开展工作,合作伙伴达到 180 多个。国际助老会在全球的影响非常广泛,与最具影响力的一些国际组织及机构建立了正式联系,在联合国和世界卫生组织取得了咨商地位,是联合国儿童基金会和联合国人口活动基金会的协议合作方,是"国际红十字会行为准则""红星月运动赈灾规则"的签约方,并且在其所工作地区,均被当地政府确认为政府主要合作伙伴。[③]

推动老年人权利保护以及《老年人权利公约》的建立是 HelpAge International 近几年的工作重心之一,该组织积极地参与联合国"老龄问题不限成员名额工作组"工作会议,从 2011 年 4 月的第一次工作会议

---

① HelpAge International, Age Demands Action 2007, available at http://www. helpage. org / Resources/AgeDemands Action briefings, October 2007; HelpAge International website, "Age Demands Action", 2015 - 11 - 23.

② 这五个非政府组织为:Help the Aged(now Age UK), HelpAge India, HelpAge Kenya, Help the Aged Canada, Pro-Vida Colombia。参见 http://www. helpage. org/who-we-are /our-history/2015 - 11 - 23。

③ HelpAge International, Strategy to 2015, p. 4. see at: www. helpage. org/enewsletter. Visited at 2015 - 11 - 23.

到2015年7月的第六次会议,都活跃着国际助老会的身影,代表着全球老年人在大会上积极发声,每次会议都提交建议案,并且也是促使联合国首次任命老年人权利独立专家的主要力量,使《老年人权利公约》的订立取得重大的具体的进展。国际助老会也一直关注着《老年人权利公约》具体内容的构建,在其提交给"老龄问题不限成员名额工作组"工作会议的提案中,以及专题研究报告中,对《老年人权利公约》基本原则的构建提出了设想。

1. 提交到联合国工作会议的提案

2015年,在国际助老会提交到"老龄问题不限成员名额工作组"第六次工作会议的提案中,详细列明了《老年人权利公约》应具备的九项基本法律原则①:非歧视(Non-discrimination);尊重(Respect);尊严(Dignity);自治(Autonomy);平等(Equality);自我实现和个人发展(Self-fulfilment and personal development);完整有效的参与和社会包容(Full and effective participation and inclusion in society);尊重差异性和多样性(Respect for difference and diversity);无障碍(Accessibility)。

2. 专题研究报告

国际助老会专题研究报告中关于《老年人权利公约》基本原则的构建体现在2013年5月的一份研究报告中,该报告指出,新的《老年人权利公约》应该包括但不限于以下基本原则:尊重所有人固有的尊严,包括老年人(Respect for the inherent dignity of all people, including older people);非歧视(Non-discrimination);独立(Independence);自治(Autonomy);完整有效的参与和社会包容(Full and effective participation

① A new convention on the rights of older people: a concrete proposal, HelpAge International, March 2015, See at: http://social.un.org/ageing-working-group/docngossixthsession.shtml. 2015-11-23.

and inclusion in society)；平等，包括性别平等(Equality，including gender equality)；个人发展(Personal development)；代际公平(Intergenerational equity)；一种生命历程的进路(A life course approach)。

从这两份建议中可以看到，国际助老会对于《老年人权利公约》基本原则的构建问题的研究是不断发展的。2015年的提案增加了"无障碍(Accessibility)"原则，关注到了老年人的特殊性，在权利实现上面临困境的现实，以及生活中为保障老年人有尊严的、积极的、健康的生活，对生活环境及相关生活条件(如医疗保健服务等)的无障碍和可及性。2015年"尊重""尊严"和"平等"概括了2013年提出的"尊重所有人固有的尊严，包括老年人""平等，包括性别平等"两个原则，符合作为公约基本原则应具有的简洁性和通用性的要求。2015年提案将2013年的"个人发展"原则进行了拓展，增加了"自我实现"，与"个人发展"并列，增加了"尊重差异性和多样性"。

(二)灰豹组织(Gray Panthers)①

Gray Panthers是1970年8月在美国成立的非政府组织，其创办人为Maggie Kuhn。该组织最初以为老年人和年轻人提供有关社会变革方面的咨询而闻名，其主要宗旨包括变革强制退休年龄的规定以及呼吁结束越战。创办人Maggie Kuhn本人创办这个组织的动因起源于她在不满65岁时达到强制退休年龄而被迫退休。尽管其口号为"老年人和青年人行动起来"(Age and Youth in Action)，但其工作大部分只适应老年人的需要。主要关切的领域包括：和平、医疗保健、就业、住房、老

---

① 又被翻译成：银发族权益会、灰豹党，灰豹组织译名来自于联合国相关文件中文翻译。其名称来源于1972年，被纽约一位脱口秀主持人戏谑为银灰色的豹子，后成为该组织正式名称。

龄歧视、性别歧视、种族歧视、媒体的刻板印象、家庭保障、环境及改革运动。该组织于1981年在联合国取得正式非政府组织的身份,此后,参与各种联合国委员会及相关会议。①

该组织坚决支持针对老年人权利保护制定一部综合性的人权保护公约,并于2013年5月在联合国第四次"老年问题不限成员名额工作组"会议上提交的提案里,就《老年人权利公约》应具备的基本原则提出以下建议:②

第一,老年人的人权与老年歧视是相互关联的。社会各个阶层、各个年龄层次的人们均将最终变老,需要面对广泛存在的年龄歧视,这为老年人权利公约的制定奠定了基础。例如,在教育体系内平等地包含生命周期的各个阶段是对抗老年歧视的壁垒。在社会各个阶层,清晰明确传达老年人的价值将是《老年人权利公约》制定的背景和基础。

第二,Gray Panthers 的承诺和行动回应《马德里行动计划》问题五关于"代际团结"③的内容。

第三,老年人应该被当成社会重要的组成部分,而并非仅仅是容易受到伤害、需要帮助且身心脆弱的人。

可见,Gray Panthers 对《老年人权利公约》应该具备的基本原则的关注点重点集中在非歧视、教育平等、代际团结这几个方面。可以说这几个问题是老年人权利保护当中根本性的问题,但区域性特征较为明显。

---

① Maggie Growls, The Gray Panthers, See at http://www. pbs. org/independentlens/maggiegrowls/panthers. html. 2015 - 11 - 23.

② Gray Panthers Input for Open-ended Working Group on Ageing Regarding Human Rights Instrument for Older Persons, May 9, 2013. See at http://social. un. org/ageing-working-group/fourthsession. shtml. 2015 - 11 - 23.

③ 即"代际团结:在家庭、社区以及国家各级,代际团结对于实现不分年龄人人共享的社会至关重要。团结还是实现社会融合的一个主要前提,也是公共福利制度和日常保健体系的基础"。

(三)联合王国老龄组织(Age UK)①

Age UK是英国一家注册慈善机构,成立于2009年2月25日,由当时两大独立的慈善机构"Help the Aged(长者会)"②和"Age Concern(联合王国牛津救济会)"③合并而成,于2010年4月更名为目前这个名称,成为英国最大的老年人慈善机构。该组织致力于帮助每一个人安享晚年,改善老年人的生活及居住环境。其愿景是"老年人蓬勃发展的世界"。该机构每年为600万左右的人提供信息和建议,主持公众和议会的选举活动,特别为老年人提供培训和基金。在全英有170家地方组织,形成了遍布全境的网络系统,并与其他老年人非政府组织合作。在国际上,通过其合作伙伴或其附属组织"国际助老会",为中低收入国家提供项目研究和政策制定工作方面的支持。④

Age UK多次参加联合国"老年问题不限成员名额工作组"的工作会议,认为制定一项综合性的老年人权利国际公约有助于现有方案得到更好的执行,唤醒国际社会关注老年人权利、填补立法空白。认为《公约》的构建必须以(但不限于)下列基本原则为基础:⑤

尊重所有人固有的尊严,包括老年人(Respect for the inherent dignity of all people, including older people);非歧视(Non-discrimination);独立

---

① 参照联合国相关文件的中文翻译。

② Help the Aged(长者会,也被翻译成"助老会")是成立于1961年的英国国际慈善机构,致力于帮助处于贫困、孤单的弱势老人,2009年与Age Concern合并组成Age UK。

③ Age Concern起初是英伦四岛一些关注老年人需求和利益的非政府组用来作为其横幅的标题,作为非政府组织是1971由National Old People's Welfare Committee(NOPWC)改名而来,2009年与Age Concern合并组成Age UK。参见https://en.wikipedia.org/wiki/Age_Concern,2015-11-23。

④ http://www.ageinternational.org.uk/what-we-do/about-age-international/What-we-believe/,2015-11-23.

⑤ Age UK Consultation Response: Main elements for inclusion in an international human rights instrument for older people, Ref: 1613, May 2013.

(Independence);自治(Autonomy);完整有效的参与和社会包容(Full and effective participation and inclusion in society);所有老年人平等,无论性别(Equality between all older people regardless of gender);机会平等(Equality of opportunity);资讯自由(Access to information);个人发展(Personal development);代际公平和终身赋予人权(Intergenerational equity and a life course approach to human rights)。

(四)福坦莫大学(Fordham University)百岁老人研究中心①

福坦莫大学是美国纽约一所著名的私立大学,是偏重于文科类的研究型大学。该大学的“百岁老人研究中心”及“海德堡第二百岁老人研究中心”汇集了国际知名研究人员,专注于高龄老人②问题的研究。在联合国“老龄问题不限成员名额工作组”的第四次工作会议上,其研究中心的主要研究员Daniela S. Jopp博士提交了建议稿,表示支持建立一项全面保护老年人权利的国际公约,基于对高龄老年人的研究,对《公约》的基本原则构建提出了以下观点:③

第一,高龄老年人由于其日益增长的脆弱性,需要特别支持,但也应该承认他们是社会有价值的资源。

第二,高龄老人存在身体和认知障碍的风险,因此需要特别保护。各国应该认识到,不管个人的条件如何,确保每个人的尊严和自身发展是政府和所有公共机构(包括医院、养老院等)的责任。

第三,随着越来越多的高龄老人的出现,其生活质量问题将成为主

① 根据教育部中外合作办学监管工作信息平台公布的资料所确定的中文译名。

② 80岁以上的老年人。——笔者注

③ Daniela S. Jopp, Ph. D, *Input of Centenarian Research for Open Ended Working Group on Ageing*, Fordham Centenarian Study and Second Heidelberg Centenarian Study, Fordham University, Bronx NY, USA, May 15, 2013.

要关切点。

第四,随着高龄老年人总数的增加,许多人有望活到超老龄阶段,各个国家均应保证有尊严的死亡。政府和公共机构应保证个人有权选择生命终结的方式(如预立医疗指示、尊重宗教信仰的多样性等)以及得到缓和医疗。

第五,需加强高龄老年人的家庭建设。需支持高龄老年人的家庭成员尽可能成为照顾者,例如,建立灵活的家庭休假制,保障长期照顾高龄老年人的家庭成员的收入,提供更多的兼职机会,总的目标是允许个人在每个年龄段均能在工作、学习、家庭和休闲方面享有高度的选择权,而不需要根据年龄来安排。认识到并支持积极的家庭照顾者也是至关重要,例如,在其个人退休金方面由政府财政支持发放信贷。

第六,重要的是,应该认识到,由于大部分发达国家中低出生率的出现或无子女观念的日渐盛行,在不久的将来,越来越多的高龄老年人将不会有家庭支助。

第七,各个国家应该确保更多的卫生健康和社会保健服务的人员培训,以及其他与高龄老年人相关的服务、符合他们特征的特别措施。

第八,各个国家应确保在老龄议题上更多的教育,因为目前许多学生表明,他们仅仅只能通过自己的家庭了解老龄化以及老年人。

第九,各个国家应该发展关于高龄化的挑战及潜力的科学研究,因为这个群体代表着世界上增速最快的人口;而且应该不断鼓励统计关于不同人口年龄的数据,为决策提供最佳资料。

这些非政府组织的提案基本代表着民间社会对老年问题的关注点。但各个组织之间就《老年人权利公约》原则的构建上并没有表现出一致的立场,有的偏重于老年人经济、社会保障权利,没有基于全面综合的人权框架;有的代表着部分地区的需求,反映出来的是区域性的特征,忽视了全球经济、文化、传统等各个方面的差别。但总体来说,非政府组织的建议为《老年人权利公约》基本原则的构建拓展了思路。

三、联合国成员国提案

(一)南非政府

南非老龄人口随着全球老龄化的趋势而增长。为了应对人口老龄化带来的一系列问题,更好地保护老年人权利,响应《马德里行动计划》,南非于2006年通过了《老年人法案》,旨在促进老年人权利实现,保障老年人生活需要,提升老年人的幸福感,创造有利于老年人维持有尊严的生活的社会环境。[①] 南非强烈支持制定一项老年人权利国际公约,关注《老年人权利公约》内容的构建,在其2015年提交到第六次"老龄问题不限成员名额工作组"工作会议的提案中,提出了有关《老年人权利公约》基本原则、价值观念、权利内容的建议,认为基本原则是所有关涉老年人的诉讼、行动或决策均须遵守的,包括以下方面:[②]尊重、保护、促进和实现老年人权利;尊重老年人固有的尊严;公平公正对待老年人;保护老年人免于任何情况下遭受不公平歧视,包括健康不佳或残疾的情况。

除了基本原则外,南非的提案还提出《老年人权利公约》应具备的原则和价值观念,即为了使老年人身心达到最佳状态,应享受充分的卫生保健、医疗看护、社会服务以及其他支助体系;服务提供应当是跨部门和协作型的;所有的人始终有责任帮助老年人社会和经济独立;难以达到独立的情况下,家庭、社区和政府各级(国家、省和地方)有共同的

---

① Kitty Malherbe, *Older Persons Act: Out with the old and in the with the older?*, Law Democracy & Dev. 53 2007, p. 58.

② Contribution by the South African Government to the Proposals, Practical Measures, Best Practices and Lessons Learned that will contribute to Promoting and Protecting the Rights and Dignity of Older Persons, June 2015. See at: http://social. un. org/ageing-working-group/documents/sixth/SouthAfrica. pdf. 2015 - 11 - 30.

责任为老年人提供必要的照顾和支持；所有的服务应当尽可能使老年人保持独立和自理；老年人无论性别、种族、文化或宗教信仰，应被尊重且公平对待，所有的服务必须做到毫无歧视；尊重个人的隐私权和保密权；尊重老年人的自决和自治；服务提供者必须具备个人职业操守；承认老年人信息获得权；承诺提供多部门合作服务。

（二）其他成员国提案

参加历次"老龄问题不限成员名额工作组"会议的成员国，多数集中在对老年人权利框架提出自己的建议，对所涉基本原则的具体建议很少涉及。

四、对联合国相关决议及建议的反思

以上老年人权利保护的基本原则相关决议及建议扩展了对老年人权利保护基本原则的研究视野，促进了人们对这个问题进行实质性的探索，但同时也暴露出了一些缺陷，主要表现在以下方面：

（一）缺乏执行力

以上关于联合国框架下老年人权利保护基本原则方面的决议或建议分别来自于联合国职能部门的决议、非政府组织的建议，以及成员国的提案。就联合国职能部门的决议来说，形成了国际政策性文件，这三个政策性文件合起来构成了一个国际老龄问题框架，为国家行动提供了一个有用的指南。虽然不应该低估这些老龄问题国际政策文件的意义，但是，这些文件都不包含具有法律约束力的义务。相反，它们载有各国政府同意遵守的规范和规则，却没有任何遵守问责要求。由于其不具约束力的性质，老龄问题国际政策文件的实施可能软弱无力，基本原则的规定也就失去了意义，充其量只能是美好的愿景罢了。正如在

《维也纳行动计划》及其后继者《马德里行动计划》[①]的审查和评估工作期间指出的:各国往往不将国际标准纳入国家立法和政策行动。

另外,这几个文件均回避了老年人权利保护中一个很棘手的难题,那就是关于"老年人"的定义,文件既没有明确采纳世界卫生组织关于老年人的定义,[②]也没有采用以一个人有资格领取养老金或其他老年福利的年龄标准来界定老年人。由此,对文件适用的主体范围不明确,破坏了各国适用的通用性,使其执行力大打折扣。

因此,虽然联合国框架下这三个关于老龄问题的政策性文件中关于老年人权利保护应遵守的基本原则方面的规定或许比现有的公约类的文件具体,但是它们的政府间能见度会低于具有法律约束力的文书,出现执行力落空的问题。

(二)内容缺乏通用性

首先,联合国三个政策性文件各有侧重,其中,《维也纳行动计划》和《马德里行动计划》重在为国家行动以及国际性合作提供框架和指导,而《联合国老年人原则》强调了对老年人价值和贡献的关注,也是第一个将老年人权利上升到人权保护的文件,但是,却忽视了影响老年人权利实现的一个重大的也是全球老年人面临的普遍性挑战:老年歧视,或者说由于老龄引起的多重歧视。[③] 第 18 条虽然体现了平等和非歧视的内容,但置于"尊严"原则之下,忽略了这个原则同样的重要性。

其次,从市民社会特别是非政府组织提交的建议来看,有的充分注

① UN. Doc. E/CN. 5/2001/PC/2; E/CN. 5/2001/PC/2. Corr. 1; A/63/95; E/CN. 5/2014/4.

② WHO, Definition of an older or elderly person, Visited at: www. who. int/healthinfo/survey/ageingdefnolder/en/. 2015 - 11 - 30.

③ 指由于性别、宗教信仰、语言、居住地域、残疾、贫穷、健康状况、文化程度等多重因素导致对老龄人的歧视现象。参见第一章第二节。

意到了老年人的特殊性,将老年人权利保护提高到了人权的高度,力图使老年人权利成为普遍性的权利而受到各成员国以及社会的重视,但是在权利涵盖上各不相同。例如,国际助老会2015年提出的《老年人权利公约》基本原则草案充分体现了对老年人"非同质"群体这一特殊性的关注,并注重以人权为本的方法,同时,在用语表述上符合基本原则应具备的要求;但将平等原则与非歧视原则分列,忽略了这两个原则在理论上的一致性和在实践当中的同一性,在表述上显得拖沓,必然会导致实施中失去通用性。而Gray Panthers的建议中关注点不够全面和系统,没有将老年人权利作为一个整体来看待。Age UK的提议与国际助老会类似,Fordham University的关注点在于高龄老人权利保护的原则上,因此,侧重于国家、社会、家庭、个人各级对高龄老人的支助和照顾,同样,其通用性是有所限制的。

最后,从为数极少的各成员国的提案来看,显然具有强烈的地域性。南非的提案大都基于本国或本地区在老年人权利保护方面的实践或做法,例如,关于基本原则的建议来自《南非老年人法案》第一章第5项;关于原则和价值理念的提案来自《南非老年人政策》第17页第2项第4点。适用于一个国家的基本原则对于国际性的人权公约,显然无法周全。

(三)形式缺乏简洁性

基本原则形式上的简洁有利于《老年人权利公约》适用于全球不同的民族、种族、地域、文化、语言、经济状况的国家,也有利于国家据此制定适合本国的权利保护,以有效地实施《老年人权利公约》。从以上各层次的决议及建议来看,有的不乏简洁性,如国际助老会及Age UK的提议,言辞简约,也触及了《老年人权利公约》某些方面应该具有的深刻内容。但内容的不周全归根结底还是体现了简洁性的不够,因为原则的简洁性就包含了表意的完整性。除此之外,其他表述多语义含糊,陷于解释与劝说的意义,特别作为联合国三个老龄问题政策性文件,在用词上多以“倡导”“建议”“鼓励”等词,不但在性质上定位了这些文件的“软法”性,而且正是作为原则应有的简洁性缺乏的表现。

第三节 《老年人权利公约》基本原则的确立

联合国人权框架下,现有的人权公约为《老年人权利公约》基本原则的制定树立了很好的典范。1989 年的《儿童权利公约》中分别在第 2 条、第 3 条、第 6 条和第 12 条明确了“非歧视”原则、“儿童最大利益”原则、“生存和发展权利”原则及“尊重儿童意见”等一些基本原则,这些原则不但共同构成了对各国实现儿童权利的国家执行计划的指导,还体现了公约价值取向,即《儿童权利公约》是建立在有关儿童的待遇、保护和参与社会事务等基本价值判断之上的。另一个典范是 2007 年的《残疾人权利公约》,第 3 条中以“一般原则”作为标题,明确列出八条基本原则。[①] 在体例上,这些原则置于公民权利、家庭、健康、教育和其他实质性条款规定之前,使公约体现的不仅仅是一张简单的义务清单,它拥有了“灵魂”。[②]

《老年人权利公约》基本原则的构建,可以借鉴现有成功立法典范,同时参照和采纳联合国框架下相关决议和建议。《老年人权利公约》基

① 即尊重固有尊严和个人自主,包括自由做出自己的选择,以及个人的自立;不歧视;充分和切实地参与和融入社会;尊重差异,接受残疾人是人的多样性的一部分和人类的一分子;机会均等;无障碍;男女平等;尊重残疾儿童逐渐发展的能力并尊重残疾儿童保持其身份特性的权利。

② [挪]A. 艾德等:《经济、社会和文化权利教程》(修订第 2 版),中国人权研究会组织翻译,四川人民出版社 2004 年版,第 290 页。

本原则不但应重点关注老年人面临的“非歧视”问题，还应将重点放在老年人自身所处相应社会当中的地位甚至更广阔的领域中的参与程度上综合考量，应包括但不限于以下几个方面：

一、平等和非歧视原则

（一）概念释义

平等是人与人的对等对待的社会关系。是一个适用于一切人权的基本公正的总原则，意指在一个特定国家或领土内，无论这些权利的实现达到什么水平，都应不加任何各类歧视地适用于居住在那里的每一个人。[①] 歧视指对人的一种不应有的不平等看待，作为一种社会人际关系的产物和状态，歧视的承受者往往是被他人所“掠夺”和“欺侮”，其权利必然受到侵害，而低于一般人的水平。歧视是对平等的否定，也是对人权的否定。[②]

平等观念深深植根于人类道德，是现代民主社会的基本原则之一。在大多数成文宪法当中，以及大量反对一切形式歧视的国家立法，或反对某些特殊形式歧视的国家立法中，占据着显要的位置。[③] 平等原则在古罗马时期就已存在，是斯多葛派自然法观念中的一个重要的因素。早在公元前3世纪初，斯多葛派哲学家就宣称：“按照自然法，人类生而平等……”“整个人类，不分种族、肤色、信仰、国籍、门第、财产、身份等等，应一律平等、一视同仁。”[④]他们深信，人在本质上是平等的，因性别、

---

① ［美］爱德华·劳森：《人权百科全书》，汪溯、董云虎等译，四川人民出版社1997年版，第430页。

② 卓泽渊：《法的价值论》，法律出版社1999年版，第425~429页。

③ Samantha Besson, “The Principle of Non-Discrimination in the Convention on the Rights of the Child”, *The International Journal of Children's Rights*, 2005(13): 433-461.

④ ［美］弗兰克·梯利：《西方哲学史》（上卷），葛力译，商务印书馆1975年版，第132页。

阶级、种族或国籍不同而对人进行歧视的做法是不正义的，是与自然法背道而驰的。[①] 在人类历史中，反对歧视、追求平等一直贯穿人类近代人权运动史始终。英国思想家洛克以“自然状态”为起点，指出，“人们生来就享有完全的权利，并和世界上其他任何人或许多人相等、不受控制地享受自然法的一切权利和利益”。[②] 霍布斯从“自然理性”出发，提出他的“自然律”，即包括：“任何人都不得以行为、言语、表情、姿态表现仇恨或蔑视他人”，“人人都必须承认他人和自己生而平等”。[③] 在近代启蒙思想家的平等观念下，以实现自身利益最大化为目的而争取自由参与经济活动，坚持人应该具有天赋的、不言自明的、不可剥夺的平等权利，在这种平等观下，作为抽象意义的“人”，不会因其出身、能力或性别的不同而不同，“其在终极意义上追求的乃是宪法对各个人所保障的、各自在其人格的形成和实现过程中的机会上的平等，即宪法学所谓的‘形式上的平等’”。[④] 但是形式上的平等忽视了个体在实现权利上的差异性，正因如此，如何平衡和协调，罗尔斯在他的《正义论》中给出了令人满意的解释，“每个人，不论他是谁，不论他的特点和兴趣如何，都应受到平等对待的权利是靠这样的事实，这就是没有人能够借助于与其他人的不同来保证自己得到获得更好的处境”。[⑤] 即在承认差异的基础上以分配正义来调整，将平等的实现与对差异的不歧视相联系起来，或者说以不歧视来实现实质上的平等。因此，从这个意义上来说，

---

① [美]E. 博登海默：《法理学——法律哲学与法律方法》，邓正来译，中国政法大学出版社 2001 年版，第 17 页。

② [英]洛克：《政府论》(下篇)，叶启芳、瞿菊农译，商务印书馆 2008 年版，第 52 页。

③ [英]霍布斯：《利维坦》，黎思复、黎廷弼译，商务印书馆 1985 年版，第 116 ~ 117 页。

④ 林来梵：《从宪法规范到规范宪法——规范宪法的一种前言》，法律出版社 2001 年版，第 106 页。

⑤ [美]罗纳德·德沃金：《认真对待权利》，信春鹰、吴玉章译，生活·读书·新知三联书店 2008 年版，第 320 页。

平等实质上就是反对歧视,禁止歧视,平等和非歧视是同一个原则的积极表示和消极表示,一个人被平等对待意味着他没有受到歧视,同样,一个人受到歧视意味着他没有受到平等对待。[①] 由此,可以认为:对于义务主体来说,平等是这个原则的积极维度,即立法机关在制定法律时必须针对歧视提供有效的保护;非歧视是这个原则的消极维度,即,立法机关在制定法律时不得带有任何歧视。

因此,在人权保护中,平等和非歧视是一项重要的原则,对人权保护具有重大的意义:第一,作为人权的一项基本道德价值原则,它对人的应有权利的发展起着指导作用;第二,作为人权的一项重要立法原则,它对推动法定权利的发展起着指导作用;第三,作为人权实施保障的一项重要原则,它对推动人权保障实践的完善起着指导作用。[②]

(二)平等和非歧视原则与联合国人权保护

禁止歧视是平等人权(the human right of equality,《公民权利和政治权利国际公约》第 26 条)的一部分,非歧视原则是平等原则的必然延伸,同时它又是适用于所有人权的一项原则。在国际人权法的发展历史上,对人权的国际保护就是为了应对纳粹实施的系统性歧视而建立起来的。[③] 因此,联合国的主要目标之一就是反对所有形式的歧视,平等和非歧视成了国际人权法的基本组成部分,对行使和享有包括政治权利、公民权利、经济权利、社会权利、文化权利在内的所有权利至关重

---

① [奥]曼弗雷德·诺瓦克:《公民权利和政治权利国际公约》(修订第 2 版),孙世彦等译,生活·读书·新知三联书店 2008 年版,第 631 页。

② 刘海年、王家福主编:《中国人权百科全书》,中国大百科全书出版社 1998 年版,第 435 页。

③ [奥]曼弗雷德·诺瓦克:《国际人权制度导论》,柳华文译,北京大学出版社 2010 年版,第 22 页。

要，并且，体现在联合国各类人权公约当中。

1.《联合国宪章》中的平等和非歧视原则

当代国际人权法主要是第二次世界大战后才出现的。其发展一方面源于纳粹时代对人权极端的侵犯，另一方面还源于这样一个信条，即如果国际联盟时期存在一个有效的国际人权保障体系的话，那些对人权的侵犯，或许甚至连战争本身都不会发生。① 1944 年最后达成的《联合国宪章》文本中，关于人权的条款除序言外，共有 7 条，即第 1 条第 3 款、第 13 条第 1 款、第 55 条、第 56 条、第 62 条第 2 款、第 68 条和第 76 条。《联合国宪章》在序言部分开宗明义地宣布了平等原则作为人权保护的基本原则，②并在随后的第 1 条第 3 款、③第 55 条寅款④多次重申。

这些清楚地包含了平等和非歧视条款，尽管在表达上含糊不清，并且大多侧重于国家在处理涉及政治、经济、文化、社会问题中的态度或应采取的行动，但《联合国宪章》首次使人权“国际化”，使平等和非歧视成为一个国际关切的问题，使一个国家再也不能坚称其对自己国民的歧视性行为仍属国内管辖事务，并为一个国家保障其公民的平等和非歧视对待增加了国家义务。

2. 国际人权宪章⑤下的平等和非歧视原则

1948 年 12 月联大通过的《世界人权宣言》中，平等的观念贯穿始终。其序言开篇即强调平等原则对于“世界自由、正义与和平”中的

---

① [美]托马斯·伯根索尔等：《国际人权法精要》，黎作恒译，法律出版社 2010 年版，第 20 页。

② 即“欲免后世再遭今代人类两度身历惨不堪言这战祸，重申基本人权，人格尊严与价值，以及男女与大小国平等权利之信念”。

③ 即“……且不分种族、性别、语言或宗教，增进并激励对于全体人类之人权及基本自由之尊重”。

④ 即“……全体人类之人权或自由之普遍尊重与遵守，不分种族、性别、语言或宗教”。

⑤ 联合国国际人权宪章包括《世界人权宣言》《经济、社会及文化权利国际公约》和《公民权利和政治权利国际公约》及其两项任择议定书。

基础性地位。[1]《世界人权宣言》共30条,其中11处[2]明确提到了平等,或者通过反复使用"人人"[3]二字,体现着平等的内容,明确提到了非歧视的有4处,[4]阐释了平等和非歧视的基本内涵。《世界人权宣言》是第一份由一个全球性的国际组织发布的、内容全面的人权文书。虽然《世界人权宣言》不是一项国际条约,但其法律效力与政治上的重要性是不可比拟的,其所包含的国际人权规范反映了当今一般法律原则动态的一面,[5]也成为后来国际人权法中平等和非歧视的合理性来源。

1966年联合国同时通过的"人权两公约"中,平等和非歧视的原则同样贯穿始终。《经济、社会及文化权利国际公约》"序言"强调了"所有成员……平等的和不移的权利",第2条第2款要求每个缔约国保证其统治下的公民,不论其身份,均应享有平等权利。[6] 还在其他条款中特别指出,对于工作权利、公正和有利的工作条件、工会自由、社会保障、适足生活水准、卫生和教育,以及参与文化生活方面,明确承认"人

① 即"鉴于对人类家庭所有成员的固有尊严及其平等的和不移的权利的承认,乃是世界自由、正义与和平的基础"。

② 包括序言、第1条、第7条、第10条、第16条、第21条、第26条。

③ 有三十处使用"人人"二字,除第4条、第5条、第8条、第9条、第11条、第16条、第22条、第30条以外的其他条款和序言均有使用。

④ 第7条和第23条。

⑤ Simma , Alston, "The Source of Human Rights Law: Custom, Jus Cogens, and General Principles",12 *Australian Y. B Int'l L*,82(1992),p. 140.

⑥ 即"保证,本公约所宣布的权利应予普遍行使,而不得有例如种族、肤色、性别、语言、宗教、政治或其他见解、国籍或社会出身、财产、出生或其他身份等任何区分"。

人”有权享有该公约规定的权利。此外，在第3条、[①]第7条、[②]第10条、[③]第13条[④]明确提到某些个人权利方面的平等和非歧视原则，这些个人权利分别包括男女平等权利、母亲的权利、儿童的权利、受教育权利等。

《公民权利和政治权利国际公约》对平等和非歧视的保障更进一步，因为它除了禁止在公约所规定的各项权利方面实施歧视之外，还包括一项所有人都有不受歧视的自主权利。第2条第1款的核心就是平等和非歧视原则，[⑤]表明本公约规定的公民权利和政治权利是具有普遍意义的，权利主体指除特别规定[⑥]外的“一切个人”，同时，与《经济、社会及文化权利国际公约》一样，该条款将平等和非歧视原则适用的人权范围限制在“本盟约所承认的权利”之内。但第26条[⑦]表明，非歧视原则并不局限在公约所提到的那些权利，而且也适用于经济、社会和文化

---

① 即“本盟约缔约各国承担保证男子和妇女在本盟约所载一切经济、社会及文化权利方面享有平等的权利”。

② 即“本盟约缔约各国承认人人有权享受公正和良好的工作条件，特别要保证：(甲)最低限度给予所有工人以下列报酬：(1)公平的工资和同值工作同酬而没有任何歧视，特别是保证妇女享受不差于男子所享受的工作条件，并享受同工同酬……”

③ 即“本盟约缔约各国承认：一、对作为社会的自然和基本的单元的家庭，特别是对于它的建立和当它负责照顾和教育未独立的儿童时，应给以尽可能广泛的保护和协助。缔婚必须经男女双方自由同意。二、对母亲，在产前和产后的合理期间，应给以特别保护，在此期间，对有工作的母亲应给以给薪休假或有适当社会保障福利金的休假。三、应为一切儿童和少年采取特殊的保护和协助措施，不得因出身或其他条件而有任何歧视。儿童和少年应予保护免受经济和社会的剥削。雇佣他们做对他们的道德或健康有害或对生命有危险的工作或做足以妨害他们正常发育的工作，依法应受惩罚。各国亦应规定限定的年龄，凡雇用这个年龄以下的童工，应予禁止和依法应受惩罚”。

④ 即“本盟约缔约各国承认，人人有受教育的权利……”

⑤ 即“本盟约每一缔约国承担尊重和保证在其领土内和受其管辖的一切个人享有本盟约所承认的权利，不分种族、肤色、性别、语言、宗教、政治或其他见解、国籍或社会出身、财产、出生或其他身份等任何区别”。

⑥ 如《公约》第25条规定的选举权等政治权利只适用于本国公民。

⑦ 即“所有的人在法律前平等，并有权受法律的平等保护，无所歧视。在这方面，法律应禁止任何歧视并保证所有的人得到平等的和有效的保护，以免受基于种族、肤色、性别、语言、宗教、政治或其他见解、国籍或社会出身、财产，出生或其他身份等任何理由的歧视”。

权利。联合国资料记载中,两个具有标志性的案子,Zwaan-de Vries 案和 Broeks 案①反映了这种解释。除此之外,该公约在其他条款中将平等和非歧视原则具体化。②

3. 联合国其他核心人权条约中的平等和非歧视原则

在联合国人权保障体系中,有两个专门针对平等和非歧视原则具体立法的公约,一个是《消除一切形式种族歧视国际公约》(1965 年),该公约是"以条约形式对种族平等观念所做的最全面、最明确的编纂";③另一个是《消除对妇女一切形式歧视公约》(1979 年),旨在消除针对妇女的歧视,该公约第 11 条第 1 款 e 项特别提及老年问题。④ 其他核心人权条约中,1989 年《儿童权利公约》、2006 年《残疾人权利公约》等都体现了以平等和非歧视原则为基础的权利配置与义务设定。《残疾人权利公约》第 3 条还将平等和非歧视明确地规定在一般原则当中。如本文第一章第三节所述,《残疾人权利公约》是对老年人权利保护规定较为全面的公约,分别在第 8 条第 1 款第 2 项、第 13 条第 1 款、第 16 条第 2 款就平等和非歧视原则作了具体化的规定。

---

① 这两个案子涉及的是在失业法中针对不同性别的区别对待。这些区别与《公民权利和政治权利国际公约》所保障的权利无关,而是与《经济、社会及文化权利国际公约》所保障的权利有关。参见 Communication No. 182/1984, Zwaan-de Vies V. the Netberlands and No. 172/184, Broeks V. the Neberlands, *Yearbook of the Human Rights Committee* 1987, Vol. Ⅱ, pp. 293 – 297, 300 – 304。

② 如第 3 条规定性别平等;第 4 条限制克减;第 14 条第 1 款规定司法平等;第 20 条第 2 款规定禁止族群歧视;第 23 条第 4 款规定婚姻上权利和责任平等;第 24 条第 1 款儿童权利非歧视原则;第 25 条规定公民特定政治权利问题。

③ Schwelb, "The International Convention on the Elimination of Racial Discrimination", 15 *Int'l & Compu. L. Q.* 996, at 1057(1966). 转引自[美]托马斯·伯根索尔等:《国际人权法精要》,黎作恒译,法律出版社 2010 年版,第 58 页。

④ 即"享有社会保障的权利,特别是在退休、失业、疾病、残废和老年或在其他丧失工作能力的情况下,以及享有带薪度假的权利"。

除了联合国人权法框架下的公约外，联合国专门机构[①]，以及一些地区性组织[②]通过的绝大多数国际公约都规定了平等和非歧视原则作为基本原则的地位。

（三）平等和非歧视原则与联合国老年人权利保护

从以上联合国国际人权法框架体系内有关平等和非歧视原则的体现不难看出，专门针对老年人权利保障的规定非常缺乏，核心人权公约仅有两项提及，但权利主体仅限于“老年妇女”和“老年残疾人”。可见，并不存在一项专门适用于老年人平等和非歧视原则的权利框架。随着老龄化社会在全球范围内的加深，这个问题得到了联合国相关机构及国际社会的关注。也许正如经济、社会、文化权利委员会通过的第6号一般性意见所提到的理由：《世界人权宣言》无明确提及年龄是被禁止的原因之一与其视为一种有意地不列入，或许可把这一省略最好解释为，当初通过这些文书时，人口老龄化问题还没有那么明显，或者还没像今天这样迫在眉睫。[③] 并进一步解释：禁止基于“其他状况”的歧视，可被理解为适用于年龄问题。[④] 继而又提出，“强调必须采取措施防止在就业和职业方面基于年龄的歧视”，[⑤]并对成员国提出义务要求，“需要采取措施防止以年龄为理由在就业和职业方面实行歧视”。[⑥] “在几

① 参见《联合国教育科文组织反对教育中的歧视公约》（1960年）第1条；国际劳工组织有关《劳动和就业歧视公约》（1958年）第1条。

② 参见《欧洲保护人权和基本自由公约》（1950年）第14条；《欧洲社会宪章修订本》（1996年）第E条；《美洲人权公约》（1969年）第1条和第24条；《非洲人权宪章》（1981年）第2条和第3条。

③ Committee on Economic, Social and Cultural Rights, General Comment No. 6, E/1996/22, 1995, para. 11.

④ Ibid., para. 12.

⑤ Ibid., para. 22.

⑥ Ibid., para. 29.

种情况下，年龄也属于禁止的歧视理由。委员会曾强调，有必要解决在提供就业、职业培训或再培训方面对年龄较大失业者的歧视，以及贫困老年人因居住地点而不平等享受普遍性老年养恤金的问题。"[①]这些一般性意见虽然意识到了老年歧视的问题，但一般性意见的建议性质并没有对各主权国家产生多大的影响，而且这些意见也没有全面覆盖老年人在所有政治、经济、文化、社会生活中所面临的问题。

在联合国关涉老年人权利保护的国际性文件中，均没有明确规定"平等和非歧视"原则，但该原则的精神无不体现在各条款之中。如《联合国老年人原则》第 18 条[②]的规定就是平等和非歧视原则的体现，虽然该条款被置于"尊严"原则之下，但其内容却是关于平等和非歧视原则的核心内容，也是整个文件的核心思想。

由此可见，联合国核心人权条约以及涉及老年人权利的文件中"平等和非歧视原则"并没有系统而清晰的规定，这种"规范"缺失也是对普遍存在的老年歧视的忽视。年龄问题，再加上决定社会身份地位的其他方面，包括性别、种族和民族、宗教、残疾、国籍、健康状况或社会经济状况，会导致发生多重歧视现象，并因此影响对各项人权的享受，那些身处贫穷、生活在农村地区、长期遭受疾病或其他健康问题之苦、残疾、离异、孤寡或单身妇女等状况的老年人，所面临的歧视更是复杂和多样。特别是老年歧视的多样性，应该要得到立法上的关注。联合国"老龄问题不限成员名额工作组"第二次工作会议(2011 年 8 月 1 日至 4 日)中，有代表便指出，《老年人权利公约》必须明确审议三个关键领域：规定法律面前平等并禁止年龄歧视；实现实质性平等，处理结构性歧视

---

① Committee on Economic, Social and Cultural Rights, General Comment No. 20, E/C. 12/GC/20, 2009, para. 29.

② 即"老年人不论其年龄、性别、种族或族裔背景、残疾或其他状况，均应受到公平对待，而且不论其经济贡献大小均应受到尊重"。

问题,要求各国在社会政策和服务等领域采取积极步骤,特别注意处理一些老年人遭到多重歧视的情况;规定尽职要求,规定应防止侵犯人权行为的发生,防止经常影响老年人生命权和人格完整的暴力和虐待,包括通过诸如关爱机构等非国家行为方的行动或做法提供保护。[①] 虽然以上所述现行的国际人权标准适用于保护老年人,现有的各项条约列入了有关老年人人权的相关条款,对于保护老年人人权必不可少,但光靠这些努力还不够,而且这些规定并不完整,无法向老年人提供有效的国际保护。平等和非歧视原则作为《老年人权利公约》的指导原则对提高认识和决策将有深远的影响。《老年人权利公约》应当明确将平等和非歧视原则作为贯穿《老年人权利公约》的一条基本原则,发挥这个原则在国际人权法中的基石作用,保障老年人获得平等保护的权利。

二、尊严原则

(一)尊严理念的发展及释义

1."尊严"理念的历史发展

远古以来,各个领域的思想家们就开始探索人的尊严(human dignity)理念,以及它对文明社会的影响。德国学者斯特潘尼亚思(Markus Stepanians)认为,在西方,人的尊严理念曾经历了三个发展阶段:[②]

第一个阶段,哲学——神学时期。从古希腊始到康德止,典型代表

① [卢森堡]利奥·费伯:《老龄问题不限成员名额工作组报告》,老龄问题不限成员名额工作组第二届工作会议,2011 年 8 月 1 日至 4 日,纽约,UN. Doc. A/AC. 278/2011/5,p. 8。

② 甘绍平:《人权伦理学》,中国发展出版社 2009 年版,第 138 页。

有斯多葛派、古罗马哲学家西塞罗(Marcus Tullius Cicero)、中世纪哲学家阿奎那(Thomas von Aquin)、意大利人道主义学者皮科(Giovanni Pico della Mirandola)、启蒙运动的完成者康德等,都对"尊严"进行了哲学意义上的阐述,这些阐述对后来的研究和实践极富价值。称为尊严理念发展的第一阶段,但在此阶段,这一概念还仅仅局限在哲学课堂的范围之内。

第二个阶段,政治时期。这个阶段始于19世纪中叶,在德国社会活动家拉萨尔(Ferdinand Lassalle)、法国思想家普鲁东(Pierre-Joseph Proudhon)看来,这一时期的工人运动将尊严理念作为一面旗帜,指引其为赢得合乎为"人"之尊的生活条件而奋斗。

第三个阶段,法律建构期。这一阶段始于20世纪中叶,"二战"后,一方面,国际社会开始深刻反省德国纳粹灭绝人性的残酷暴行;另一方面,世界舞台出现了大量脱胎于反对西方殖民主义、种族主义的民族解放运动而成立的中小型亚非拉民族国家。在这种环境下,尊严理念成为一种政治需求。《联合国宪章》及《世界人权宣言》同时确立了"人的尊严"与"人权"两个概念,以此为标志,尊严理念开始固化为一项为国际社会以及全球文化所普遍认同的法律原则,作为人类的一种重要价值,也成为一种普遍流行的国际性的词汇,深深地影响着"二战"以后许多国家的宪法建构,其中以联邦德国最为典型,对于这个当时刚刚从"二战"灾难中建立起来的国家,人的尊严的理念甚至成为整个法律体系的基石与轴心。

2. "尊严"的释义

然而,正如有的学者所言,这样一个被誉为"西方法治文化的一块宝石"的伦理和法律概念却没有一个清晰的含义,在尊严理念历经的各个阶段,不论是法学还是哲学方面的学者,极少有人对"尊严"这个概念提出权威而又清晰的定义。[1] 尽管德国视“尊严原则”为全部社会秩序的最高价值，宪法法院负责对侵犯人的尊严的行为做出判定与处罚，但却一直都在避免对尊严进行定义。在尊严理念发展历史阶段，对尊严概念的理解出现过两种模式，一种是“属性——尊严说”；另一种是“人类理性选择能力说”。[2]

“属性—尊严说”将人的尊严归因于人类之属性，即只要是人类成员，就自然会得到尊严这份大礼。而所谓尊严，就体现为人所特有的超越于其他物种的那份尊贵性。这种理论强调尊严在所有人类个体和一切人类生命形式中的同等拥有和绝对神圣性，但解决不了现实当中出现的一些冲突和难题，如妇女堕胎问题体现出来的两个“尊严主体”之间的选择等。正如有的学者所言：“如果人们愿将人之尊严理解为人之特性，则该特性是指理性——道德本性，而不是人的生物构造。人之尊严的逻辑起点是人之个体性、社会性，而非生物性。”[3]

“人类理性选择能力说”模式的特点是强调将人的理性选择能力，以此作为人的尊严的来源。这里又存在三种相互区别的观点：第一种观点认为来源于人的自主性本身；第二种观点认为来源于人的道德自主性；第三种观点是前两种的混合。在这种模式下，如果将人的特性或品性理解为具有主动意味的自主性（能力）或道德自主性（成就），则会导致大大限制受尊严保护的范围的后果，同样难以自圆其说。

有学者在总结相关理论和实践的基础上，认为“尊严的确归因于人的特性，但并不是指自主性或道德性，而是指具有被动意味和更大覆盖范围的人的脆弱性、易受伤害性”。进而总结：“一句话，尊严来自于人

---

① Denise G. Reaume, “Indignities: Making a Place for Dignity in Modern Legal Thought”, 28 *Queen's L. J.* 61 2002 – 2003, p. 63.

② 甘绍平：《人权伦理学》，中国发展出版社 2009 年版，第 138 ~ 141 页。

③ MeirDan-Cohen, “A Concept of Dignity”, *Israel Law Review*, Vol. 44, p. 15.

作为人所必定拥有的一种最基本的情感和精神需求。”①

(二)联合国人权体系下的尊严原则

随着人权理念的发展,第二次世界大战之后,人权中增加了尊严权的内容,越来越多的人认识到,人权是使人成为有尊严的人的权利,“尊严”成了人权法理和实践中的另一关键概念,也具体反映在联合国人权体系中的法律法规及文献中。联合国人权体系下,“尊严”最早可以追溯到《联合国宪章》。《联合国宪章》序言中指出,“我联合国人民同兹决心,欲免后世再遭今代人类两度身历惨不堪言之战祸,重申基本人权,人格尊严与价值……”明确了联合国的目的并不只是简单地为了避免战乱而调整国家之间的关系,而是力图在承认和保护人类基本权利和基本尊严的基础上建立一个新的世界秩序。这些新的世界秩序的原则和内容由后来的一系列国际人权公约所充实。

1. 国际人权宪章下的尊严原则

《世界人权宣言》全文五处提到“尊严”,其中,序言中就有两次,②强调了《联合国宪章》中关于人权、尊严的信念,继而在第 1 条、③第 22 条、④第 23 条第 3 款⑤充实了这一原则。从《世界人权宣言》以及《联合国宪章》的规定可以看出,两者明确地表明:确立对人类尊严的保护是

① 甘绍平:《人权伦理学》,中国发展出版社 2009 年版,第 154 页。

② 即“鉴于对人类家庭所有成员的固有尊严及其平等的和不移的权利的承认,乃是世界自由、正义与和平的基础”,“鉴于各联合国国家的人民已在联合国宪章中重申他们对基本人权、人格尊严和价值以及男女平等的信念……”

③ 即“人人生而自由,在尊严和权利上一律平等。他们富有理性和良心,并应以兄弟关系的精神相对待”。

④ 即“每个人,作为社会的一员,有权享受社会保障,并有权享受他的个人尊严和人格的自由发展所必需的经济、社会和文化方面各种权利的实现,这种实现是通过国家努力和国际合作并依照各国的组织和资源情况”。

⑤ 即“每一个工作的人,有权享受公正和合适的报酬,保证使他本人和家属有一个符合人的尊严的生活条件,必要时并辅以其他方式的社会保障”。

一个当代社会基本法律当中应当铭记的终极价值,对人类尊严的承认使这些法律具有凝聚力,为其他权利必须一致提供了一个内部协调棒。[①] 因此,尽管《联合国宪章》和《世界人权宣言》不具有法律强制力,但其作用非常重大,它可以说是国家实践的共识,从而创制了一个具有约束力的国际习惯法,[②]使"尊严原则"成为国际人权法的根本指导原则。

人权两"公约"均在其序言中做出类似的声明,即"这些(公约所规定的)权利源自于人身固有的尊严",且均确认《联合国宪章》所宣布的原则。另外,《公民权利和政治权利国际公约》还特别提到了被剥夺自由者人格尊严的权利,教育权对尊严的维护在《经济、社会及文化权利国际公约》被特别提到。尽管这两个公约各只三处明确提到"尊严",但从人权委员会历次的一般意见以及经社理事会一般评论来看,所有的权利设置和义务要求都离不开"尊严原则"作为指导。

2.联合国其他核心人权条约下的尊严原则

尊严原则作为国际人权法的基石还体现在其他核心人权条约里,其中最为突出的是《残疾人权利公约》,其序言三次提到"尊严",重申了《联合国宪章》中对人的尊严和价值的尊重,明确公约是"一项促进和保护残疾人权利和尊严的全面综合的国际公约"。[③] 在第1条"宗旨"[④]中、第3条"一般原则"[⑤]中均强调"尊严"的重要性。第8条"提高认

---

① Rex D. Glensy: "The Right to Dignity", *Columbia Human Rights Law Review*, 43: 65, 2011 - 2012, pp. 65 - 142.

② Johann van Aggelen, "The Preamble of the United Nations Declaration of Human Rights", 28 *Denv. J. Int'l L. & Pol'y* 129(2000), 143.

③ 见序言第二十五段。

④ 即"本公约的宗旨是促进、保护和确保所有残疾人充分和平等地享有一切人权和基本自由,并促进对残疾人固有尊严的尊重"。

⑤ 即"尊重固有尊严和个人自主……"

识”第1项，对缔约国遵守“尊严原则”提出了要求。[①] 第16条“免于剥削、暴力和凌虐”中，提到缔约国对被害人的“恢复措施和回归社会措施应当在有利于本人的……尊严和自主的环境中进行……”第25条“健康”第3项，“要求医护人员……提高对残疾人人权、尊严、自主和需要的认识。”由此可见，尊严原则在《残疾人权利公约》中，作为一种标准，对所有的义务主体来说必须遵照执行。

《儿童权利公约》也将尊严原则放在突出的位置。该公约有八处提到“尊严”，其中序言有三处提到，除了与其他公约一样，在序言中重申《联合国宪章》所确定的尊严的价值外，还特别提到在培养儿童的独立生活能力方面应遵循“尊严原则”。[②] 随后，在第23条对身心残疾儿童方面、第28条受教育权方面、第37条对被剥夺自由的儿童待遇方面、第39条受害儿童的身心康复方面以及第40条涉及被指称、指控或认为触犯刑法的儿童应有的权利方面等，多次提及尊严原则的要求。

在其他联合国核心人权公约中，都对重申《联合国宪章》中的“尊严原则”作了类似的规定。在联合国人权公约体系中，尊严原则如同磁铁一般，成为毫无争议的一项训诫，吸引着联合国所有的人权公约，并以此为基础，作为久经实践的国际惯例被不同文明、不同宗教、不同文化、不同种族的国家所接受，围绕着这一理念形成了一系列的权利和义务体系。

（三）尊严原则与联合国老年人权利保护

由以上可见，在国际人权法体系中，尊严和权利是相提并论的，已构成了人权的一部分。虽然以上人权公约的相关条款并不排除老年人

① 即“提高整个社会，包括家庭，对残疾人的认识，促进对残疾人权利和尊严的尊重”。

② 即“……并在《联合国宪章》宣布的理想的精神下，特别是在和平、尊严、宽容、自由、平等和团结的精神下，抚养他们成长……”

的适用,但没有关注到老年人的特殊性,涉及老年人尊严的特别保护的公约条款没有一项。尽管这样,联合国其他非约束力的文件已关注到了尊严原则对于老年人权利保护的重要性,主要体现在以下文书当中。

1.《维也纳行动计划》

联合国从1982年第一次老龄问题世界大会就已开始对老年人尊严问题的关注,时任秘书长德奎利亚尔在大会报告中提到老龄问题国际行动计划的基本原则时就指出:经济增长或发展进程必须经常促进人的尊严……老龄是一个有价值的国家资源;尊严是保障所有人民达成一定的、可以使他们在社会上和在经济上过着富有活力的生活和(维持)健康水平的关键,国家应当提供必要而适当的保健服务。① 1982年老龄问题世界大会第15次和第17次全体会议上通过的《老龄问题国际行动计划》第25段明确地指出以"尊严原则"为基础。②

2.《联合国老年人原则》

《联合国老年人原则》中,尊严原则作为五大原则之一,涉及不被剥削和身心不受虐待、获得公平对待,以及每个老人不论其经济贡献大小均受到尊重等问题。正如前面所述,尊严原则中体现了《联合国老年人原则》核心条款:平等和非歧视,是整个文件的核心所在。

3.《马德里行动计划》

2002年在马德里召开的第二次老龄问题世界大会中,促进老年人的尊严被当成主要的目标。时任秘书长安南在大会报告中指出:"我们今天聚集在一起,赞颂老年人的贡献,同时拟定战略帮助他们过上安全、尊严的生活,这是他们理所应得的。从这个意义上来说,这次大会

① 联合国第一次老龄问题世界大会报告,1982年7月26日至8月6日,维也纳,UN. Doc. A/CONF. 113/31, p. 56。

② 即"……《老龄问题国际行动计划》是以下述和项原则为基础的:(a)……发展过程必须提高人的尊严,使不同年龄组的人平等分享社会资源、权利且平等分担责任……"

就是为老年人召开的。”[①]大会通过的《老龄问题政治宣言》和《2002年老龄问题国际行动计划》中，十二处提到“尊严”，“确保全世界所有人都能够有保障、有尊严地步入老年，并作为享有充分权利的公民参与其社会”[②]在《马德里行动计划》中作为目标多次提及。并在各个优先方向以及行动建议中提出从宣传教育、健康保障、服务环境等方向加强和促进。在对各国政府提出实施建议时特别提到，“实施《2002年老龄问题国际行动计划》还需要有一种关于老年人社会发展的政治、经济、道德和精神方面的远见；这种远见的基础应是人类尊严、人权、平等、尊重、和平、民主、相互负责和合作以及对各种宗教和道德价值以及人的文化背景的全面尊重”。[③]

目前老年人权利普遍难以得到实现，权利易于受损的现实表明，虽然联合国关于老龄化和老年人问题的政策、文件已经认识到尊严原则对老年人权利保护的重要性，也围绕这个原则提供了老年人在各种情况下的保护标准和全面的处理方案，但这种标准过于分散，这种“软法”性质的规范性文件由于没有提出任何关于遵守方面的规定，缺乏约束力，在老年人尊严受到侵犯时，无力付诸实践，也无法制裁不履行行为。因此，尊严原则对于人权法的重要性在老年人权利保护方面不能够具体成特定的权利、义务框架，也是导致老年人在国际人权法框架内成为隐形群体的关键原因。

① 联合国第二次老龄问题世界大会报告，2002年4月8日至12日，马德里 UN. Doc. A/CONF. 197/9，p. 67。

② 《老龄问题政治宣言》第10段两次提及。

③ 《2002年老龄问题国际行动计划》第115段。

三、自主原则

(一)"自主"的内涵探源

1. 自主理念溯源

西方哲学体系中,"自主"意识的产生可追溯到古希腊自然哲学的兴起,希腊人发明了自然理性概念,认为人是有理性的动物,可以凭借理性认识自然。随着城邦的解体,个人独立概念开始出现,追求个人自足和个人幸福成了希腊后期哲学的一个突出特征。个人的社会独立性成了哲学家们强调的一个内容。起初,斯多葛派的个人自主主要还是从个人灵魂至善的意义上讲的,而且富有人神相通的意味。唯物主义者伊壁鸠鲁(Epicurus,公元前341~公元前270年)认为,人们决定自己的道德生活,每个人都可以凭自己的力量去达到最高的善,人有自由意志可以选择自己的行为,以追求最快乐的生活。[①] 中世纪,占据统治地位的是基督教传统里原罪说、救赎说、天国说等,个人只在上帝面前享有神学意义上的平等,不可能主张自己的权利,但始终存在"自由意志论",其代表人物[②]大胆抵抗教条的权威,主张个人意志完全自由,善恶出自于人的意志。到了中世纪晚期,人们开始认识到人人都是平等的,"因为我们都是按照上帝的形象被同等地造出来的"[③]。文艺复兴时期唯名论哲学家司各脱(John Duns Scotus,约1265~1308年)主张个体在本质上具有完全且充分的实在性,根据自由的个人意志所做的决定具

① 夏勇:《人权概念起源——权利的历史哲学》(修订版),中国政法大学出版社2001年版,第113~115页。

② 如斐拉鸠斯(? ~约420),皮埃尔·阿伯拉尔(Pierre Abelard,1079~1142年)等哲学家。

③ [英]詹姆斯·格里芬:《论人权》,徐向东等译,译林出版社2015年版,第180页。

有至高无上的重要作用。指出，造物主的主要意图就在于创造个体，引发个人行动的具体决定，是由其意志产生的，“意志支配理性”。[1] 以自主观为一个方面的本性自由说构成了古代哲学里人权思想逻辑因素之一，[2]也为后世自由权利哲学打下了基础。

自主理念作为一种权利来自中世纪末期一批自然法论思想家。这些思想家确认了自然法的存在，确认了存在自然正义，即超越现实社会制度的正义，承认人性是普遍的、平等的，并无一例外地主张人拥有出自自然本性的平等和自由，这些平等和自由包含对自利、自主和社会对抗等“天性”的确认，与中世纪思想家不同的是，他们毅然把他们所认定的人之作为人所拥有的平等、自私、自主、自尊、自卫之类的“本性”宣布为权利。[3] 根据这个逻辑，由于本性出自自然，是人所共有，这就是人权。因此，自主理念就是人权结构的一部分。正如有学者指出，“权利的深层结构是平等和自主”。[4] 由此可见，“自主”理念是随着人权思想的产生而出现的，成为人权思想逻辑结构里最重要的一环。

2.自主的含义

关于什么是“自主”，理论和实践中并没有形成一个统一的定义。[5]

---

① ［美］E.博登海默：《法理学——法律哲学与法律方法》，邓正来译，中国政法大学出版社2001年版，第34页。

② 夏勇先生认为，西方古代人权思想萌芽在逻辑上由三方面构成：超验权威说；平等人格说；本性自由说。而本性自由说又由四个方面构成：第一，自利观；第二，尊严观；第三，自主观；第四，斗争观。参见夏勇：《人权概念起源——权利的历史哲学》（修订版），中国政法大学出版社2001年版，第88～89页。

③ 夏勇：《人权概念起源——权利的历史哲学》（修订版），中国政法大学出版社2001年版，第138～139页。

④ Freeman，“Taking Children's Rights More Seriously”，*International Journal of Law and The Family* 52，1992，p.64.

⑤ Thomas E. Hill，JR.，“Social Snobbery and Human Dignity”，*Autonomy and self－respect* 1991（169），p.155.

有的学者认为,自由即自主,自主就是受制于自己所设定的法律。① 这就是康德和卢梭所称的“自治”或“自我立法”。② 还有的将“自主”定义为,“自主就是成为自我,成为由思考、欲望、环境、特性指导的自我。这种思考、欲望、环境、特性不是由外部简单施加于人的,而是一个真实自我的一部分”。③ 根据《布莱克维尔政治学百科全书》的定义,“自主”可从字面意义上理解,也可从政治思想领域理解,但总的来说仍是有争议的。④ 也有学者将“自主”描绘成一种图景,即“在人类生活中,有一些与审慎和道德有关的特征,它们让一个生活成为好生活,而自主性就是认识到这些特征的一种能力,这种认识接着可以导致合适的动机和行动”。⑤ 在这里,本书赞同联合国首任老年人问题独立专家罗莎·科恩菲尔德-马特(Rosa Kornfeld-Matte)的意见,她在一项报告中指出:“自主系个人或个人群体确立自身规则和偏好的原则或权利。它包括自行做出决定的自由和能力,以及贯彻这些决定的法律能力。”⑥

根据以上关于“自主”的不同解读来看,“自主”意味着个体作为“人”应该要拥有的权利,并且,还应该有能力行使和执行这些权利。换

---

① “To be free is to be autonomous, and to be autonomous is to be governed by a law I give myself”. See: Bailey Kuklin, “Construction Autonomy”, *New York University Journal of Law & Liberty*, Vol. 9:375 2015, p. 386.

② [英]詹姆斯·格里芬:《论人权》,徐向东等译,译林出版社 2015 年版,第 188 页。

③ John Christman, Autonomy in Moral and Political Philosophy, Stan. Encyclopedia Phil., available athttp://plato. stanford. edu/archives/fa112009/entries/autonomy-moral/.

④ 该定义为:“自主(Autonomy)按其字面意思是指‘自我统治’;在政治思想领域,这一术语现在常常用来指个人自由的一个方面。自主的个人是指那些可以切实地选择其目的和目标的人,与之相对的是那些听任外部力量来限制自己的人。但是,由于自由的实际含义较为广泛,何谓切实选择的标准亦可以用各种不同的方式来予以规定。因此,何种人应当被视为是自主的问题,便可能仍是一个有争议的问题”。[英]戴维·米勒等编:《布莱克维尔政治学百科全书》,邓正来主编,中国政法大学出版社 1992 年版,第 48 页。

⑤ 同上。

⑥ 联合国:《老年人享有所有人权问题独立专家罗莎·科恩菲尔德-马特的报告》,联合国人权理事会第三十届会议,2015 年 8 月 13 日,UN. Doc. A/HRC/30/43, p. 8。

言之,这些权利对个体来说须是有意义的权利。[①] 因此,可以说,"自主"体现在三个方面:个人方面,包括做出决定的能力;经济和财务方面,理解为自给自足以及创造和得到收入的能力;社会方面,应具有包容型的社区与环境,以确保老年人能够自己做出决定或行事。

与"自主"相近的一个概念是"独立"(independence),在人权法领域,这两个概念是相互加强的,在法律文书和框架中往往可以通用。独立通常是与依赖、依附相反的状态。"独立"一词在各个领域用途很广,具体到老年人权利方面,指在生活起居中无须协助,或起码所受帮助之程度不至于令老年人受制于他人的决定。[②] 而自主侧重于行使自由选择的能力和掌控影响自身生活之决定的能力,包括如有必要由他人帮助完成的情况。就此而言,独立的概念比自主更加广博。然而,老年人随着年龄的增长,身体机能的下降,客观上越来越需要在生活中提供协助,因此,本书更倾向在《老年人权利公约》中确立自主原则,这样才更好地反映出老年人的现实。

(二)自主原则与联合国人权保护

联合国大部分人权条约并没有明确将"自主"或"独立"作为一项原则确定下来,甚至很少在文本中提到这两个词,仅有《残疾人权利公约》体现了这一理念的进步。

自主原则是《残疾人权利公约》的核心原则。《残疾人权利公约》在序言第 14 段中承认自主原则对残疾人的重要性。[③] 第 3 条第 1 款将

---

① Lauren Eade, "Legal Incapacity, Autonomy, and Children's Rights", *Lauren Eade* 2003, p. 163.

② 联合国:《老年人享有所有人权问题独立专家罗莎·科恩菲尔德－马特的报告》,联合国人权理事会第三十届会议,2015 年 8 月 13 日,UN. Doc. A/HRC/30/43, p. 9。

③ 即"个人的自主和自立,包括自由做出自己的选择,对残疾人很重要"。

"个人自主"作为"一般原则"提出。[①]《残疾人权利公约》还提及在医疗卫生和受暴力或虐待后恢复方面应尊重残疾人的自主,[②]以及向残疾人提供护理方面应尊重其自主需要。[③] 第19条进一步指导了应采取何种措施促进残疾人独立生活和完全融入并参与社区。其他的条款虽然没有直接提到"自主",但是作为该公约的一个核心原则,自主原则在权利设置、义务要求等方面均得到了体现。

(三)区域性人权公约领域中的自主原则

《美洲保护老年人人权公约》于2015年6月已获通过,现开放供批准。其核心原则是老年人的尊严、独立、主动和自主。第7条首次明确将独立和自主称作真正意义上的权利。这包括做出决定的权利、规划生活的权利,以及依照传统与信仰自主、独立生活的权利。第11条进一步规定了对医疗事务给予自由、知情同意的权利。

《关于拉美和加勒比地区老年人权利的圣何塞宣言》是另一无约束力的文书。其序言表明,老年人参与政治、公共和社会事务既是一项基本人权,也是对老年人自主、独立决策的尊重。第七段表示,无论患者的年龄、健康或治疗状况为何,都有权对任何医疗干预措施给予自由、事先的知情同意。该宣言提到需要推出并保障必要社会服务,以提供符合老年人独有特点和需求的照顾,并增进老年人的独立、自主和尊

---

① 即"尊重固有尊严和个人自主,包括自由做出自己的选择,以及个人的自立"。

② 《残疾人权利公约》第16条第4款:残疾人受到任何形式的剥削、暴力或凌虐时,缔约国应当采取一切适当措施,包括提供保护服务,促进被害人的身体、认知功能和心理的恢复、康复及回归社会。上述恢复措施和回归社会措施应当在有利于本人的健康、福祉、自尊、尊严和自主的环境中进行,并应当考虑到因性别和年龄而异的具体需要。

③ 《残疾人权利公约》第25条第4款:要求医护人员,包括在征得残疾人自由表示的知情同意基础上,向残疾人提供在质量上与其他人所得相同的护理,特别是通过提供培训和颁布公共和私营医疗保健服务职业道德标准,提高对残疾人人权、尊严、自主和需要的认识。

严,同时再次提及自主。该宣言第十段鼓励改善生活条件与环境,以增强老年人的自主和独立。

在欧洲,《欧洲联盟基本权利宪章》第25条呼吁成员国承认并尊重老年人有尊严地独立生活的权利以及参与社会和文化生活的权利。此外,《欧洲社会宪章》第23条规定老年人有享受社会保护的权利,包括通过向老年人提供符合其需求及健康状况的住房或提供充分支持帮助其改造住房,让老年人自由选择生活方式,并在他们愿意且能力允许的情况下,在熟悉的环境中独立生活。

最近,欧洲委员会在关于促进老年人人权的建议中明确提到自主。特别是,欧洲委员会表示老年人有权自决、自主地独立生活。其含义是,老年人可就与之有关的全部事宜独立做出决定,包括财产、收入、财务、住所、健康、医疗或照顾以及丧葬安排。

在这方面,欧洲委员会关于促进老年人人权的建议中,自主被理解为社会、文化、教育与培训活动和公共生活的全面参与权、隐私和家庭生活权、法律能力,以及在作决定并行使法律能力时,如自认必要,寻求适当支持的权利,包括自行选择并指定受到信赖的第三方,协助自己做出决定并采取安全措施,使其免受侵害。

《非洲人权和人民权利宪章》关于非洲老年人权利的议定书草案使用了"独立"一词,将之作为一项核心原则。第3条规定"各缔约国应确保老年人的独立、尊严、自我实现、参与和照顾原则纳入国内法,且具有法律约束力,成为保障老年人权利的基础"。第7条名为"决定权",其中间接提到自主,表示各国应确保有适当的立法,承认老年人有权就自身福祉做出决定,家人及其他有关人员不得无理干涉,而且承认老年人有权自行选择并指定一方执行其意愿或指示。

(四)自主原则与联合国老年人权利保护

1. 联合国老年人权利保护框架中的自主原则

联合国现有人权保护框架中,自主原则体现在《残疾人权利公约》《联合国老年人原则》《马德里行动计划》中。

《残疾人权利公约》第16条第4款提到年龄相关的问题,[①]虽不应把衰老与残疾挂钩,但这一法律框架可适用于老年残疾人,也可为自主概念的范围提供指导。

《联合国老年人原则》中分六项条款,详细地列出了独立原则的内容,说明了以下问题的重要性:老年人通过向其提供的收入、家庭和社会支助以及通过自助,享有足够的食物、水、住房、衣着和医疗服务。老年人还应有机会找到有偿工作或能接受适当的教育和培训,以便独立生活。根据《联合国老年人原则》,可将参与理解为确保老年人积极参与制定和执行影响其福祉的政策,将知识和技能传给后辈,并能发起运动或组办协会。此外,《联合国老年人原则》还在"照顾"原则的内容里提到自主。[②] 在"自我充实"原则的部分里还提到老年人应能享用社会的教育、文化、精神和文娱资源,追寻充分发挥自己潜力的机会。[③] 这也是自主原则的体现。

《马德里行动计划》没有单独提到"自主"这个概念,但在实现老年人权利的各个方面,多次提到"独立"一词,或者在对政府行动的建议当中,虽然没有明确提"独立",但其建议措施里隐含"自主"和"独立"的

---

① 即"残疾人受到任何形式的剥削、暴力或凌虐时,缔约国应当采取一切适当措施,包括提供保护服务,促进被害人的身体、认知功能和心理的恢复、康复及回归社会。上述恢复措施和回归社会措施应当在有利于本人的健康、福祉、自尊、尊严和自主的环境中进行,并应当考虑到因性别和年龄而异的具体需要"。

② 参见《联合国老年人原则》第12条。

③ 参见《联合国老年人原则》第15条、第16条。

目标。如要求在各级决策中兼顾老年人的需求和关切,包括加入劳动力市场、参与志愿活动、获取知识、接受教育、参加技术培训,并享受社会保护和保障。

2. 自主原则应成为老年人权利保护的一般原则

尽管老年人常被视为同质群体,而实际上却是所有年龄段中异质程度最高的一个群体。有些老年人身体健康,可以独立或自主地走完一生;有些老年人则由于疾病、伤残或行动能力丧失等缘故,晚年越发依赖他人帮助,而且可能需要不同程度的专门照顾,确保老年人无论身体、精神及其他方面的状况都能最大限度地自主生活。欧洲老龄问题平台法律干事 Nena Georgantzi 通过实例解释指出,社会以及法律和社会保护系统将能力下降和依靠他人视为老年人的必然命运,因此限制了老年人的自主性。[①] 基于偏见或歧视的非正式限制也可能为保持自主性带来困难。但是,核心人权公约鲜少涉及自主原则,关涉老年人权利保护的联合国其他文件没有以老年人"自主""独立"为目标形成系统的保护,因此,《老年人权利公约》中应确立"自主原则"作为一般原则,以此为目标构建相关的权利义务体系。

老年人自主意味着老年人自己掌管自己的生活并有做出自己选择的自由。尊重老年人的个人自主意味着老年人在与他人平等的基础上有合理的生活选择,私人生活尽可能少受干涉,可自己做决定并在需要的时候得到充分的支助。这一原则应贯穿整个《老年人权利公约》,成为《老年人权利公约》所明确确认的自由权利的基础。

3. 自主原则的范围

老年人自主原则的范围在联合国多次老龄问题会议中均涉及过,

---

① [阿根廷]莫妮卡·罗克,联合国大会2014年社会论坛报告,2014年4月1日至3日,日内瓦,UN. Doc. A/HRC/26/46,15 May 2014,p. 10。

有的会议还为此作专题讨论。[①] 从历次讨论的结果来看，老年人全面享受自主涉及范围广泛，不仅应包括在法律面前获得平等承认的权利、法律能力、尊严、自我决定、赋权与决策，而且还应包括择居权、适足生活水准和社会保护；工作权、投票权、适足住房权和无障碍通行权；参与和社会融入；教育、培训和终身学习；健康保障；临终自主；缓和医疗，等等。例如，不受未经同意的医疗干预的自由和应在自由和知情同意的基础上提供医疗保健的要求，就这个角度而言，应向有精神认知障碍的老年人提供各种精神保健的选择，如心理疗法、咨询、精神病药物等，并有根据个人的喜好做出有意义的选择的自由。同样，一个行动障碍的老年人应得到便利其行动的器具，以便享有尽可能多的独立。

4. 自主原则的保障

自主原则对老年人权利保护来说至关重要，但是，自主原则的实施关涉老年人两个方面的能力：一是身体机能；二是法律能力。自主原则的实施必须在这两方面的能力均具备的情况下方可。

一方面，身体机能包括老年人的生理机能和精神自主水平。由于人的生理机能和精神状态随着个体年龄的增长，不可避免地会出现机能下降现象，如听力衰退、视力降低、行动困难等，有时甚至出现意识不清，在这种情况下，老年人的自主能力必然下降，或者不能完整、真实地表达或完全不能表达自己的意思，尤其患有痴呆症的老年人更是面临更严峻的困境，严重影响到老年人自主权的行使。这样他们就无法行使上述权利，包括就涉及自身福祉的民事、商事、行政、司法或健康事务

① 参见联合国大会人权理事会第二十六届会议主题F：老年人、自主性和独立生活。2014年6月10日至27日。http://www.ohchr.org/EN/HRBodies/HRC/RegularSessions/Session26/Pages/26RegularSession.aspx，访问日期：2015年11月26日。

做出决定。有多种工具可用以衡量生理、认知和心理自主程度,因此,针对老年人权利保护中自主原则的实施,应考虑到行动、沟通和日常完成的任务,确定老年人的生理机能和精神自主水平。对于部分或完全失去认知能力的老年人,还应该有完善的配套制度,如监护制度等其他国内私法制度予以保障。

另一方面,自主就个人而言,不仅指身体机能自主,而且还包括在法律面前获得平等承认的权利和法律能力。"人人在任何地方有权被承认在法律前的人格",[①]也就是说,法律人格受到承认且有能力作为具有法律人格者行使权利。否认或限制法律能力直接影响老年人的自主。法律能力是自主的关键方面,老年人借此可行使公民、政治、经济、社会和文化权利,否则,老年人就会被降格为仅仅是一个法律客体,由此就不再是一个法律意义上的人,因而也会被剥夺一切其他的权利。[②]如老年人因痴呆症等精神原因或因身体极度虚弱,部分或完全丧失维护自身利益的能力,可能需要由他人辅助做出决定。因此,有必要确保在此情况下,个人不因其无法就生活的特定方面作决定,而被相关的监护措施剥夺法律能力。《残疾人权利公约》便有很好的范例,其第 12 条详尽地规定了残疾人法律能力的保障,禁止以个人是残疾人或有伤残为由否认其法律能力。残疾人权利委员会在关于《残疾人权利公约》第 12 条的第 1 号一般性意见中强调,因主观感知的或客观存在的精神能力缺陷而否认法律能力的做法,不为《残疾人权利公约》所认可。

因此,应从老年人身体机能和法律能力方面制定并实施有效保障措施,确保老年人的权利、意愿和偏好受到尊重,避免遭受无理干涉。

---

① 参见《公民权利和政治权利公约》第 16 条。

② [奥]曼弗雷德·诺瓦克:《〈公民权利和政治权利公约〉评注》,孙世彦等译,生活·读书·新知三联书店 2008 年版,第 386 页。

四、照顾原则

(一)照顾原则与联合国人权保护

根据《汉语大字典》释义,照顾就是看顾、照料,[①]又意指特别注意,加以优待,或由于某种原因而特别优待。[②] 在人权法领域,关于照顾,目前尚无普遍接受的定义。在人权视角下,照顾旨在使身体、精神和情绪状态保持或重新达到最佳水平,预防或延缓疾病发作。[③] 联合国核心人权公约里大都包含照顾理念。

《世界人权宣言》第 25 条第 1 款对人们有权享受保障的规定,就是照顾原则的具体化,[④]第 2 款强调了母亲和儿童享受特别照顾的权利,[⑤]更进一步细化了享受照顾权的主体。

《经济、社会及文化权利国际公约》第 9 条[⑥]和第 12 条分别提到社会保障(含社会保险)和医疗卫生,还特别提到患病时得到医疗照顾的

---

① 汉语大字典编辑委员会:《汉语大字典》,四川辞书出版社、湖北辞书出版社 1986 年版,第 2221 页。

② 参见《汉典》(网络版),网址:http://www.zdic.net/c/7/10f/295918.htm,查阅时间:2015 年 11 月 30 日。

③ 联合国:《老年人享有所有人权问题独立专家罗莎·科恩菲尔德—马特的报告》,联合国人权理事会第三十届会议,日内瓦,UN. Doc. A/HRC/30/43,13 August 2015,p. 11.

④ 该款指出,"人人有权享受为维持其本人和家属的健康和福利所需的生活水准,包括食物、衣着、住房、医疗和必要的社会服务;在遭到失业、疾病、残废、守寡、衰老或在其他不能控制的情况下丧失谋生能力时,有权享受保障"。

⑤ 该款规定,"母亲和儿童有权享受特别照顾和协助。一切儿童,无论婚生或非婚生,都应享受同样的社会保护"。

⑥ 该条规定,"本盟约缔约各国承认人人有权享受社会保障,包括社会保险"。

权利。第 12 条更是详细地列明有权享受照顾的几个方面。[①]

照顾原则在《残疾人权利公约》中可以说体现在权利义务的每个方面。第 3 条"一般原则"中提到"无障碍"以及残疾儿童,[②]虽然没有明确使用"照顾"二字,但这两项均意指基于主体的特殊原因而给予优待。此外,特别针对残疾儿童,在儿童出生后、[③]尊重残疾儿童家居和家庭权利[④]方面做出了具体明确的规定。

《儿童权利公约》中特别提到残疾儿童有权得到特别照顾、教育和培训,以在维护其尊严、使其获得最大限度的自主并尽可能参与社会生活,帮助其过上充实而适当的生活。第 23 条确认了这些权利,并对缔约国须承担的义务详细地做出了要求。

(二)区域性人权公约中的照顾原则

在区域层面,《非洲人权和人民权利宪章》承认健康权、家庭在社会中发挥的作用,以及老年人享有符合其身体和精神需要的特殊保护措施的权利(第 16 条和第 18 条)。《非洲人权和人民权利宪章》关于非洲老年人权利的议定书草案清楚地提到了照顾、支持和享受医疗服务,包括在冲突和灾难状况下。例如,根据第 12 条,各国应发现、促进并加强传统支持系统,包括采用居家医疗,加强家庭和社区照顾老年家庭成员的能力,通过政策和法律为包括成年子女在内的所有利益相关方提供

---

① 该条第 1 款指出,"本盟约缔约各国承认人人有权享有能达到的最高的体质和心理健康的标准。"第 2 款规定,"本盟约缔约各国为充分实现这一权利而采取的步骤应包括为达到下列目标所需的步骤:(甲)减低死胎率和婴儿死亡率,和使儿童得到健康的发育;(乙)改善环境卫生和工业卫生的各个方面;(丙)预防、治疗和控制传染病、风土病、职业病以及其他的疾病;(丁)创造保证人人在患病时能得到医疗照顾的条件"。

② 即"尊重残疾儿童逐渐发展的能力并尊重残疾儿童保持其身份特性的权利"。

③ 《残疾人权利公约》第 18 条第 2 款:"残疾儿童出生后应当立即予以登记,从出生起即应当享有姓名权利,享有获得国籍的权利,并尽可能享有知悉父母并得到父母照顾的权利"。

④ 《残疾人权利公约》第 23 条第 5 款。

激励措施，以支持社区中的老年人，确保他们尽可能长久地在家居住。

在美洲，《美洲人权公约关于经济、社会和文化权利领域的附加议定书》承认社会保障权和健康权（第9条和第10条）。此外，《美洲保护老年人人权公约》专条规定老年人有权受到长期照顾，同时保持独立和自主。第19条对健康权的保护采用了综合方法，包括在所有阶段促进健康、预防和治疗疾病，还包括康复和安宁疗护。

在欧洲，欧洲委员会关于促进老年人人权的建议列出照顾专题，建议各国推广在老年人医疗服务和社会照顾中采用多维度方法，并鼓励相关服务机构之间的合作。建议中提到若干措施，包括居家、寄住、机构和长期照顾与安宁疗护方面的培训、医疗同意以及对照顾服务的监管。

（三）照顾原则与联合国老年人权利保护

1. 联合国老年人权利保护框架中的照顾原则

在《联合国老年人原则》中，照顾以专节[①]列出。该节提到居家、社区和机构照顾，也提到为提高老年人的自主能力而使之享有医疗服务与社会和法律服务。该节还强调老年人居住在任何住所、安养院或治疗所时，均应能享有人权和基本自由，包括完全尊重其尊严、信仰、需求和隐私，以及完全尊重其决定自身所受照顾和生活质量的权利。但是，《联合国老年人原则》对自我照顾的概念未有提及。

《残疾人权利公约》中几处提到关涉“年龄”的措施和要求，体现了照顾原则，同样也可适用于老年残疾人。第16条“免于剥削、暴力和凌虐”中，第2款、[②]第4款[③]均提到了年龄的因素和需要。另外，“通用设

① 《联合国老年人原则》第三节第10段到第14段。

② 即“缔约国应当确保保护服务考虑到年龄、性别和残疾因素”。

③ 即“残疾人受到任何形式的剥削、暴力或凌虐时，缔约国应当采取一切适当措施……上述恢复措施和回归社会措施应当……并应当考虑到因性别和年龄而异的具体需要”。

计”概念[①]也可以适用于残疾老年人,其服务对象也包含老年人。因此,各国有义务促进通用设计产品、服务、设备和设施的提供和使用。

《马德里行动计划》建议确立预防性和治疗性照顾,包括康复和性保健,认识到贯穿整个生命过程的促进健康和预防疾病活动要侧重于保持独立、预防疾病、避免延误疾病治疗,以及改善失能老年人的健康和生活质量。

2. 照顾原则的范围

照顾囊括一系列服务、设施、知识和支持,目的是增进个人身体、精神和社会福祉,提供者是正规或非正规照顾者,提供途径是公共或私有部门。照顾涵盖门诊医疗、机构照顾或居家照顾中的多种服务,如日常活动辅助、社会收入、保护和保障、健康宣传、疾病预防、治疗和康复以及初级、二级和三级医疗服务。老年人终生都能平等地享受社会和医疗服务,这也是自主生活和积极、健康安度晚年的基础。因此,照顾被作为以下权利的组成部分:社会保障(含社会保险)权利;人人享有最高可及身心健康标准的权利;平等地获得医疗服务权利;老年病服务权利。

成员国政府应保证照顾原则贯彻到老年政策和措施当中。一方面,应采取特别措施,提供有关健康生活方式和自我照顾的建议和指导,设计具体行动,进一步采用兼顾老年人年龄和多样性的照顾措施,包括由正规和非正规护理人员提供的初级卫生保健、急性医疗照护、康复、长期照顾和安宁疗护、自我照顾和老年医学服务;另一方面,还应特别关注为老年人制定住房方案,减少有碍老年人独立生活的不便之处,

---

① 第2条对此所下定义是指“尽最大可能让所有人可以使用,无须做出调整或特别设计的产品、环境、方案和服务设计。‘通用设计’不排除在必要时为某些残疾人群体提供辅助用具”。

包括公共空间、交通和其他服务中的不便之处。在设计与采用照顾政策及相关的服务时，应重点关注老年人中的特定群体，尤其是老年妇女、老年残疾人、慢性病、非传染性疾病和痴呆症患者。应提升照顾场所的性别、残疾和文化敏感性，从而使不同背景的老年人有效地掌握信息并能做出决定。应开发并实施专门化的社会和医疗综合服务，以应对令人丧失自理能力的痴呆症及其他退行性疾病。

目前，国际社会尚没有一套被各个地区以及大多数国家普遍认可和接受的指标来评价和衡量以人权为基础的老年人权利保护标准。《老年人权利公约》将是一部有法定拘束力的国际公约，它不仅应全面规范老年人权利和国家保障老年人权利的实施应承担的国家义务，还应作为一种范例，改变各个国家在老年人权利保护的政策及方略上的制定和实施。在《老年人权利公约》的构建中，明确几项普遍接受的基本原则，无疑将有助于各国以这些原则为基础来决定和实施一切有关老年人权利保护的政策，也有助于老年人不因年龄的增大而受到任何歧视和不公平待遇，他们与社会其他成员一样，享有权利并承担相应的义务。

在《老年人权利公约》中基本原则的构建工作上，联合国相关机构的工作居于主导地位，非政府组织的建议也为原则的构建提出了不同的思路和视角。在国际社会范围内，这方面的争论还不会停止，能够被普遍承认的基本原则，或许远不止本书所列的四项。不管成文后的《老年人权利公约》所规范的原则如何，其所应具备的基本功能和特性，以及所反映出来的以人权为基础的权利保护标准将是一致的。

第三章 《老年人权利公约》权利体系构建

权利体系是《老年人权利公约》的主体部分。如本书第一章所述,老年人面临特殊和紧迫的人权挑战,年龄歧视、长期照料、暴力和虐待、社会保护、适足的食物和住房、体面的工作、获得生产资源、法律行为能力、健康支助和临终关怀等是最亟须关注的一些领域。随着老龄社会进程的加剧,每一项挑战都因现有的人权保护框架中规范和实际操作的缺陷而变得更加严峻。这些挑战涉及公民权利、政治权利、经济权利、社会权利和文化权利的各个方面。权利体系的构建,将更准确地界定老年人权利,有利于义务主体尊重、保护和实施所规定的权利,为老年人在国内和国际上提供更大的可见度的帮助和认可,为老年人权利的支持、公众意识的提升和人权教育提供坚实基础。

第一节 《老年人权利公约》权利体系的应然性特征

《老年人权利公约》将是一部国际人权公约，应通过审视联合国现有人权框架和机制，针对老年人的特征以及权利受到侵害的特殊性，对已有人权类别进行量体裁衣，构建适用于老年人独特处境的保护方式。因此，权利内容的构建应首先明确地对其特征进行定位，这样，才能保证适用对象的特殊性。本书认为，老年人作为国际人权法上的特殊群体，其权利体系的构建除了应具备人权的一般特征外，还应当体现以下几个方面的结合。

一、全面性和综合性的结合

2012 年 12 月，联合国第六十七届大会授权"老龄问题不限成员名额工作组"，呼吁"毫不拖延地采取专门措施加强对老年人的国际保护制度，包括编制新的专门国际文书"，[①]以"订立一项全面综合国际法律文书以促进和保护老年人权利与尊严"。体现这些特征的工作从 2013 年工作组的第四次工作会议开始展开。

"全面"一词意味着对磋商委员会的指示，即要采取整体的模式去制定《老年人权利公约》，"本着在社会发展、人权和不歧视以及性别平等和增强妇女权能等领域工作中采用的整体办法，并考虑到人权理事会的意见、工作组的报告、社会发展委员会和妇女地位委员会的建议以及拟于社会发展委员会第五十一届会议期间举行的《2002 年马德里老

① 联合国大会第六十七届会议 2012 年 12 月 20 日大会决议：《订立一项全面综合国际法律文书以促进和保护老年人权利与尊严》，UN. Doc. A/RES/67/139，13 February 2013，p. 2。

龄问题国际行动计划》第二次全球审查与评价会议的意见，审议关于订立一项旨在促进和保护老年人权利和尊严的国际法律文书的提议”。①

“综合”一词意味着《老年人权利公约》要成为国际人权法的核心构成内容，而非现有人权法的附属法，具有和其他核心人权公约同样的地位。② 因此，在权利体系的构建上，各种权利应是相互依存，相互补充，相互促进的，共同构筑起完整的老年人权利保护框架。

《老年人权利公约》权利体系的构建遵守全面性和完整性相结合的特征，完全符合人权属性的相互依赖性和不可分割性。任何一项权利被剥夺、被限制，其他权利也势必难以得到全面充分的享有。例如，在种类上，若没有生存权，其他大部分人权就成为奢谈；在代际上，若没有经济、社会和文化权利，人们衣食无着，必然无力、无暇、无心去主张和享受公民权利和政治权利。③ 人权的核心是自由和平等，没有任何根据可以证明，对于自由和平等的理解只能限定于公民和政治关系，而将对个人和社会生活如此重要的经济和社会范畴排除在外。经济、社会、文化权利完全应该作为人类所享有的基本权利，其作用在于保护个人免受社会和经济的不安全及其对人的尊严和自由所造成的威胁，如果这个得不到保障，公民权利和政治权利只能是空谈。④ 1968 年《德黑兰宣言》指出，“鉴于人权和基本自由不容分割，若不同时享有经济、社会和文化权利，则公民权利和政治权利绝无实现之日”。1986 年《关于执行经济、社会和文化权利国际公约的林堡规则》第三段强调，鉴于人权和

---

① 联合国大会第六十七届会议 2012 年 12 月 20 日大会决议：《订立一项全面综合国际法律文书以促进和保护老年人权利与尊严》，UN. Doc. A/RES/67/139，13 February 2013，第 2 ~ 3 页。

② [爱尔兰]杰拉德 · 奎因、李敬：《〈残疾人权利公约〉研究：海外视角（2014）》，人民出版社 2015 年版，第 42 页。

③ 肖君拥：《国际人权法讲义》，知识产权出版社 2013 年版，第 29 页。

④ 张爱宁：《国际人权法专论》，法律出版社 2006 年版，第 43 页。

基本自由不可分割且相互依赖，对公民权利和政治权利以及经济、社会和文化权利的执行、促进、保护，应该给予同等的重视和急切的关注。1993年的维也纳世界人权会议中再次重申，“所有人权都是普遍、不可分割、相互依存、相互联系的。国际社会必须站在同样地位上、用同样重视的眼光、以公平、平等的态度全面看待人权”。[①] 联合国相关会议在研讨老年人权利保护中，也充分注意到了这点，“承认所有人权是相互联系和相互依存的。如果没有经济、社会和文化权，就不可能行使公民和政治权利，反之亦然”。[②]

因此，《老年人权利公约》权利内容的构建不但应突破传统人权内容的关于“一代人权”（公民权利和政治权利）和“二代人权”（经济、社会和文化权利）的区别，而且在全部结构上，在每个条款中都应把公民权利和政治权利融入经济、社会和文化权利之中，即采取将公民权利与政治权利同经济、社会、文化权利混合在一起的方式构建所有的权利内容；还应摒弃同样是传统上那些需要立即实现的权利和那些需要逐渐实现的权利之间的区别，对传统人权概念进行修改、改造和添加，构建一个高水平的、针对老年人权利保护的、全面而综合性的人权体系。

二、人格与人类繁荣的结合

人格（personality）是作为“人”的一种状态，人格的定义在哲学和法律上颇具争议，它与公民、平等、自由等法律和政治概念密切联系。[③] 在古罗马时期，罗马法学家和裁判官用“头颅”（Capn）一词表示人格，寓

---

① 《维也纳人权宣言和行动纲领》序一，第一部分，第5段。

② ［阿根廷］莫妮卡·罗克，联合国大会2014年社会论坛报告，2014年4月1日至3日，日内瓦，UN. Doc. A/HRC/26/46，15 May 2014，para. 74。

③ Charles Taylor, “The Concept of a Person”, *Philosophical Papers*, Vol. 1. Cambridge: Cambridge University Press, 1985, 97.

意为人格之于人,犹如头颅之于生命,[①]足见人格的原意的重要意义。“人格”一词在古汉语中出现得较晚。据辞海中记录,章炳麟《诸子略说》记载:“孔子平居教人,多修己治人之言,不求超出人格。”这里的“人格”是指“以人事为范围也”。[②] 但现代法学意义上的人格概念在中国传统语境中并没有,人格作为 personality 的意译,是我国近代法学家在宣扬大陆法系法学理论的过程中,从日文中引入的。[③]

人格在古罗马法中作为法律概念,表示人作为权利能力的主体资格,进而发展为法律意义上的人格尊严,指人作为“人”的“身份”或作为“人”的“资格”。[④] 在联合国人权文件和核心人权公约中,人格多与“尊严”“自由”“价值”“法律”等词一起提及,出现在《联合国宪章》《国际人权宪章》以及其他核心人权公约当中,被表述为“人人在任何地方有权被承认在法律前的人格”(to recognition as a person before the law)。[⑤] 传统的人权体系中的大多数权利体现了人格的概念,如生命的权利、言论自由的权利、人身安全的权利、集会自由的权利、在政治决策上表达自己声音的权利、出版自由的权利、基本教育和最低限度供给的权利、不受折磨的权利等,使这个概念具有很强大的生产力。[⑥] 这些所有的权利主体都是“人”,而且是“法律面前的人”(a person before the law),这意味着每个人都赋予了在法律面前被承认为“人”的能力,拥有这些能力,个人便有资格享受这些权利,这种资格也称“法定资格”(legal

① 王利明:《试论人格权的新发展》,载《法商研究》2006 年第 5 期。

② 舒新城:《辞海》,中华书局 1936 年版,第 174 页。

③ 王利明:《试论人格权的新发展》,载《法商研究》2006 年第 5 期。

④ 杨宇冠:《人权法——〈公民权利和政治权利国际公约〉研究》,中国人民公安大学出版社 2003 年版,第 329 页。

⑤ 参见《世界人权宣言》第 6 条、《公民权利和政治权利国际公约》第 16 条、《残疾人权利公约》第 12 条第 1 款,以及《保护所有移徙工人及其家庭成员权利国际公约》第 24 条。

⑥ [英]詹姆斯·格里芬:《论人权》,徐向东等译,译林出版社 2015 年版,第 40 ~ 41 页。

capacity),能提供给人们在生活的各个方面为自己做出决定的权利,[①]从这点来说,法定资格就是权利的来源。[②] 但是,法律能力的拥有并不代表行为能力的拥有,一个人丧失行为能力必然会导致由第三人代替其做出决定,导致这种法定资格随着一个人行为能力的丧失而不存在或部分存在,构成民事法律制度中的监护。老年人是最易成为这类人的群体,并且,随着世界各地老龄化的加深,老年人自身的脆弱性随着年龄的增长将更加明显,其行为能力必将出现减弱的过程,甚至个人自主性将无法得到实现。

因此,在老年人权利体系的构建上,应从更广的生命过程的发展观点以及整个社会的角度来仔细审查,对传统人格概念进行革新,首先应承认老年人认知能力、行为能力随着年龄的增长而逐步下降的事实。同时,应探索支持和增长老年人实践可行性权利能力的途径,例如,对法定权利进行分类,使监护人有限制地使用。还应给缔约国施加义务,要求国家采取便利措施,协助老年人获得行使其法律权利可能需要的能力,国家应从各方面依照国际人权法的要求采取一切措施,确保老年人行使法律权利的能力,并保障防止滥用。这些保障和有关的措施应当确保尊重本人的权利、意愿和选择,适应本人情况,与本人无利益冲突,并不会造成不当影响。缔约国还应建立一个独立、公正的有权机构,定期复核。提供的保障应当与这些措施影响个人权益的程度相称,等等。这样才能够最大限度地保障老年人法律权利的行使和自主性的完整,使老年人能充分利用各种权利参与社会,并与社会联系起来。正

① [爱尔兰]杰拉德·奎因等:《把"人"放回"人权"中:联合国残障公约中的人格与理论创新》,载[爱尔兰]帕德雷克·凯纳、李敬:《〈残疾人权利公约〉研究:海外视角(2014)》,人民出版社 2015 年版,第 157 页。

② 夏勇:《人权概念起源——权利的历史哲学》(修订版),中国政法大学出版社 200 年版,第 52 页。

如有学者指出,“人权背后的价值不仅包括能够成为这种行动者的尊严,也包括作为这种行动者而存在的尊严”。[①]

每个人将自身和社会资本联系起来,能融入和参与社会是实现人类繁荣的关键因素之一。老年人是社会重要的一部分,确保他们有保障、有尊严地进入晚年,并增强他们本身参与家庭和社区生活的能力,使他们能融入和参与社会,从而可发挥21世纪内老龄化的巨大潜力,这也是构建《老年人权利公约》的要旨所在。

三、人权的普遍性和特殊性的结合

人权具有超越文明、超越种族、超越人与人之间先天和后天的个体差异而为世人所普遍享有的特征。任何人,只要基于他或她是人类一员这一基本简单的事实,就应当享有人权,因而人权具有普遍性。[②]

人权主体普遍性、人权标准普遍性是人权普遍性的表现。首先,人权主体具有普遍性。《世界人权宣言》第2条规定,“人人有资格享受本宣言所载的一切权利和自由,不分种族、肤色、性别、语言、宗教、政治或其他见解、国籍或社会出身、财产、出生或其他身份等任何区别”,这充分说明,《世界人权宣言》所载的权利人人均可享有,不是某些人的特权。《世界人权宣言》第2条的规定,标志着人权普遍化的开始。[③] 人权理论上主体的普遍性是人权史上由少数人的特权发展而来的,“一部人权运动史首先是一部人权主体不断扩大的历史”。[④] 其次,人权标准具有普遍性。这些人权标准基于对人权最终基础——人的价值与尊严——的普遍认同,以及基于全人类的共同利益以及全人类共同的道

① [英]詹姆斯·格里芬:《论人权》,徐向东等译,译林出版社2015年版,第57页。
② 张爱宁:《国际人权法专论》,法律出版社2006年版,第29页。
③ 同上书,第31页。
④ 齐延平:《人权与法治》,山东人民出版社2003年版,第44页。

德判断标准和价值取向而广为接受，并作为人权国际保护的准绳和尺度为各国人权立法、司法以及其他保障措施的方式所实施，同时也成为各国努力达到的目标。自联合国成立以来，联合国及其专门机构承担了普遍性的人权保护的重任。联合国不仅发展了大多数的国际人权标准，①还创造了由普遍性机构和程序组成的一个复杂体系来监督对人权的遵守，如关于不同主题和特定国家的工作组、专家和特别报告员制度等，其工作内容一方面在于规范实施国际条约的程序，另一方面还在于通过各种人权机构的活动，在全世界范围内推行普遍接受的人权理念。

人权的特殊性表现在人权主体的差异性和文明的多样性上。② 一方面，人权的主体具有差异性，这一差异主要是身份差异和行为能力的差异；另一方面，历史传统、宗教信仰、文化理念、价值观念、资源状态和经济因素的差别使不同国家和地区在文明表现形态上是多样化的，由此，在追求权利实现的过程中，各国对权利的理解和实践有所差别。

人权标准的普遍认同，并不意味着任何时候、任何民族、任何国家的人权观完全一致，也不意味着各国实现人权保护的模式必须完全相同。③ 同样，人权的普遍性也不能否认那些由于身份差异和行为能力差异而导致权利享有受到限制的主体应拥有实现权利的合理帮助和特别措施，以确保这些主体能够实质上享受到人类尊严与自由，这是实质法治理论的追求，也是实质平等和社会正义的要求。④ 老年人便属于这种特殊主体人群。

因此，老年人权利体系的构建，应承认差异、承认由于差异而带来

---

① 如条约、宣言、原则、准则和其他被称为国际“软法”的文件构成联合国人权制度体系。

② 白桂梅：《人权法学》（第 2 版），北京大学出版社 2015 年版，第 26 页。

③ 张爱宁：《国际人权法专论》，法律出版社 2006 年版，第 38 页。

④ 余少祥：《弱者的权利——社会弱势群体保护的法理研究》，社会科学文献出版社 2008 年版，第 305 ~ 306 页。

的不平等，因他们的行为能力或身份的差异而特别承认和提供便利，区别对待。对老年人采取特殊措施，给予特别的保护，符合人权普遍性的要旨，也是保护老年人权利的应有之义，因为“人权内容之一就是每个人都有自谋生活自我生存的权利，并且当仅靠自己无法生存下去的时候，有向社会主张生活生存的权利，社会必须履行使成员生活生存的义务”。[①]

第二节 联合国人权机构对老年人权利保护的关注

“人权”一词在《联合国宪章》中出现了七次，促进和保护人权被确定为联合国工作的重要目标和指导原则，成为联合国的三大支柱性工作之一。[②] 1948 年，《世界人权宣言》将人权列入国际法范畴，此后，联合国通过法律文书和实践工作大力推动保护人权工作。[③] 联合国是实施国际人权法的核心机关，其体系内已经形成了一个庞大的人权机制。联合国促进和保护人权主要是通过各种各样的人权机构来实现，包括四大种类：

第一类是联合国主要机关，这些机关包括大会、安全理事会、经社理事会、秘书处、国际法院。这些机关根据《联合国宪章》的规定处理相关的人权事务，多年来不断扩大了各自对人权问题的关注。

第二类是联合国专门人权机构，这些机构有的是依据《联合国宪

① 邱本：《市场法治论》，中国检察出版社 2002 年版，第 314 页。

② 三大支柱性工作是：和平与安全、发展、人权。参见 http://www.un.org/zh/sections/about-un/overview/index.html，访问日期：2015 年 11 月 26 日。

③ http://www.un.org/zh/sections/what-we-do/protect-human-rights/index.html，访问日期：2015 年 11 月 26 日。

章》成立,有的依据联合国大会相关决议设置,主要有人权理事会、人权高级专员办公室、妇女地位委员会等。这些机构有的属于联合国大会附属机构,有的属于联合国秘书处附属机构。

第三类是根据联合国国际人权公约设立的机构。联合国九大核心国际人权公约设有十个委员会。①

第四类为联合国专门机关。联合国专门机关是根据《联合国宪章》第57条和第63条的规定,②与联合国存在联系的职能性政府间组织。虽然它们有各自的宪章和决策体系,都是自治的实体,但是它们和联合国之间存在一种特殊的机构间关系,并与之根据各自的具体职责在共同关注的领域开展合作,而这一点在促进人权问题上表现得尤为突出。③ 在专门机关中,涉及人权领域活动比较多的主要有国际劳工组织、联合国教育、科学及文化组织、世界卫生组织、粮食及农业组织等。

近年来,老年人权利问题倍受关注,联合国大会、联合国秘书处、联合国经社理事会三大机关相关的附属机构,人权理事会、人权高专办、特别专家、国际劳工组织、世界卫生组织等机构对老年人权利内容提出了相关的建议和意见,以下主要就具代表性的权利内容报告、提案或工作会议汇总并评议。

① 关于基于联合国九大国际核心人权公约建立的人权保护机构参见本文第四章。

② 《联合国宪章》第57条第1款:由各国政府间协定所成立之各种专门机关,依其组织约章之规定,于经济、社会、文化、教育、卫生及其他有关部门负有广大国际责任者,应依第63条之规定使与联合国发生关系。第5款:上述与联合国发生关系之各专门机关,以下简称专门机关。第63条第1款:经济及社会理事会得与第57条所指之任何专门机关订立协定,订明关系专门机关与联合国发生关系之条件。该项协定须经大会之核准。

③ Alston, "The United Nations Specialized Agencies and the Implementation of the International Covenant on Economic, Social and Cultural Rights", 18 *Colum. J. Transmat'l L.* 79 (1979). 转引自[美]托马斯・伯根索尔等:《国际人权法精要》,黎作恒译,法律出版社2010年版,第103页。

一、人权理事会

联合国人权理事会于2006年3月15日根据联合国大会第60/251号决议、由联合国大会创立,是一个由四十七个主权国家成员组成的政府间机构,从而取代了原人权委员会和小组委员会。[①] 人权理事会成员的选举和任职按联合国大会的要求进行,直接向联合国大会负责,而不是像其前身人权委员会那样向经社理事会报告工作。根据决定创立理事会的联合国大会决议,人权理事会负责在全球各地加强促进和保护人权,主要目的是解决违反人权的情况并提出建议,主要职能包括:促进对所有人人权与基本自由的普遍尊重;处理侵犯人权的情况并提出建议;推动各国全面履行人权义务;推动联合国系统人权教育并提供技术援助;提供人权问题专题对话论坛;向联合国大会提出进一步发展国际人权法的建议;向联合国大会提交年度报告等。[②] 人权理事会从2009年开始将老年人权利纳入人权框架,以解决日益严重的老龄化问题,其先后在多份报告中提出老年人权利内容。

(一)人权理事会咨询委员会[③]报告

2009年,人权理事会咨询委员会向人权理事会提交了一份题为"在老年人人权问题方面采用人权方法和设立有效的联合国机制的必要性"的工作文件(A/HRC/AC/4/CRP.1)。该文件着重指出了就老年人人权歧视问题开展全面研究的重要性,并考虑订立一份有关老年人人

---

① 联合国大会第六十届会议,2006年3月15日大会决议,UN. Doc. A/RES/60/251,3 April 2006。

② 同上。

③ 人权理事会咨询委员会是人权理事会成立后新设制度,以取代原人权小组委员会。咨询委员会由18名独立专家组成,负责从事人权专题研究并向人权理事会提供咨询意见,但无权通过任何决议或决定。

权问题的国际公约。该文整合了国际助老会、耶鲁大学法学院、联合国国际法委员会关于老年人权利的讨论意见,形成了包含15项权利内容的清单,并指出,此权利内容并不限于本清单[①]如下所示:

免受歧视的权利(Right to be free from discrimination);免受暴力和虐待的权利(Right to freedom from violence and abuse);法律面前平等待遇的权利(Right to equal treatment before the law);尊严权利(Right to dignity);健康权(Right to health);食物、水、住所和衣服的权利(Right to food,water,shelter and clothing);工作和经济独立的权利(Right to work and financial independence);财产权(Right to property);社会保障的权利(Right to social security);思想、信念和宗教自由权(Right to freedom of thought,conscience and religion);主张和发表意见的自由权(Right to freedom of opinion and expression);自主权(Right to autonomy);参与公共事务的权利(Right to participate in public affairs);受教育权(Right to education);免予对其实施侵权行为的权利(Right to be free of practices that infringe upon their rights)。

(二)人权理事会特别报告员关于老年人健康权的报告

特别报告员是联合国人权理事会任命的人权专家,是人权理事会特别程序中的一种人权机制,旨在从专题或具体国别角度对人权问题提供建议和报告。[②]

2010年9月,人权理事会在第15/22号决议中要求"人人有权享有

① Human Rights Council, *The necessity of a Human Rights Approach and Effective United Nations Mechanism for the Human Rights of the Older Person*, Working paper prepared by Ms. Chinsung Chung, member of the Human Rights Council Advisory Committee. Human Rights Council Advisory Committee, Fourth session, 25 - 29 January 2010. UN. Doc. A/HRC/AC/4/CRP. 1, para. 57.

② http://www.ohchr.org/CH/HRBodies/SP/Pages/Welcomepage.aspx.

能达到最高标准身心健康问题”特别报告员准备一份关于实现老年人健康权的专题研究。在该项研究的基础上，人权理事会于2011年9月进行了一场关于老年人健康权的小组讨论，重点关注老年人面临的不断增加的挑战、一个明确良好做法和可能措施的契机。

在这份专题研究①中，享有可达到的最高水准的健康权是一项基本的人权，在国际、区域和国家范围内都得到法律的庄严重申。鉴于世界老龄化令人瞩目的步伐，该研究呼吁做出规范方面的变动，据此，社会应当超越单纯的争取公民健康地进入老龄的做法，而更要着手争取实现公民积极地、有尊严地度过老年阶段，这一阶段应当如同人生任何其他阶段一样，应当是有计划的、得到支助的。要使老人能够积极地、有尊严地渡过老年阶段，社会就需要重新设定老龄的概念，更加强调老年人继续参与社会、经济、文化和公民生活，并且继续为社会做出贡献。报告强调指出，在设置、执行、监测和评估有关健康方面的政策和方案，以便减缓老龄社会的影响并确保老年人享受这项人权的过程中，采用以健康权为出发点的方针是必不可少的。据此，应当使保健设施、产品和服务对老年人而言是现实的、有机会享用的、有经济能力承担的，符合标准和优质的。报告并指出，鼓励老年人在身体、政治、社会和经济方面尽可能持久地积极活跃，不仅有利于老年人本人，而且也造福于整个社会。报告并得出结论，增进和保护老年人的人权应当是每一个人所关注的问题，因为步入老龄阶段是一个涉及所有人的过程。

(三)“人权与赤贫问题”独立专家报告

联合国人权机制中的独立专家由联合国人权理事会任命，负责核

---

① 阿南德·格罗弗：《人人有权享有可达到的最高水准身心健康问题特别报告员关于实现老年人健康权利的专题报告》，人权理事会第十八届会议，UN. Doc. A/HRC/18/37，4 July 2011。

查和汇报某国状况或某项具体人权专题。该职位属荣誉性质,专家既非联合国职员,也不收取工作报酬。他们独立于任何政府或组织,以个人身份行使职责。[①] 独立专家构成联合国人权机制的一部分,也是人权理事会特别程序体系中的一部分。

2010 年,人权与赤贫问题独立专家在其年度报告[②]中关注了社保体系在消除赤贫和促进实现老年人人权方面的作用。独立专家集中关注了非缴费型养老金即所谓的社会养老金问题。社会养老金包括由超过特定年龄的人接受的,不要求受益人、雇主或国家事先强制性缴费的现金福利。社会养老金是社会保障制度的重要方面。各国有义务逐步确保该国境内所有个人的社会保障权和享受适当生活水准权。这些权利庄严载入了《世界人权宣言》和一些国际人权条约以及国际劳工组织的公约。考虑到老年人的脆弱性,各国必须采取适当措施,制订一项没有任何歧视的社会保障计划,为所有老年人提供福利,并确保男女享有平等权利。各国必须认识到,社会养老金是逐步实现老年人社会保障权的关键因素。非缴费型养老金可以显著减少老年人中的贫困和脆弱,对妇女而言尤其如此,她们活得时间更长,而且不太可能受益于缴费系统。本报告提供了有关如何确保非缴费型养老金遵守核心人权标准的建议,还论述了国际援助和合作在社会保障领域的作用。

(四)"老年人享有所有人权问题"独立专家的报告

2013 年 9 月 27 日,人权理事会未经表决通过第 24/20 号决议,设立"老年人享有所有人权问题"独立专家这一任务。罗萨·科恩菲尔

---

① http://www.ohchr.org/CH/Issues/OlderPersons/IE/Pages/IEOlderPersons.aspx.

② 《人权与赤贫问题独立专家马格达莱纳·赛普尔韦达·卡尔莫纳的报告》,人权理事会第十四届会议,UN. Doc. A/HRC/14/31,31 March 2010。

德－马特(Rosa Kornfeld-Matte)女士于2014年5月被人权理事会任命为首任"老年人享有所有人权问题"独立专家，并分别于2014年和2015年向人权理事会递交了报告。

在2014年的报告①中，独立专家选择了全面的老龄化问题方针，涵盖了国际法律和政策领域的工作。作为评估执行不足和最佳做法的前提，独立专家基于对人权的传统分类，列出了老年人的具体权利：

老年人的公民权利包括平等权和不受年龄歧视的权利、生命权和有尊严的死亡权、身心和感情健全的权利、法律人格和行为能力权、自主权；老年人的政治权利包括参与社区的社会、文化和政治生活的权利；老年人的社会权利包括收入保障、改善功能性健康的权利（包括最高标准身心健康权）、在公共和私营机构继续接受多专业教育的权利；经济权利包括住房和健康环境权、工作权。

此外，独立专家还特别提到对老年妇女和土著老年人权利的特别保护，如为农村地区老年妇女提供社会保障，保护寡妇的财产和占有权，土著老年人受到适当（非暴力）待遇的权利、保护大家庭制度、性别平等和代际平等的权利。最后，特别提到司法救济权对老年人权利保障的重要性。②

在2015年的报告③中，独立专家对其视为重点领域的自主权和照顾权进行了阐述。简要介绍了现行国际和区域人权标准，深入分析了这两个关键概念及其范围，进而提出了独立专家的结论和一些建议。提出这些建议一是为了协助各国落实适当、有效的框架，以便加强老年

---

① 《老年人享有所有人权问题独立专家罗莎·科恩菲尔德－马特的报告》，人权理事会第二十七届会议，UN. Doc. A/HRC/27/46，24 July 2014。

② 同上书，第34～46段。

③ 《老年人享有所有人权问题独立专家罗莎·科恩菲尔德－马特的报告》，人权理事会第三十届会议，UN. Doc. A/HRC/30/43，13 August 2015。

人自主,确保老年人积极参加和参与生活的方方面面,改善老年人的福祉和生活质量;二是为了保证照顾场所采用以人权为本的方法。

二、联合国人权事务高级专员

联合国人权事务高级专员(United Nations High Commissioner for Human Rights:HCHR,以下简称人权高专)是根据《联合国宪章》第1条、第13条、第55条和《维也纳宣言和行动纲领》以及1993年联合国大会第48/141号决议设立的,联合国人权事务高级专员办公室(Office of the United Nations High Commissioner for Human Rights,OHCHR,以下简称人权高专办)①是人权高专的办事机构,和人权高专一起属于联合国秘书处的组成部分。人权高专是联合国系统内负责人权事务的最高行政长官,级别为副秘书长级,是"在秘书长的指导和授权下……主要负责联合国人权活动的联合国官员",②并"在大会、经济及社会理事会和人权委员会(已于2006年改为人权理事会——笔者注)总的权限、授权和决定的框架内",③履行其职责。在分配给人权高办的十项职责当中,最重要的是第四段第六项,授权其"发挥积极作用,消除目前的障碍、应付充分实现所有人权所面对的挑战并防止世界各地持续发生……各种侵犯人权事件"。④ 可见,人权高专的职责相当广泛,足以承担处理当前任何人权问题。

近年来,人权高专已经注意到了全球范围内老年人面临普遍的特殊人权挑战,多次以专题报告的形式提出老年人权利问题。

---

① http://www.ohchr.org/EN/Pages/Home.aspx,访问日期:2015年11月2日。
② 联合国大会第四十八届会议大会决议,UN. Doc. A/RES/48/141,7 January 1994,para. 4。
③ 同上。
④ 同上书,para. 4(f)。

(一)2011 年提交到“老龄问题不限成员名额工作组”的文件

2011 年 4 月 18 日到 21 日,“老龄问题不限成员名额工作组”第一次工作会议在纽约召开,人权高专办提交了一份名为“老年人人权:国际人权原则和标准”[①]的报告作为背景文件。该份报告指出,在全球范围内,老年人人权面临特殊的挑战,而这些权利涉及广泛范围内的公民权利、经济权利、政治权利、社会权利和文化权利。报告审视了现有的关涉老年人权利的人权公约以及公约执行机构的一般性意见和建议,指出尽管现有的人权公约条款同样适用于老年人,但显然不足以应对老年人所面临的挑战,而相关公约委员会虽然也注意到了老年人权利在国际人权公约的缺失,并试图在其一般性意见和建议中作出规定,但内容极少。报告总结和分析了现有人权公约中所关涉的老年人权利和问题,主要有:非歧视;老年妇女的权利保护;老年人的脆弱性和特殊保护措施;对特殊群体的特殊保护措施;老年人的社会保障权利和社会保护问题;通用设计和无障碍;健康权和适足住房权。

(二)2012 年“老年人国际人权法上的权利规范的分析”报告[②]

2012 年 8 月 21 日到 24 日,“老龄问题不限成员名额工作组”第三次工作会议在纽约召开,人权高专办递交了一份“老年人国际人权法上的权利规范标准分析”报告,该报告对老年人在国际层面上可适用的权

① United Nations Human Rights Office of The High Commissioner for Human Rights, *Human Rights of Older Persons: International Human Rights Principles and Standards*, Background Paper-revised and updated, Open-ended Working Group, GA resolution 65/182, New York, 18 – 21 April 2011.

② Office of the High Commissioner for Human Rights, *Normative standards in international human rights law in relation to older persons*, *Analytical Outcome Paper*, August 2012. See at: http://social. un. org/ageing-working-group/thirdsession. shtml, 2015 – 11 – 05.

利标准做了进一步的法律分析,并指出,在国际人权法层面,现有的老年人权利存在显然的规范不足和碎片化问题,缺乏与老年人特征相符的且一致的权利保护标准。[①] 并重点对所关切的权利规范进行了分析,提出了以下几个方面的权利框架:

年龄歧视和平等,其中特别指出老年人尤其是老年妇女可能面临的多重歧视应该受到关注;暴力和虐待;生活尊严——老年人适足的生活标准,包括社会保护和社会保障权利、工作权利、接受教育、培训和终生学习的权利、适足住房权等;法律能力和法律面前平等;健康和社会照顾,包括健康权和临终照顾权、缓和医疗、长期照顾、家庭照顾、义务性养老机构、机构护理中的最低标准和反暴力反虐待;老年人和司法救济;参与和社会包容。

(三)2012 年向经社理事会提交的报告[②]

2012 年,人权高专根据 1993 年 12 月 20 日联合国大会第48/141 号决议向经济和社会理事会提交了一份报告。报告分析了现有国际保护机制对老年人权利保护的不足,从所有人权不可分割、相互依存和相互关联的性质出发,分析了老年人的人权状况。指出老年人的状况提出了许多特殊和紧迫的人权挑战,如年龄歧视、长期照料、暴力和虐待、社会保护、适足的食物和住房、体面的工作、获得生产资源、法律行为能力、健康支助和临终关怀是最亟须关注的一些领域。每一项挑战都因国际人权保护框架中规范和实际操作的缺陷而变得更加严峻,这些挑

① Office of the High Commissioner for Human Rights, Normative standards in international human rights law in relation to older persons, Analytical Outcome Paper, August 2012, p. 3. See at: http://social. un. org/ageing-working-group/thirdsession. shtml.

② 联合国经济及社会理事会,2012 年实质性会议 联合国人权事务高级专员报告,UN. Doc. E/2012/51,20 April 2012。

战涉及公民、文化、经济、政治和社会权利，每一项挑战都提出了一系列值得深入分析和规范的问题。

（四）2013年向人权理事会第二十四届会议提交的报告①

根据人权理事会第21/23号决议，②人权高专办于2013年4月组织了一场关于促进和保护老年人人权的公开磋商，并于2013年9月向人权理事会第24届会议提交了一份总结报告。这次磋商专注于老年人在享有人权方面面临的主要挑战以及保护和增进他们人权的良好做法，包括了2013年4月15日在日内瓦举行的为期一天的会议以及会员国和观察员国、国家人权机构、区域组织、民间社会组织和学术机构提交的书面材料。讨论的议题包括：具体防止年龄歧视和老龄歧视的事例、负责保护老年人权利和制止年龄歧视的机构、在老年人经济和社会权利——包括健康权、工作权和社会保障权——以及在保护老年人免遭暴力、忽视和虐待方面的挑战和良好做法。报告结论是："虽然大多数国际人权文书都对包括老年人在内的所有年龄群体适用，但一些与老年人关系特别紧密的人权问题无论是在现有人权文书的措辞，还是在人权机构和机制的做法中都未得到足够的重视。这主要包括：年龄歧视；老年人的工作机会；适当的医疗服务和社会保护；免受虐待、暴力和忽视；以及长期护理等问题。"

---

① 联合国大会人权理事会第二十四届会议，增进和保护老年人人权问题磋商会纪要报告，UN. Doc. A/HRC/24/25，1 July 2013。

② 该决议请联合国人权事务高级专员办事处在日内瓦举办一次增进和保护老年人人权问题闭会期间公开磋商会，由联合国会员国、有关国际组织、联合国机构和利益攸关方参加，以便了解情况并交流针对老年人人权保护方面的良好做法。参见联合国大会人权理事会第二十一届会议，人权事会通过的决议，UN. Doc. A/HRC/RES/21/23，17 October 2012。

三、"老龄问题不限成员名额"工作组

"老龄问题不限成员名额工作组"于2010年联合国大会第65届会议上由65/182号联大决议成立,"以审议现有的老年人人权国际框架,找出可能的差距,确定如何最好地解决这些差距,包括酌情审议制定其他文书和措施的可能性,以期加强保护老年人的人权"。[①] 在2012年联大第67届会议上,被授权"审议关于订立一项旨在促进和保护老年人权利和尊严的国际法律文书的提议……尽早向大会提出建议,其中特别提出旨在促进和保护老年人权利与尊严的国际法律文书内应当包含、现有各种机制目前未充分触及因而需要进一步确立国际保护的主要内容"。[②] 从2011年工作组召开第一次工作会议到2015年8月,工作组已经召开六次工作会议,前三次会议将重点放在老年人在全球范围内的人权状况,并审视了现有的国际人权保护框架中对老年人的关注以及老年人权利的实施情况。从2012年第四次工作会议开始,由于受联大第67届会议的授权,开始讨论现有国际人权机制中没有充分关注的权利内容。[③] 截至2015年第六次工作会议,工作组就老年人权利方面主要集中讨论了以下问题:

1. 老龄歧视

与年龄相关歧视是世界各地老年人最经常碰到的挑战之一,老龄歧视是影响老年人权利的一项重大问题已成为各成员国和国际社会的共识。工作组分别在第二届、第三届、第四届工作会议中专题讨论涉及

---

① 联合国大会第六十五届会议,2010年12月21日大会决议,UN. Doc. A/RES/65/182,4 February 2011,para. 28。

② 联合国大会第六十七届会议,2012年12月20日大会决议,UN. Doc. A/RES/67/139,13 February 2013,pp. 2 – 3。

③ 参见历届工作会议报告:http://social. un. org/ageing-working-group/index. shtml。

老年人的老龄歧视。

2011 年 8 月 1 日至 4 日的第二届工作会议中，工作组就“歧视和多重歧视”举行小组讨论。在讨论中，各代表团认识到，规定法律面前平等并禁止年龄歧视，实现实质性平等是拟订新公约需明确的关键领域。① 要制止老年歧视及多重歧视，不仅需要制定老龄问题综合政策以及采取针对老年人的多部门方法，而且还需要开展具体努力，消除造成直接和间接歧视的定型观念。为此，有的代表团指出，在国家一级制定结合保健服务、最低收入及防止虐待和暴力的法律机制综合的办法有助于改善的状况，在国际一级也可以采取类似方法，制定综合各种标准的机制。②

2012 年 8 月 21 日至 24 日第三届工作会议中，阿根廷布宜诺斯艾利斯大学法学教授 Alejandro Morlacchetti 建议以《国际老年人权利公约》来重申平等和不歧视原则，明确成员国责任，建立报告机制和问责机制，保护老年人免受各种歧视。③ 来自区域一级的代表分享了在老龄歧视问题上区域一级的做法，并介绍了各国的政策应对措施，比如，就业和就业市场反歧视法律，为克服有关老年人的陈规定型观念和建立老年友好社区而采取措施，以及为确保获得商品和服务而采取的立法行动。④

2013 年 8 月 12 日至 15 日的第四届工作会议中，工作组举行了关

---

① 南方共同市场人权问题公共政策局执行秘书、美洲人权委员会前委员 Victor Abramovich 先生大会报告。参见［卢森堡］利奥·费伯：《老龄问题不限成员名额工作组报告》，UN. Doc. A/AC. 278/2011/5，23 August 2011，p. 8。

② 同上书，第 9 页。

③ ［马拉维］珍妮特·吉纳特·克里姆：《联合国大会老龄问题不限成员名额工作组的报告》，UN. Doc. A/AC. 278/2012/1，19 September 2012，p. 8。

④ 参见老龄歧视问题委员会专员 Susan Ryan（澳大利亚）、欧洲老龄问题平台副主席 Louise Richardson（爱尔兰）的会议报告。查阅 http://social. un. org/ageing-working-group/thirdsession. shtml。

于"歧视和获得工作机会"的小组讨论。围绕就业问题,讨论了不受歧视的权利与政府在管理上的有限权能这两者之间的平衡问题。与会者强调,这种平衡应顾及"合理便利"和"逐步实现"这两个概念,前者是国家提供奖励办法并支持便利措施,后者是评估哪些是具体和可接受的措施,哪些需要进一步改进。代表们上台介绍了各自国家在禁止歧视老年人工作方面制订的计划、举措和良好做法。有的代表指出,真正的挑战是成员国达不到向所有社会成员提供所有人权的要求。[①]

2. 健康权

健康权是一项基本人权,但老年人健康权的实现面临着特殊性,工作组分别在第二届、第三届、第四届工作会议中讨论了老年人的健康权。

第二届工作会议专题讨论了"老年人享有能达到的最高标准身心健康的权利"。讨论中指出,社会保健系统的缺失、老龄歧视、国家缺乏老年保健服务方面的资源分配、保健人员非专业化和职业化、适当住房的获得等诸多因素均影响老年人健康权的享受。因此,有代表指出,应"在整个生命周期促进保健;确保可获得善待老年人的初级保健,包括慢性病的早期诊断和治疗、可获得质优价廉的药物、提供缓和医疗及家庭和机构长期护理;创建有助于老年人参与的环境"。[②] 还有的代表有提到"有必要培养这一领域的保健专业人员,不仅是培养更多的老年病学家,而且还需培养更多的护士、家庭医生及其他的保健专业人员。还应将精神保健和对善待老年人的各项服务纳入国家保健体系"。[③]

---

① [马拉维]珍妮特·吉纳特·克里姆:《联合国大会老龄问题不限成员名额工作组的报告》,UN. Doc. A/AC. 278/2013/2,24 September 2013,p. 13。

② 参见世界卫生组织老龄化和生命周期司司长 John Beard 的小组发言。查阅 http://social. un. org/ageing-working-group/secondsession. shtml。

③ [卢森堡]利奥·费伯:《老龄问题不限成员名额工作组报告》,UN. Doc. A/AC. 278/2011/5,23 August 2011,p. 10。

在第三届工作会议上,工作组举行了“自主、独立生活和医疗保健”主题小组讨论。一些代表团和民间社会的代表呼吁对健康采取基于权利的办法,特别注意性别、残疾、族裔血统和居住地。提出的具体问题包括:代际对话和团结;长期护理和家庭护理;有必要尊重老年人的自主、意愿和喜好,以及有必要从社会模式的观点审视老年和残疾的重叠,以避免双重歧视。还有人强调指出与缺少合格医务人员有关的挑战,尤其是农村地区老年人的活动能力受到限制,因此,有必要开展设施和人员包括非正规护理人员的能力建设,以满足老年人的特殊需要。[①] 还有代表提出建议,制定一项具有法律约束力的国际性标准,确保老年人达到可获得的最高健康标准,并明确姑息护理权(right to palliative care)。[②]

在第四届工作会议上,工作组就“社会保障和健康权”议题举行了专家小组讨论。有代表谈到缓和医疗权(palliative care rights,即前文所指“姑息护理权”)对老年人健康权的重要意义,指出,“缓和医疗不仅是一个公共健康问题,而且是一个人权问题。缓和医疗权利应该包括减轻痛苦、对其他身心症状进行控制、缓和医疗的基本药物、精神和哀伤辅导、进行沟通以共同做出决定、获得法律服务、由受过训练的缓和医疗专业人员护理。关于老年人权利的公约可强调缓和医疗的重大需要,界定国家承担的具有法律约束力的具体义务,保证全面监测,改善老年人的护理质量”。[③]

---

① [马拉维]珍妮特·吉纳特·克里姆:《联合国大会老龄问题不限成员名额工作组的报告》,UN. Doc. A/AC. 278/2012/1,19 September 2012,p. 8。

② 参见人权监察站残疾权利研究院的研究员 Amanda McRae 女士的小组发言。另外,姑息护理权(right to palliative care)也被译作“缓和医疗权”。参见 http://social. un. org/ageing-working-group/documents/PalliativeCareandStandardsontheRightsofOlderPersons. pdf。

③ 参见开放社会基金会咨询委员会成员 Kathy Foley 女士的小组发言。参见 http://social. un. org/ageing-working-group/documents/fourth/presentation/KathyFoley. pdf。

3.暴力和虐待

针对老年人的暴力和虐待问题也是工作组重点讨论的领域,分别在第二届、第三届、第五届工作会议中设立专题讨论。

在第二届工作会议中,工作组就“暴力侵害和虐待老年人”问题举行小组讨论。若干代表团和民间社会代表介绍了各国的现实情况,揭露暴力侵害老年人事件在各地区、各种经济情况下都普遍存在。[①] 有的代表强调执行的重要性,呼吁关注适当程序权利的重要性、及时采取司法补救措施对拯救老年人生命的重要性以及保护老年人的财产及提供社会保障的必要性,强调各国有义务调查并惩处在精神病院或监狱等老年人可能无力保护自己的场所发生的不人道或有辱人格待遇的任何行为。[②] 有的代表介绍了本国老年妇女的现实情况,指出在保护老年人人权方面不但缺乏规范,而且执法不力,可以通过加强立法以及修订与继承相关的国家法律来改善这一局面。[③]

在第三届工作会议中,工作组举行了“虐待和暴力”主题小组讨论。有的代表指出,对老年人的暴力和虐待不仅与人口结构的变化有关,还与演变中的社会规范有关。打击年龄歧视和性别歧视是任何针对虐待老年人的政策的关键。将一个虐待老年人的共同定义载入一项国际人权文书,有助于筛查不同形式的虐待老年人行为,具有强大的预防效果。[④] 有的代表认为,保护老年人免遭虐待和暴力的人权法目前太不成

---

① [卢森堡]利奥·费伯:《老龄问题不限成员名额工作组报告》,UN. Doc. A/AC. 278/2011/5,23 August 2011,p. 11。

② 参见禁止酷刑委员会主席 Claudio Grossman 先生的小组发言。参见 http://social. un. org/ageing-working-group/secondsession. shtml。

③ 参见坦桑尼亚社会保护网主席 Teresa Minja 女士的小组发言。参见 http://social. un. org/ageing-working-group/documents/VIOLENCE% 20AGAINST% 20OLDER% 20WOMEN% 20IN% 20TANZANIA% 20presentation – % 20Final. pdf。

④ 参见欧洲老龄问题平台法律和研究干事 Athina-Eleni Georgantzi 女士小组发言。参见 http://social. un. org/ageing-working-group/documents/ElderAbuseNGOEWG2012. pdf。

体系,老年人在机构护理环境中非常容易受到虐待。未经同意的治疗在老年人中也很常见,人权法没有予以适当覆盖。[①] 各代表团呼吁加强司法机制,以防止对老年人的暴力或歧视,同时铭记与性别、经济状况和族裔特性有关的脆弱性因素。

第五届工作组会议于2014年7月30日至8月1日召开,期间,工作组举行了一次关于“暴力侵害和虐待老年人”的专题讨论。本次讨论主要围绕代表们所提到的针对老年妇女的虐待、[②]老年人经济虐待[③]等问题展开。

4. 社会保护和社会保障

工作组在第二届、第三届、第四届会议上分别讨论了与社会保护和社会保障相关的权利和措施。

在第二届工作会议中,工作组就“社会保护和老年人”主题举行小组讨论。各代表在老年人普遍缺乏社会保护和社会保障这方面形成了一致的共识,在现有的社会保护方案和政策以及这些方案和政策是否能够满足需求的问题上,提出应普及最低养恤金、采取激励措施,使老年人能够继续工作、制定有利于护理人员的政策、为老年人提供负担得起的药物和医疗保险、参与社会各阶层的活动、加强代际团结以及制定处理老年残疾问题的条款。此外,与会代表还认识到,目前在收集和分析老年人及老年人家庭的数据方式方面,各国可能存在缺陷。小组成员还强调,有效社区组织、老年人赋权和参与决策以及在政策制定和评

---

① 参见人权和人道主义法学院共同主任 Claudia Martin 小组发言。参见 http://social.un.org/ageing-working-group/thirdsession.shtml。

② 参见德国人权研究所高级研究员 Claudia Mahler 的小组发言。参见 http://social.un.org/ageing-working-group/documents/fifth/Mahler%20Claudia pdf。

③ 参见塞尔维亚红十字会保健和护理方案主管 Milutin Vracevi 的小组发言。参见 http://social.un.org/ageing-working-group/fifthsessionpresentation.shtml。

价方面采用从下至上的参与式方法至关重要。[①]

在第三届工作会议中,工作组举行了"尊严生活、社会保障和资源获取"主题小组讨论。在本次讨论中,有的代表介绍了本国或本地区的做法,并对老年人社会保障权、工作权等具体权利的实施提出建议。一些会员国和民间社会组织就如何应对社会保障削减,老年人收入充足的权利,以及把非正规部门工人和妇女纳入保证老年基本收入的措施提出了建议。提出的其他问题包括老年人退休后积极参与社会,如志愿服务;老年人就业最佳做法;以及国际法律文书如何界定对各国政府的要求及其责任。[②]

在第四届工作会议"社会保障和健康权"的小组讨论中,提出的问题和看法主要围绕社会保护和社会投资是否为权利的问题,此外还探讨了政府、个人及其家庭在处理人口老龄化、收入和社会保障以及健康方面的作用的问题,并要求在社会保护、虐待老年人、长期护理和老年痴呆方面采取良好的全国性措施。小组成员说明,社会保护是一项权利,但被排除在外的人数正在增加。他们指出,缓和医疗成本高效益大,在许多国家得到积极响应。[③]

5. 自主、独立生活

第三届工作会议"自主、独立生活和医疗保健"小组会议讨论了为老年人提供医疗服务要考虑到老年人的自主权和独立生活权利。德国 Generationsbrücke 养老院主任兼首席执行官 Horst Krumbach 呼吁更多

① [卢森堡]利奥·费伯:《老龄问题不限成员名额工作组报告》,UN. Doc. A/AC. 278/2011/5,23 August 2011,pp. 12 - 13.

② [马拉维]珍妮特·吉纳特·克里姆:《联合国大会老龄问题不限成员名额工作组的报告》,UN. Doc. A/AC. 278/2012/1,19 September 2012,p. 10。

③ [马拉维]珍妮特·吉纳特·克里姆:《联合国大会老龄问题不限成员名额工作组的报告》,UN. Doc. A/AC. 278/2013/2,24 September 2013,pp. 11 - 12。

关注老年人尤其是接受照顾者及其需要。[①] 欧洲老龄问题平台法律和研究干事 Athina-Eleni Georgantzi 女士重点介绍了与不同护理环境有关的自主和独立生活。她的结论是,制定一项国际公约,能够提高公众对老年人在自主和独立生活方面的权利意识、推动关于老龄化的社会模式,并提高老年人作为权利持有人的能见度。[②] 一些代表团和民间社会的代表重申,公共卫生服务和预防性战略必须确保老年人的自主、独立生活和福祉。

6. 临终关怀

在第五届工作会议中,工作组举行了题为"临终关怀:法律和财务问题"小组讨论。阿根廷社会发展部老年人问题国家政策主任 Mónica Roqué、澳大利亚新南威尔士大学法学教授 Andrew Byrnes、乌干达助老协会主席 Obot David、和韩国保健权利创始成员 Sooyoun Han 作了小组发言,集中在老年人的临终关怀所需要的法律支持和财务支持方面。

四、联合国专门机关

(一)国际劳工组织

国际劳工组织(International Labor Organization)创立于 1919 年,专注于与工作和工作条件相关的那些人权,大多是经济、社会和文化权利,试图通过含有最低核心标准的公约和建议书的方式来保证这些权利。国际劳工组织为弱势群体提供保护,通过了有关童工、妇女就业、

① [马拉维]珍妮特·吉纳特·克里姆:《联合国大会老龄问题不限成员名额工作组的报告》,UN. Doc. A/AC. 278/2012/1,19 September 2012,p. 9。

② 参见欧洲老龄问题平台法律和研究干事 Athina-Eleni Georgantzi 女士的小组发言:The right to autonomy,health and independent living,UN. Open-ended Working Group on Ageing 21 – 24 August 2012,Legal & Research Officer-AGE Platform Europe. See at http://social. un. org/ageing-working-group/documents/AutonomyandHealthNGOEWG2012. pdf。

迁徙工作以及土著和部落人民的标准。在其存在的近百年的历史中，国际劳工组织不仅通过了数量惊人的国际公约和大量的不具约束力的宣言、标准、建议[①]等，同时还形成了若干人权监督程序，这些程序一直成为联合国、欧盟和其他国际组织效仿的模式。

国际劳工组织很早就关注了老年人的权利保护，早在1933年就制定了《(工业等)老年保险公约》《(农业)老年保险公约》等，并于1967年6月7日第51届会议上，对包括这两个公约在内的六个公约[②]进行修订，采取国际公约的形式，通过了《残疾、老年和遗属津贴公约》。公约第三部分明确将65岁以后的老年人作为老年津贴的可能覆盖范围，并且说明“在考虑由统计数字证实的人口、经济和社会的适宜标准后，主管当局可规定更高年龄”。而且，“如规定年龄等于或高于六十五岁，应对被国家法规视为从事笨重或有害健康的工作的人，按规定降低其老年津贴的领取年龄”。[③] 该公约随后规定了受保护人的范围、支付方式、计算方式等。但是，对于老年人权利实施受到限制的事实和普遍存在的老年歧视问题，国际劳工组织却很少关注。一直到1980年《关于老年工作者的第162号建议书》通过后，年龄才明确列为一种歧视形式，在相关文本中得以体现，该建议书呼吁各个国家采取措施防止职业歧视和就业歧视，以促进所有工作者的平等机会和待遇，无论其年龄如何。此外，劳工组织1982年《关于终止雇用的第166号建议书》也强调，年龄不应构成终止雇用的正当理由，国家法律和惯例规定的退休

---

① 国际劳工组织目前拥有公约189项，不具约束力的宣言、建议等204项。参见http://www.ilo.org/global/standards/lang-en/index.htm，访问日期：2016年1月7日。

② 除了这两个公约外，其他四个包括：《一九三三年(工业等)残疾保险公约》《一九三三年(农业)残疾保险公约》《一九三三年(工业等)死亡保险公约》和《一九三三年(农业)死亡保险公约》。

③ 国际劳工组织第128号公约《一九六七年残疾、老年和遗属津贴公约》第15条第2款、第3款。

除外。

(二)世界卫生组织

世界卫生组织(World Health Organization)创立于1945年,是联合国系统内国际卫生问题的指导和协调机构,工作领域为:卫生系统、非传染性疾病、传染病及防范、监测和应对卫生问题和事件,还包括全组织范围服务。[①] 世界卫生组织在人权方面的工作所依据的是《世界卫生组织法》,它规定"享受最高而能获致之健康标准,为人人基本权利之一"。[②] 世界卫生组织的健康与人权小组致力于能力建设,推进国际法律和发展进程当中的健康权。

"老龄化"是世界卫生组织诸多的健康主题之一,在与老龄化直接相关的问题中,世卫组织主要在三个方面开展工作:预防慢性病、获得有益于老年人的初级卫生保健和创立有益于老年人的环境。[③] 1990年,世界卫生组织提出实现"健康老龄化"的目标。在1999年国际老人年的世界卫生日,[④]世界卫生组织提出了"积极老龄化"的口号。"积极"一词不仅仅指身体活动能力或参加体力劳动,而且指不断参与社会、经济、文化、精神和公民事务。"积极老龄化"是指在老年时为了提高生活质量,使健康、参与和保障的机会尽可能获得最佳机会的过程,适用于个体和人群。"积极老龄化"的目的在于使所有年龄组的人们,包括那些体弱者、残疾和需要照料者,延长健康预期寿命和提高生活质量。世界卫生组织倡导采用人权的方法,改变社会对老年人的成见和负面的

---

① 参见 http://www.who.int/about/what-we-do/zh/2016-01-07。

② Constitution of the World Health Organization pmbl., July 22, 1946, 62 Stat. 6279, 14 U.N.T.S. 145.

③ http://www.who.int/features/qa/72/zh/,访问日期:2016年1月7日。

④ 世卫组织的《组织法》于1948年4月7日生效,后来将这个日子定为世界卫生日。

态度,利用老年人对社会做出贡献,将老人的“参与权利”作为“积极老龄化”的重要原则,将老年人的“社会保障权”作为另一重要的要素。①“积极老龄化”表达比“健康老龄化”更为广泛的意思。

从以上联合国体系内四大种类的人权机构对老年人权利关注所体现出来的一系列文件的内容来看,国际社会已经普遍意识到老年人在享有所有人权方面面临的种种挑战,而且联合国主导下的国际人权法领域旨在保护和增进老年人权利的政策、标准和机制笼统且缺乏具体的规定,这种规定不一致,直接导致缺乏一套指导公共行动和政府政策的监管原则。同时,普遍人权标准没有考虑认可老年人特有的权利,很难明确规定国家在老年人问题上的义务。而监督人权条约的程序往往忽视老年人。总之,当前联合国体系下的规范性文件不够重视老龄化问题,妨碍了对公众的教育,进而导致老年人无法有效地融入社会。因此,各个机构都在试图克服这些问题所带来的局限性,构建系列基于“人权”标准的老年人特有的权利体系。从各个机构所提议的内容来看,虽然提议都注意到了老年人权利的特有性,但是,更多地偏重于经济权利和社会权利的保障,并没有将老年人所有权利作为一个整体来考虑,远没有达到联合国大会确立的“订立一项全面综合国际法律文书以促进和保护老年人权利与尊严”的目标。固然,经济权利和社会权利的保障不失为老年人权利的基本问题,但公民权利和政治权利对于老年人平等参与社会,发挥老年人巨大潜力、实现人类全面繁荣来说,是必不可少的。

当然,不可否认的是,构建全面综合的权利框架,建立一项老年人权利的具体公约是一个渐进的过程,这些要素将成为公约构建中不可

---

① *Eighteenth session of the UN Human Rights Council Panel discussion on the Realization of the Right to Health of Older Persons*, Statement by the World Health Organization, Geneva, 16 September 2011, http://www. ohchr. org/EN/HRBodies/HRC/RegularSessions/Session18/Pages/ResDecStat. aspx.

缺少的基础。

第三节 《老年人权利公约》权利体系之应然

在权利体系下，一个事物往往是一个整体，并且，这一整体按一定标准被划分为若干组成部分，整体与其各组成部分之间的关系是种属关系，其中任何一个要素缺少或者各要素的排列关系发生变换都不会使权利发生质变，即根本性质的变化，但会产生量变，即数量上的变化，影响体系的完整性和严密性。[①] 对人权权利体系的分类，指的是“人权体系在内容上的逻辑构成，其意义在于明确主体在多大范围内可以享有人权和主张人权”。[②] 对人权的权利体系进行分类始于人权的理论的产生，根据人权的形态分为理论形态的划分与人权宣言形态的划分两类，理论形态上的分类，起源于自然法理论的产生，现今以法哲学对其研究为盛；宣言形态上的分类，是从立法角度上的分类，因此，人权立法的不同决定分类方式的不同。[③] 在国际人权法上，根据联合国《公民权利和政治权利公约》及《经济、社会及文化权利公约》，传统上将人权分为两类，一是公民权利和政治权利；二是经济、社会、文化权利。虽然这种两分法受到诸多批评，[④]但在联合国人权观中从来没有区分重要的人

---

① 龚向和：《论受教育权的体系》，载徐显明主编：《人权研究》（第3卷），山东人民出版社2003年版，第413页。

② 徐显明：《论人权的体系与分类》，载《中国社会科学》2000年第6期。

③ 同上书，第96～97页。

④ 在西方，被尊奉为基本人权的，主要是或者全部是被认为具有普遍性和绝对性的公民权利和政治权利。如德国前总统赫尔佐克关于人权体系“人权核心”学说中，就认为经济、社会、文化权利根本就不是人权，或者只是具有相对性而成为次要的人权。参见胜雅律：《论在西方占统治地位的所谓“人权核心”学说》，载《中德法学学术论文集》，法律出版社2003年版，第89页。

权和次要的人权,《世界人权宣言》《德黑兰宣言》《关于人权新概念的决议草案》《维也纳宣言和行动纲领》等联合国人权文件都表达同样一种基本态度:各人权之间并无高低之分,所有的人权都是不可分割、相互依存和相互联系的。因此,对人权权利体系按这种传统方法进行分类并非没有意义,恰恰相反,"勾勒人权的分类和体系不仅具有知识的意义,而且具有完善人权内容的价值"。[①]

在这里,本书主张《老年人权利公约》必须采取综合、系统的方法,保护和促进老年人人权,在对人权的传统分类方法的基础上,列出老年人应该享有的具体权利。

一、公民权利和政治权利

公民权利和政治权利在18世纪末和19世纪的大革命中被大多数民族国家规定到其宪法之中。从历史的角度来看,公民权利保障个人自由免于遭受来自国家的侵犯,而政治权利则保障个人在民主的基础上参与国家管理的自由。[②] 老年人的公民权利和政治权利体系,应该包括,但不限于以下内容:

(一)生命权

1. 生命权的重要意义

一代哲人康德说过,人的生命没有什么法律的替换品或代替物,因世界上"没有类似生命的东西,也不可能在生命之间进行比较"。[③] 因

① 曲相霏:《人权离我们有多远》,清华大学出版社2015年版,第181页。

② [奥]曼弗雷德·诺瓦克:《〈公民权利和政治权利国际公约〉评注》(第2版),孙世彦等译,生活·读书·新知三联书店2008年版,第3页。

③ [德]康德:《法的形而上学原理——权利的科学》,沈叔平译,商务印书馆1991年版,第160页。

此，生命权对于个人来说，其意义至关重要，它是所有权利中最基本的权利，这已经成为不言而喻的共识。近代以来，被认为是人的三大自然权利之一。[①]《世界人权宣言》第3条和《公民权利和政治权利公约》第6条均承认和保护所有人的生命权，其被定性为最高人权，并被置于实体权利的最前面。生命权对于个人和整个社会都有至关重要的意义。甚至当武装冲突以及其他的公共紧急状态存在时，生命权也是绝不允许克减的最重要权利。

生命权这种特殊的重要性为"固有的"(inherent)[②]权利，在《公民权利和政治权利公约》中以"享有"(has)表述，而非"应当享有"(should have)，强调生命权与生俱来，为不可转让、不可放弃的权利。生命权又是一项目的性的人权，其目的性的意义在于，生命本身就是目的，人的生命不能用来作为实现其他任何目标的手段，[③]即使当威胁到国家存亡的紧急状态时，生命权也绝不允许克减。

2. 老年人生命权的保护范围

生命权的范围非常宽泛。《公民权利和政治权利公约》中将生命权定义为"不得任意剥夺任何人生命"[④]的权利，不仅如此，人权事务委员会在1983年的第6号一般意见中，将生命权的保护范围扩展到了包括其他形式的对人的生命的威胁，如营养不良、威胁生命的疾病、核能或武装冲突。人权事务委员会在2015年10月30日讨论关于生命权的一般性意见会议中指出：生命权涉及人类免遭可能造成其非自然或过早

---

① 关于三大自然权利，有的认为是：生命权、自由权和追求幸福的权利；有的认为是：生命权、自由权和人身安全权。但无论何种观点，生命权均被认为是人的自然权利之一。参见李惠：《试论生命权与安乐死权》，载《上海大学学报》（社会科学版）2008年第6期。

② 参见《公民权利和政治权利公约》第6条第1款。

③ 胡云腾：《从国际公约看国际社会对生命权的法律保护》，载王家福等主编：《人权与21世纪》，中国法制出版社2000年版，第296页。

④ 《公民权利和政治权利公约》第6条第1款。

死亡的行为和排除的权利，以及他们对有尊严地生活的正当预期。[①] 由此可见，生命权也可以说是生命尊严权。同时，生命权"以生命为目的"的理念也表明，生命权所保障的人的生命，不仅仅是生物学意义上的人的生命，而是与人的尊严密不可分的人的生命，即生命权的内容，既包括生物学意义上的人的存在，也包括人的尊严的存在。

国际人权法上生命权对老年人的保护，应从尊严出发，明确规定，除应符合《公民权利和政治权利公约》及其实施委员会所确定的范围之外，还应明确老年人的生命存在权、生命自主权、生命延续权等权利内容上的特点：

老年人的生命存在权表现为，老年人不论年龄和身体健康程度或是否具有行动和决策能力，不能被视为无用的或残缺的生命，更不能按年轻时的贡献大小用价值高低来区分。由此，国家应担负起人权保护的积极性义务和消极性义务，消极性义务要求国家不任意剥夺老年人的生命，积极性义务要求国家确保其管辖领土内的老年人的生命安全。在实行死刑的国家，应使被判处死刑的老年人"有权要求赦免或减刑"，并且"对一切判处死刑的案件均得给予大赦、特赦或减刑"，[②]对达到一定年龄的老年人，应排除死刑适用。[③]

老年人的生命自主权表现为老年人有权自主照顾自己的生命，并在此基础上谋求生命价值的实现。[④] 在老年人生命自主权的实现上，

---

① 《人权事务委员会继续讨论关于生命权的一般性意见草案》，参见 http://www.ohchr.org/CH/NewsEvents/Pages/DisplayNews.aspx? NewsID = 16687&LangID = C，访问日期：2016 年 1 月 8 日。

② 《公民权利和政治权利公约》第 6 条第 4 款。

③ 我国《刑法修正案（九）》第 49 条第 2 款规定：审判的时候已满七十五周岁的人，不适用死刑，但以特别残忍手段致人死亡的除外。符合国际社会加强人权保护的刑法文明化趋势。

④ 王广辉：《人权法学》，清华大学出版社 2015 年版，第 158 页。

安乐死[1]的正当性在法律上和伦理上的争议一直不断。有观点认为,生命权作为一项权利,表现为法律性质上的自由处分性,[2]这种自由处分性应允许并尊重权利人,特别是陷入不治之症的老年人具有选择有尊严死亡的权利,可以选择有尊严地结束自己的生命,正如选择有尊严地生存一样,是对生命的尊重,也是对人类尊严的最高维护,不失为社会文明进步的一种体现。[3]

生命延续权是指人的自身生命在合理状态中得到延续的权利。它包括两方面的内容:一是通过生育行为而使种族得到繁衍。这种意义上的生命延续权是一种选择权,只要个人愿意,国家或其他人不应当加以禁止;二是对保障生命延续所需要的外部条件的满足,也就是对保障生命延续所需的外部条件满足的请求权,如未成年人对其父母享有抚养请求权,父母对成年子女享有赡养请求权,公民在年老、疾病或因其他原因丧失劳动能力的时候,对国家和社会享有物质帮助请求权等。[4]老年人的生命延续权在生理条件许可的情况下,同样应满足这两方面的内容,特别是老年人由于衰老严重影响工作和生产资源的获得时,老年人极易陷入贫困和生活条件不足的境地,国家有义务采取综合措施,确保老年人获得生命延续的权利。这种权利保障又与老年人的一系列经济上的权利相互交织,互为促进。

---

① 安乐死,意指对于死期迫在眼前而有难忍的、剧烈的身体痛苦而又患有不治之症的病人,应其真挚而恳切的要求,为了使其摆脱痛苦而采取人道的方法让其安然死去的行为。参见好搜百科:http://baike. haosou. com/doc/6173196 – 6386436. html,访问日期:2016 年 1 月 9 日。另有定义为:基于受到无法医治的疾病所引起的剧烈的痛苦,且处于濒临死亡状态的患者的意思,为了除去其肉体的痛苦而使其死亡的情况。参见[日]野村稔:《日本刑法总论》,全理其等译,法律出版社 2001 年版,第 267 页。

② 郑琼现:《论生命权法律性、权利性、神圣性和坚守》,载《政治与法律》2015 年第 1 期。

③ 李惠:《试论生命权与安乐死权》,载《上海大学学报》(社会科学版)2008 年第 6 期。

④ 王广辉:《人权法学》,清华大学出版社 2015 年版,第 164 页。

（二）免予老龄歧视和多重歧视的权利

1. 免予老龄歧视和多重歧视的权利的重要性

对老年人的歧视普遍存在的现实已成为国际社会的共识。这种歧视发生于生活所有领域，无处不在，且存在多种形式，还可能与基于性别或其他身份的歧视形式相结合，性别、残疾、健康或社会经济条件、居住地、婚姻状况和族裔或宗教背景方面的歧视通常共同对老年人造成伤害，导致多重歧视的出现。[①] 年龄歧视通常是老年人被孤立和排斥的根源，老年人被认为没有生产力，因此无关紧要。年龄歧视还与公开和私下的暴力和虐待有密切联系，因而变得更加严重。而现有的国际人权文件没有明确禁止老年歧视或针对老年人的多重歧视。例如，《世界人权宣言》第2条中列举了禁止的歧视理由，但是没有提到年龄。相比之下，《世界人权宣言》第25条虽然提到"年老"问题，[②]但是，该条款将老龄描述为负面的因素，等同于失业或疾病。国际人权法对待老龄问题的一般模式不是忽视就是将老龄看作一种弱势情况、一种风险、一个弱点或一个负担，或者暗示老年人不应被视为一个特殊群体，或者认为他们的权利可以涵盖在其他类别（如"老年妇女"或"老龄工人"）之下。[③] 并且，目前联合国条约机构在普遍定期审议期间或条约机构审查定期报告时不常触及该问题，专门针对老年人的一项新的公约可纠正

① 联合国经济及社会理事会，2012年实质性会议：联合国人权事务高级专员报告，UN. Doc. E/2012/51，20 April 2012，para. 18。

② 该条规定："人人有权享受为维持他本人……健康和福利所需的生活水准……在遭到失业、疾病、残废、守寡、衰老或在其他不能控制的情况下丧失谋生能力时，有权享受保障"。

③ 参见以色列海法大学老年病系教授以色列·多伦（Israel Doron）先生在人权理事会第二十四届会议中的发言，http://www.ohchr.org/EN/HRBodies/HRC/RegularSessions/Session24/Pages/Documentation.aspx，访问日期：2016年1月10日。

这一缺陷。[①] 制定一项国际人权公约,填补这一空白,能够使国际社会承认老年人遭受老龄歧视或多重歧视并确保国家正当处理年龄歧视问题,把年龄定为一个应予保护的类别,为国家确定明确的责任标准,提供采取特别措施的任务授权制定政策框架。由此可见,在《老年人权利公约》中明确禁止老年歧视和多重歧视可以使改善老年人生活的根本障碍得以清除。

2. 免予老龄歧视和多重歧视的权利范围

歧视的对立面是“平等”,平等既是人权又是保障人权的一项重要的原则,非歧视也常常和平等一起作为人权保护的基本原则之一,规定在所有人权文件中,无论是全球性的还是区域性的,无一例外。[②] 平等和非歧视原则是以所有人权为内容,为其他人权的实现提供保障。作为老年人权利内容的禁止老龄歧视和多重歧视同样也可以从不同方面进行概括,为权利主体实现各种权利提供最低限度标准,因此,其权利范围贯穿老年人所有其他权利的制定和实现当中。

老年人享有免予老龄歧视和多重歧视的权利,除国家应采取消极方面的禁止歧视外,还包含积极的义务,即应采取措施针对歧视提供保护。《老年人权利公约》应重申各核心人权条约规定的“法律面前,人人平等”的原则,各个国家应以立法的形式保护老年人有权不受任何歧视地、平等地享有法律给予的保护和权益;各个国家还应采取措施禁止一切基于年龄的歧视,保证老年人在任何场所和任何情况下,不受到任何

---

① 参见国际助老会权利政策高级顾问 Bridget Sleap 女士在人权理事会第二十六届会议中的发言:http://www. ohchr. org/EN/HRBodies/HRC/RegularSessions/Session26/Pages/Documentation. aspx,访问日期:2016 年 1 月 10 日。

② 张爱宁:《国际人权法专论》,法律出版社 2006 年版,第 19 页。

形式和来自任何原因的歧视。[①] 国家还应当采取特别措施,用合理的、积极的行动确保在实践中为老年人的生活提供便利,以促进平等和消除歧视。

(三)在法律面前获得平等承认的权利

1. 在法律面前获得平等承认的权利对老年人的意义

在一个法治国家中,法律意义上的人意味着一个人除了肉体和精神上的存在之外,还需要在法律上的主体性得到承认。否则,个人就会成为一个法律客体,进而就会被剥夺其他一切权利,包括生命权。[②] 法律面前得到平等承认的权利体现在大部分国际性和区域性的人权公约当中:《世界人权宣言》第6条规定"人人在任何地方有权被承认在法律前的人格",《公民权利和政治权利国际公约》第16条重申了宣言中的这一规定,《美洲人权公约》第3条和《非洲人权和人民权利宪章》第16条做出了同样的表述。《欧洲人权公约》没有包括这一权利,因为欧洲理事会专家小组认为这一规定没有必要,可以从该公约的其他规定中推断出来。[③] 由此可见,在法律面前获得平等的承认的权利是其他权利的必要前提,因此也成为《公民权利和政治权利国际公约》第4条第2款规定的不可克减的权利之一。[④] 这就意味着每个个人都被赋予了在

① 根据经济、社会、文化权利委员会第二十号一般意见(UN. Doc. E/C. 12/GC/20,2 July 2009),歧视的形式包括直接歧视、间接歧视、系统性歧视等;歧视的原因来自多方面,包括种族、肤色、性别、语言、宗教、政治或其他见解、国籍或社会出身、财产、出生、残疾、年龄、国籍、婚姻和家庭状况、性取向和性别认同、健康状况、居住地点、经济和社会状况等;歧视的场所包括公共服务领域和私人家庭领域等。

② [奥]曼弗雷德·诺瓦克:《〈公民权利和政治权利国际公约〉评注》(第2版),孙世彦等译,生活·读书·新知三联书店2008年版,第386页。

③ 同上书,第386~387页。

④ 《公民权利和政治权利国际公约》第4条第2款规定,"不得根据本规定而克减第六条、第七条、第八条(第一款和第二款)、第十一条、第十五条、第十六条和第十八条"。

法律面前被承认为一个人的能力，这个“能力”代表的是个人作为权利的享有者和义务的承担者，也即一个人的权利能力。

老年人常常因为衰老、身体机能下降导致行动不便、不能完整或部分表达、反应慢等原因被当作无用之人，在处理有关的事务中，尤其包括医疗、护理、住所、资产、临终关怀或其他事务中，老年人常常被剥夺了法律权利能力，很多时候由他人代为做出决定，老年人自己的利益和偏好并没有得到尊重。特别在由于慢性疾病造成老年人的实际身体或精神虚弱，从而导致做出知情同意的能力降低的情况下，老年人容易被人利用。另外，接受临终关怀的老年人也特别容易被剥夺自主权和尊严。① 法律人格受到承认且有能力作为具有法律人格者行使权利，这样老年人的意愿和偏好就受到尊重，进而行使自由、知情同意权。法律能力是自主的关键方面，老年人借此可行使公民、政治、经济、社会和文化权利。如老年人因痴呆症等精神原因或因身体极度虚弱，部分或完全丧失维护自身利益的能力，可能需要由他人辅助做出决定。然而，有必要确保，在此情况下，个人不因让其无法就生活的特定方面作决定的监护措施而被剥夺法律能力。因此，在法律面前获得平等承认的权利对老年人来说同样是享有其他权利的前提，是尊严原则和自主原则的体现。

2. 老年人在法律面前获得平等承认的权利范围

法律面前平等承认的权利实质上涉及老年人生活的各个方面，也是老年人遭受歧视的表现之一。因此，国家应通过立法明确老年人享有在法律面前的人格在任何地方、在生活的各方面均有与其他人一样平等获得承认的权利。国家采取措施的目的在于为老年人在行使其法

---

① 联合国大会第六十四届会议：《人人享有能达到的最高标准身心健康秘书长的说明》，UN. Doc. A/64/272，10 August 2009，para. 51。

律权利能力时可能需要的协助提供便利。因此，一方面，缔约国应采取一切措施，确保老年人行使法律权利能力；另一方面，还应适当和有效地提供保障，以防止滥用。这些保障措施应做到尊重老年人本人的权利、意愿和选择，对老年人不会造成利益冲突和不当影响，并且在时间上尽可能短地适应本人情况，还应设立或指定一个独立机构定期进行检查和复核。老年人在法律面前获得平等承认的权利还应与保障一定的经济能力相结合起来，因此，国家还应当确保老年人的经济权利，如有平等机会获得银行贷款、抵押贷款和其他形式的金融信贷，继承财产、管理自己的财务方面确保老年人享有平等权利，保证老年人的财产不被任意剥夺，等等。

（四）免予遭受剥削、暴力和虐待的权利

1. 免予遭受剥削、暴力和虐待对老年人的意义

剥削、暴力和虐待是老年人面临的一大权利挑战。[①] 对老年人的影响包括身体上的和精神上的，有的表现为终身伤残、营养不良、药物或酒精依赖、免疫系统反应能力降低等，还有的表现为容易自伤或自我忽略、易恐惧和焦虑、易患忧郁症、具有自杀倾向甚至死亡。虐待老年人造成的后果的轻重程度，取决于所受的伤害或损害的类型、虐待的意图、严重程度、强弱程度、频率和延续时间。[②] 而且，随着年龄的变老，痊愈能力下降，因此，受到虐待的老年人可能永远不能完全从身体或心理所受创伤中恢复过来。羞耻和恐惧使老年人不愿寻求帮助，因此创伤

---

① 参见本书第一章相关论述。

② 《虐待老年人问题：承认并回应全球各地的虐待老年人问题秘书长的报告》，社会发展委员会作为第二次老龄问题世界大会筹备委员会第二届会议，2002 年 2 月 25 日至 3 月 1 日，纽约，UN. Doc. E/CN. 5/2002/PC/2，para. 54。

的影响可能更加严重。①

在联合国人权法框架下,《世界人权宣言》虽然规定了所有人在公民、政治、社会、经济及文化领域的核心权利,成为国际人权法立法的道义基础,联合国随后的人权两公约列出了全面的人权清单,对人权标准作了规范,但是,免予遭受剥削、暴力和虐待的权利却没有纳入规范之中。对于老年人受到的来自各种不同的经济结构、机构、社区和家庭环境的剥削、暴力和虐待还没有得到国际人权法的关注。国际人权机制已经关注到了这方面的规范空白,认识到了老年人作为特殊群体容易受到剥削、暴力和虐待的现实,而应实行特别保护。特别专家曾注意到了老年人在拘禁场所和精神病机构是最为脆弱的一个群体。②"人人有权享有可达到的最高水准身心健康问题"特别报告员尤其关注到了针对受护理的老年人实行的未得到报告的暴力行为,这种行为有的来自于护理机构,有的来自于家庭,造成伤害老年人的事件难以确定,使老年人感到羞辱,被当作儿童看待,使之丧失其作为一个人的身份特征。③

因此,需要消灭剥削、暴力和虐待老年人行为的坚实的人权和法律基础,作为各个国家制定确保老年人受到保护、免受暴力行为和虐待行为之害的各项国家举措的依据。

2. 免予遭受剥削、暴力和虐待的权利范围

老年人免予遭受剥削、暴力和虐待的权利应该作为一项人权标准确定下来,国家对其权利的保护范围不妨借鉴《残疾人权利公约》第16

---

① 《联合国第二次老龄问题世界大会的报告》,2002年4月8日至12日,UN. Doc. A/CONF. 197/9附件二:2002年马德里老龄问题国际行动计划,para. 107。

② Human Rights Council Thirteenth session, Report of the Human Rights Council Advisory Committee on its third session, UN. Doc. A/HRC/13/49/ Add. 5, 5 February 2010, para. 237.

③ 阿南德·格罗弗:《人人有权享有可达到的最高水准身心健康问题特别报告员关于实现老年人健康权利的专题报告》,人权理事会第十八届会议,UN. Doc. A/HRC/18/37, 4 July 2011, paras. 50 – 51。

条的相关规定,从多方面明确责任,履行义务。

首先,缔约国应当从立法、行政、社会、教育及其他方面采取一切适当的措施,保护老年人免遭来自家庭或家庭以外一切形式的剥削、暴力和虐待,其中应特别关注老年妇女可能遭受到的基于性别上的剥削、暴力和虐待。

其次,缔约国还应防止一切形式的剥削、暴力和虐待,这个方面包括对老年人、老年人家属、老年人的照护人员提供适当的协助和支助,如提供信息和教育、培训,帮助其分辨和避免、识别剥削、暴力和虐待的行为以及如何寻求救济。

再次,缔约国应当充分考虑提供的保护服务考虑到高龄老人、性别以及老年残疾的因素。

最后,缔约国应建立有效、独立的监测机制,确保所有用于为老年人权利保障的设施和方案得以有效实施。

另外,免予遭受剥削、暴力和虐待的权利还要求缔约国应当重视当侵害事件已经发生时的一切适当保护措施,这些措施包括为被害人提供身体上的、心理上的以及认知上的康复和恢复服务,促进被害人回归社会。上述恢复措施和回归社会措施应当在有利于本人的健康、福祉、自尊、尊严和自主的环境中进行,并应当考虑到因性别和年龄而异的具体需要。①

(五)表达自由权

1. 表达自由权对老年人的意义

表达自由(freedom of expression)即表达权,表达权除了包含言论自由(freedom of speech)外,还包涵更广的意义:第一,形式多样。表达

① 参见《残疾人权利公约》第16条。

形式不限于由语言、文字形成的言论，还如包括绘画、音乐、雕像、形体动作等艺术形象所形成的象征性语言(symbolic speech)，由献花、宗教仪式、悼念、团体聚会等行为代表的仪式或礼仪，还有企业组织、社会团体和社会活动的标志，以及其他某些表达意愿的行为等，都属于表达自由。第二，内容多样。表达内容涵盖各个方面，可以是政治自由，也可以是文艺创作自由，科学研究自由，通信自由，信息传播自由，等等。[①]

作为人权的表达自由权，主要是基于人类本性及其需要所决定。人的存在和人格尊严决定了自然界中人和其他物种的区别，人类是唯一有思想、有意志，并且能运用语言文字等进行表达和人际交流的动物。表达自由权第一次作为国际法规范出现在《世界人权宣言》第19条的规定当中，[②]《公民权利和政治权利国际公约》更是将其加以扩展，适用到所有的媒介，[③]并被称作是该公约的核心以及其所保障的所有其他权利的检验标准。[④]

由于对老年人存在的偏见和进行丑化，或称“老龄歧视”，在世界各地广泛存在，虽然《马德里老龄问题国际行动计划》已通过十多年，但个人和机构对老年人的偏见态度和歧视行为继续影响着他们参与社会，公众和政策对老龄问题的关切往往过于注重提供福利和老年人对社会造成的经济代价，基本上或根本不关注如何可以，而且应该使大部分老年人继续为社会和经济发展做贡献的问题，老年人的言论表达更是受

---

① 郭道晖:《人权论要》，法律出版社2015年版，第195页。

② 《世界人权宣言》第19条规定:人人有权享有主张和发表意见的自由;此项权利包括持有主张而不受干涉的自由;和通过任何媒介和不论国界寻求、接受和传递消息和思想的自由。

③ 《公民权利和政治权利国际公约》关于表达自由权规定在第19条中，其中第2款规定:人人有自由发表意见的权利;此项权利包括寻求、接受和传递各种消息和思想的自由，而不论国界，也不论口头的、书写的、印刷的、采取艺术形式的，或通过他所选择的任何其他媒介。

④ [奥]曼弗雷德·诺瓦克:《〈公民权利和政治权利国际公约〉评注》(第2版)，孙世彦等译，生活·读书·新知三联书店2008年版，第457页。

到忽视。表达自由权可以保障老年人把思想贡献给社会，这是作为"人"对社会的责任，是人达到至善的道路，也是最大多数享受最大幸福的道路。[①] 明确老年人的表达自由权，使老年人作为一个独立自主的自由人的资格得以保障，也是老年人作为人的尊严的保障，有利于实现老年人的社会融入，改变社会对老年人的负面看法，使他们能够对家庭、社区和国家中影响其生活的事项表达自己的意见并做出决定，而且有利于老年人传授自己的知识和经验，贡献社会，这同时也是尊严原则在老年人权利设定中的体现。所以，表达自由权体现着老年人人格的自我实现，也体现其作为社会人的社会性人格，是老年人有尊严生存的必要条件，也是老年人实施其他公民权利和社会权利的前提条件。

2. 老年人表达自由权的权利范围

正如前面所述，表达自由的形式和内容多样，老年人表达自由权的权利范围也因此而广泛，包括言论自由、新闻自由、出版自由等。其涉及的范围包括老年人的社会生活、家庭生活、健康医疗、政治生活、文化生活等各个方面。《老年人权利公约》应明确缔约国确保老年人能够行使自由表达意见的权利和为此应采取的一切适当措施，包括根据平等原则，通过老年人自主方式选择可行的表达形式。为此，国家还应考虑到老年人面临的特殊需求和在信息获取能力上存在的差别，采取无障碍模式，以及针对高龄老人、行动或认知有障碍的老人等不同的情况，采取适合不同需要的技术和手段，及时有效地向老年人提供公共信息，这些措施应做到免费。国家应通过立法的方式，保证这种无障碍的模式和手段切实可行，同时规制通过高科技（如因特网技术）为老年人提供服务的企业和实体，同样需以便利老年人使用的无障碍的模式和手

① 曲相霏：《人权离我们有多远——人权概念及其在近代中国的发展演变》，清华大学出版社 2015 年版，第 262 页。

段提供信息和服务。

同时,还应认识到,表达自由权是一种相对的权利,与思想自由、信仰自由这种绝对权利不同,由于表达自由权的行使关涉他人的自由和社会的秩序,应受到法律的一定限制。联合国《世界人权宣言》和《公民权利和政治权利国际公约》对此均做出了规定。[①] 因此,老年人表达自由权的行使还应不违反本国法律的限制性规定。国家在设定限制性规定时,还应保证这种规定不能只适用于老年人,或这种限制性规定将不会给老年人造成不当的影响,否则可能构成歧视。

(六)隐私权

1. 老年人隐私权的意义

人们对隐私的关注与社会生活一样悠久。但对隐私的概念进行探讨,并要求对之加以保护,相对来说却是较为新近的事情。关于隐私概念本身的范围,人们颇有争议,但一致认为它与信息、独处和注意等问题有关。隐私权概念的核心包括关于个人情况的取得、保持和传播;一个人向他人的曝光度以及一个人隐而不露的权利等问题。所有这些问题都相互关联,但是它们构成了隐私概念中的不同组成部分。[②] 隐私权指个人有权按照自己的意愿与要求生活,包括享有与同伴隔离或者退出公共生活以保有自己私人生活空间的权利。[③] 隐私权中所显示的是

---

① 《世界人权宣言》第 29 条第 2 款规定:人人在行使他的权利和自由时,只受法律所确定的限制,确定此种限制的唯一目的在于保证对旁人的权利和自由给予应有的承认和尊重,并在一个民主的社会中适应道德、公共秩序和普遍福利的正当需要。《公民权利和政治权利国际公约》第 19 条第 3 款规定:本条第二款所规定的权利的行使带有特殊的义务和责任,因此得受某些限制,但这些限制只应由法律规定并为下列条件所必需:(甲)尊重他人的权利或名誉;(乙)保障国家安全或公共秩序,或公共卫生或道德。

② [英]戴维·米勒、韦农·波格丹诺编:《布莱克维尔政治学百科全书》,中国问题研究所等组织翻译,中国政治大学出版社 1992 年版,第 602 ~ 603 页。

③ 肖君拥:《国际人权法讲义》,知识产权出版社 2013 年版,第 207 页。

自由主义中自由概念的核心,这一概念起源于18世纪末,主要发展于19世纪的资产阶级社会,其核心观念是:人是自主的主体,就是个人自主,他或她对自己以及其不对他人构成干预的一切行动具有绝对的主权。[①] 根据自由主义的概念,个人自主的领域就是我们所称的隐私。

隐私权发展成为一种新的权利,其价值体现在维护人之尊严及个人自由,除此之外,台湾地区学者王泽鉴指出,隐私权还包括人之尊严及自主决定功能、情感释放功能、自我评估功能、有限度及受保护的沟通功能。[②] 对此,《世界人权宣言》第12条对个人的隐私权做出了规定:任何人的私生活、家庭、住宅和通信不得受到任意干涉,他的荣誉和名誉不得加以攻击。人人有权享受法律保护,以免受到各种干涉和攻击。《公民权利和政治权利国际公约》第17条也重申了这一规定,区域性人权公约中也做出了类似规定。[③] 可见,隐私权在保护个人私生活特别是个人精神生活的安宁方面意义重大,因而也是老年人权利保护的重要方面。

2. 老年人隐私权范围

人权事务委员会在审议了《公民权利和政治权利国际公约》各缔约国所提交的报告后,于1988年通过的一项一般评论,认为隐私权的权

---

① [奥]曼弗雷德·诺瓦克:《〈公民权利和政治权利国际公约〉评注》(第2版),孙世彦等译,生活·读书·新知三联书店2008年版,第395页。

② 王泽鉴:《人格权的具体化及其保护范围·隐私权篇(上)》,载《比较法研究》2008年第6期。

③ 如《美洲人权公约》第11条规定:人人都有权使自己的荣誉受到尊重,使自己的尊严受到承认;不得对任何人的私生活、家庭、住宅或通信加以任意或不正当干涉,或者对其荣誉或名誉进行非法攻击;人人有权受到法律保护,不受上述干涉或攻击。《欧洲人权公约》第8条规定:人人有权使他的私人和家庭生活、他的家庭和通信受到尊重;公共当局不得干预上述权利的行使,但是依照法律的干预以及在民主社会中为了国家安全、公共安全或国家的经济福利的利益,为了防止混乱或犯罪、为了保护健康或道德,或为了保护他人的权利与自由,有必要进行干预者,不在此限。

利范围应包括私生活、家庭、住宅、通信以及个人的名誉和声誉。[1] 除此之外，针对老年人隐私权的保护，还应当强调老年人的个人信息、健康和医疗保健资料在与其他人平等的基础上保护其隐私，不得受到任意或非法的干预以及不得受到非法攻击。

（七）家居与家庭生活权

1. 家居与家庭生活权对老年人的意义

对于什么是"家庭"，国际社会没有一个严格的定义。通常认为，家庭是以婚姻和血统关系为基础的社会单位，成员包括父母、子女和其他共同生活的亲属。[2] 但是，除了血统关系以及确立家庭关系的合法形式（婚姻、收养）外，现实生活中还存在一些关系对家庭的存在也是至关重要的，如共同生活、共同的经济联系、固定和密切的关系，等等。人权事务委员会还注意到，在国与国之间，甚至在一国的不同区域之间，家庭的概念在某些方面也不尽相同，不可能给这个概念下一个标准定义。因此，人权事务委员会提出，"缔约国应就其社会和法律体系中对家庭的概念和范围的解释和定义提出报告……还应指出这类家庭及其成员是否并在何种程度上得到国内法和惯例的承认和保护"。[3] 由此可见，对于什么是"家庭"，在国际人权法上应由缔约国根据各个国家法律和惯例予以确定。但对家庭在个人生活中的作用，国际社会已形成了普遍共识，那就是，家庭是每一个人学会生活的课堂，如果说人是社会的产物，家庭就是每个人最直接的社会。国际人权法也普遍承认了家庭

① 《联合国人权事务委员会第三十二届会议第16号一般性意见》，1988年。
② 肖君拥：《国际人权法讲义》，知识产权出版社2013年版，第217页。
③ 《联合国人权事务委员会第三十九届会议第19号一般性意见》，1990年，第2段。

是“天然的和基本的社会单元”,应受到社会和国家的保护。[①] 可见,家居与家庭对个人人权意义重大。最近几年,独居老人的比例在世界许多地方都在增加。特别是在越来越多的发展中国家中,与子女同住的老人比例已经减少。在这种情况下,各种研究发现,在发达国家和发展中国家,老人中的孤独感和社会隔离相对普遍。[②] 如果说家庭是儿童成长的摇篮,那么在人生最后阶段,能在良好的家居环境中度过,也是大部分老年人的希望。虽然独居老年人增多的现象不能表明是否出于老年人的自主选择,但是,尊重老年人家居生活和家庭生活选择权,是自主原则的体现。

2. 老年人家居与家庭生活权的权利范围

老年人家居与家庭生活权包括让家庭关系得到法律承认的权利,也包括一个家庭生活在一起和享受彼此陪伴的权利。[③] 除此之外,关于老年人家居与家庭生活权利体现的是在自主原则基础上重申“在法律面前获得平等承认的权利”所强调的法律权利能力问题。由此,老年人可自主决定老年阶段的生活方式,包括婚姻自主权、生育自主权、接受监护权以及家庭生活中与其他家庭成员间平等的权利。对此,缔约国在涉及老年人的婚姻、家庭、生育和老年人监护的一切事项中,应当依据平等原则,采取有效和适当的措施,消除对老年人的歧视;建立家庭养老支助体系,确保选择家居养老的老年人的家庭照顾者不至于不胜

---

① 如《世界人权宣言》第16条第3款规定:家庭是天然的和基本的社会单元,并应受社会和国家的保护。该条款被《公民权利和政治权利国际公约》第23条第1款完整纳人,《经济、社会、文化权利国际公约》第10条第1款采取了类似的表述。区域性人权公约方面,《美洲人权公约》第17条第1款与之措辞完全相同,《欧洲社会宪章》第16条以及《非洲人权和人民权利宪章》第18条第1款表述只是略有不同。

② 联合国大会第六十五届会议:《第二次老龄问题世界大会的后续行动:全面综述》,UN. Doc. A/65/157,21 July 2010,paras. 7－10。

③ 赵新彬:《英国1998年〈人权法案〉对尊重私人与家庭生活权利的保护及其借鉴》,载《河南司法警官职业学院学报》2008年第2期。

负荷,以期加强家庭成员在家庭内照顾老年人的能力,尤其是向人数日益增多的年老体弱的人提供长期支助和服务,预防被家庭成员遗弃、忽视、暴力、虐待、隔离等情形的发生。

(八)司法救济权

1. 司法救济权对老年人的意义

司法救济权,是指公民在认为自己的宪法权利和法律权利受到侵害或与他人发生争议时,或面临刑事指控时,享有的要求法院启动审判程序,予以公正审理,做出公正裁判的权利。该项权利包含以下两个方面的基本内容:第一,诉诸法院的权利,即请求法院启动审理程序的权利。第二,获得公正审判的权利,即要求法院予以公正审理并做出公正裁判的权利。主要表现为正当程序权和获得公正裁判权。[①]

老年人在权利受到侵害时,往往不敢报告暴力或虐待行为,因为在遭受到来自护理机构或家庭护理中的暴力或虐待时,他们往往依赖虐待者,担心遭到报复,担心得不到帮助,或对可靠的机制不熟悉。而且在国家层面,大部分有关老年人的诉讼集中在养老金领取权上,在没有行政程序的保障下,老年人的养老金很可能得不到。影响到老年人的其他关键性的权利,如涉及监护令是否正当等问题也需要正当程序来保障。另外,处于监禁中的老年人司法救济权也值得关注。监狱中老年人人数的上升提出了一系列新的挑战,安全的监禁条件,特别是对需要特殊支助的老年人的监禁条件需要完全不同的考量,例如,冬天提供额外的衣物、监狱和牢房中的无障碍安排、特别防止他们在监狱里受到暴力和勒索以及适合其年龄的教育和职业机会。又如,对老年痴呆导致的认知限制、慢性病、造成残疾的疾病和末期疾病等问题,很多国家

① 黎晓武:《司法救济权研究》,苏州大学2005年博士学位论文,第12页。

的监狱往往因缺乏资源、规划不善和缺乏对工作人员的培训而难以应对,这些挑战,联合国条约监督机构至今尚未加以研究。①

2. 老年人司法救济权的国家责任

因此,老年人普遍要求提高对法律权利和法律援助的认识,以及更好地提供有效补救。对老年人权利的保护要求司法系统的有效运作,对侵害行为采取及时补救措施,且明确保障在法律和法院面前人人平等。这符合《公民权利和政治权利国际公约》第2条第3款所规定的精神,即:“本公约每一缔约国承担:(甲)保证任何一个被侵犯了本盟约所承认的权利或自由的人,能得到有效的补救,尽管此种侵犯是以官方资格行事的人所为;(乙)保证任何要求此种补救的人能由合格的司法、行政或立法当局或由国家法律制度规定的任何其他合格当局断定其在这方面的权利;并发展司法补救的可能性;(丙)保证合格当局在准予此等补救时,确能付诸实施。”除此,国家还应考虑到老年人的特殊需求,确保老年人在平等的基础上有效获得司法保护,包括通过设立便利程序,使作为参与方的老年人在所有法律诉讼程序中,包括调查阶段和其他诉讼初步阶段中,切实发挥其作用,包括其作为证人的作用;国家还应当针对便利或服务于老年人的目的,对司法领域工作人员,包括警察和监狱工作人员进行适当的培训。

二、经济、社会和文化权利

与公民权利和政治权利一样,经济、社会和文化权利是国际人权法的组成部分,它们之间的不可分割性和相互依存性在联合国通过一系列的公约及人权行动得到一再的确认和重申。但不可否认的是,典型

① Old Behind Bars:The Aging Prison Population in the United States,United States Human Rights Watch,2012,p. 24.

的公民权利和政治权利与经济权利、社会权利、文化权利之间并非毫无差别。这种差别很大程度上是围绕国家的角色来考虑的:对公民权利和政治权利来说,主要强调的是免受国家干涉的自由;而对经济、社会、文化权利来说,考虑的主要因素则是有权要求国家提供保护和帮助。[①]认真对待经济、社会、文化权利,涉及一个国家如何解决收入分配在内的各方面问题,同时意味着要去解决社会的整合性、连带性和平等性。老年人作为社会中易受到伤害的特殊群体,是经济、社会、文化权利应该关注的主要对象。老年人经济、社会和文化权利应该包括,但不限于以下方面:

(一)适足生活水准权

1. 适足生活水准权对老年人的意义

适足生活水准权作为一项人权,为大多数国际人权公约所接受。《世界人权宣言》第25条第1款、[②]《经济、社会及文化权利国际公约》第11条、[③]《残疾人权利公约》第28条第1款、[④]《儿童权利公约》第27条第1款[⑤]均明确规定了相关主体适足生活水准权。一些区域性的国际人权法律文书也提到了适足生活水准权的保障,如《关于经济、社会和文化权利的美洲人权公约补充议定书》(《萨尔瓦多议定书》)第12条、《欧洲社会宪章》第4条等。

但什么是"适足生活水准",相关国际公约却没有下更准确的定义。

---

① [挪]艾德等主编:《经济、社会和文化权利教程》(修订第2版),中国人权研究会组织翻译,四川人民出版社2004年版,第5页。

② 即"人人有权享受为维持他本人和家属的健康和福利所需的生活水准"。

③ 即"本盟约缔约各国承认人人有权为他自己和家庭获得相当的生活水准"。

④ 即"缔约国确认残疾人有权为自己及其家属获得适足的生活水平"。

⑤ 即"缔约国确认每个儿童均有权享有足以促进其生理、心理、精神、道德和社会发展的生活水平"。

根据《世界人权宣言》第25条的规定,指的是:为维持本人和家属的健康和福利所需的生活水准,包括食物、衣着、住房、医疗和必要的社会服务;在遭到失业、疾病、残废、守寡、衰老或在其他不能控制的情况下丧失谋生能力时,有权享受保障;《经济、社会及文化权利国际公约》以"足够的食物、衣着和住房"[①]来表述;《残疾人权利公约》也是以"足够的食物、衣着和住房"来表述;《儿童权利公约》指"足以促进其生理、心理、精神、道德和社会发展的生活水平"[②]。可见,食物、衣着、住房是适足生活水准的组成部分。对于"适足"的判定标准,从纯物质的角度来说,意味着有关社会贫困线以上的生活。[③] 根据世界银行的规定,社会贫困线由购买最低水准的食物和其他必需品所需要的费用以及购买更多的东西所需的费用两部分组成,后者的数目每个国家不尽相同,这些费用反映了参与社会日常生活的费用。[④] 经济、社会和文化委员会因此指出:在某种程度上,是否适足取决于社会、经济、文化、气候、生态及其他因素。[⑤]

由此可见,适足生活水准权利的本质在于保障人人能在不受羞辱和没有不合理的障碍的情况下,享有食物、衣着、住房等生活必需品。体现的是尊严原则,即任何人都不应该在有辱人格或丧失基本自由的情况下来满足其基本生存需求。而目前,老年人面临最迫切的一项挑战是贫困和生活条件不足。许多国家已认识到,无家可归、营养不良、长期患病却无人照料、不能享用安全的饮用水和卫生条件、医药费无法

---

① 《经济、社会及文化权利国际公约》第11条第1款。

② 《儿童权利公约》第27条第1款。

③ [挪]艾德等主编:《经济、社会和文化权利教程》(修订第2版),中国人权研究会组织翻译,四川人民出版社2004年版,第112页。

④ 世界银行:《1990年世界发展报告》,1990:26. http://www-wds.worldbank.org/Wbsite/External/Extchinesehome/Publicationschi/Externalwdschinese.html,2016-01-05。

⑤ 《联合国经济、社会、文化权利委员会第4号一般意见》,1991年,第8段。

承受和收入不稳定,是大批老年人每天面临的一些最为严重的人权问题。[1] 因此,明确老年人适足生活水准权利的意义显得尤为重大。

2. 老年人适足生活水准权的权利范围

《联合国老年人原则》关注到了老年人适足生活水准权利的重要性,其中,老年人“独立原则”[2]体现了《经济、社会及文化权利国际公约》第11条中所载的各项权利。《维也纳行动计划》特别强调了住房对老年人的重要意义,在建议19中指出,住房对老年人来说,除了为老年人提供一个容身之所外,还具有重要的心理和社会意义,因此呼吁各个国家的政策和措施除了应关注老年人的身体健康外,还应当考虑到住房。《维也纳行动计划》要求各个国家通过国家政策,“修缮、发展和改善住房,并且为便于老龄人出入和使用进行住房改建,帮助老龄人尽可能久地居住在自己家中”。在这点上,该权利与老年人家居和家庭生活权密切交织。建议20还进一步强调,国家必须立足于老龄问题,以立法的形式规范城市重建和发展规划,协助保障老年人的社会融合。而建议22则提请各国注意,国家的各项措施必须考虑到老年人的行动能力和实际需要,通过提供适当的交通工具,为老年人创造宜居环境并便利于他们的活动和人际交往。《维也纳行动计划》在保障老年人适足生活水准权上进一步拓展了老年人权利的范围并为国家行动提供了指南。

老年人适足生活水准权利的实现需要在《老年人权利公约》中规范国家的责任予以保障。第一,国家应在立法上确认老年人有权为自己及其家属获得适足的生活水平,包括维持生活和生存所需的适足的食

---

① 联合国大会第六十六届会议:《第二次老龄问题世界大会的后续行动秘书长的报告》,UN. Doc. A/66/173,22 July 2011,paras. 9 – 10。

② 这项原则规定:“老龄人应能通过提供收入、家庭和社会支助以及自助享有足够的食物、水、住房、衣着和保健。”

物、衣物、住房,还应使生活条件能得到不断改善;第二,国家应当采取适当步骤,防止老年人在实现这项权利过程中可能出现的老龄歧视。适足生活水准权利还要求国家通过立法或国家政策确认并保障老年人有权获得社会保护,为了促进这项权利的实现,应采取措施确保老年人平等地获得食物和可饮用水,并且在价格和服务上提供协助,以满足老年人有关的需要。此外,老年人适足生活水准的权利还应特别强调照顾原则,这对老年人来说极为重要。为此,国家应确保老年人尤其是老年妇女、残疾老年人、高龄老年人必要时可以利用国家的社会保护方案和减贫政策;确保生活贫困的老年人及其家属为保证适足生活水准的获得而有机会得到国家援助;确保国家的公共住房方案同样有效地适用于老年人;确保每个老年人均能参加国家退休方案和享受退休福利,等等。

(二)工作权

1. 工作权对老年人的意义

工作权不仅是获取物质资源(谋生)的保障,也是实现人的全面发展所必需。[①] 谋生在传统意义上的就是"劳动",也就是说,仅是谋取经济生存的手段。20 世纪初,广泛流行着另外两个更为全面和人道的重要观点:第一个观点认为,劳动条件、社会正义与世界和平之间是相互依赖的,这个观点在 1919 年《国际劳工组织宪章》序言中最先得到确认;第二个观点将劳动的概念提升为人的价值、社会的需要以及自我实

① 肖君拥:《国际人权法讲义》,知识产权出版社 2013 年版,第 221 页。

现和人的个性发展的手段,这个观点在《费城宣言》[1]中得到阐释。[2] 因此可以说,工作权与人的尊严、社会正义与和谐紧密关联,是人类尊严的内在组成部分。正因如此,工作权进入联合国国际人权公约体系,体现在《世界人权宣言》等一系列公约当中。《世界人权宣言》第 23 条规定"人人有权工作、自由选择职业、享受公正和合适的工作条件并享受免于失业的保障"。这一规定在《经济、社会及文化权利国际公约》第 6 条、第 7 条、第 8 条中得以重申,并更进一步详细规定了与工作权相关的权利。可见,工作权不仅是社会、经济权利的核心,而且还是基本人权的核心。

以老龄化为特征的人口结构新变化给世界各地的社会和就业提出了新的挑战。衰老严重影响工作和生产资源的获得,加上普遍存在的老年歧视,使社会贬低老年工作者,认为他们没有生产力,动作迟缓,更容易生病,不适合学习,是高技术工作环境的负担。直接和间接的就业歧视仍然普遍存在,人们可能因年龄原因拒绝向老年人提供贷款、保险、土地或租房,或是开出其无法负担或与其他年龄层相比有失公平的条件,从而减少了老年人找新工作或继续从事生产活动的机会。[3] 因此,急需在《老年人权利公约》中考虑老年人面临的挑战,将工作权变成老年人可以实现的权利。

2. 老年人工作权范围

根据《经济、社会及文化权利国际公约》的规定,工作权的范围非常广泛,可以分为与就业有关的权利、由就业派生出来的权利、待遇平等

① 《费城宣言》即 1944 年 5 月 10 日在费城举行的第 26 届国际劳工大会上通过的《关于国际劳工组织的目标和宗旨的宣言》。

② [挪]艾德等主编:《经济、社会和文化权利教程》(修订第 2 版),中国人权研究会组织翻译,四川人民出版社 2004 年版,第 182 页。

③ 联合国经济及社会理事会:《2012 年实质性会议:联合国人权事务高级专员报告》,UN. Doc. E/2012/51,20 April 2012,paras. 35 – 37。

和非歧视权利、辅助性权利,等等。工作权又可以分为法律形式各异的七个单独的规范:免予奴隶制和类似习俗、免予强迫和强制劳动、工作的自由、自由就业服务的权利、就业权、就业保护权和免予失业保障的权利。①

为了保障老年人工作权的实现,《老年人权利公约》可参照《残疾人权利公约》的模式。第一,国家应确认老年人的工作权和为谋生自由选择或接受工作的权利,这种确认应基于平等原则,并且应规范劳动力市场,建设开放、具有包容性的工作环境以消除老年人工作权实现的障碍。第二,国家应保障和促进老年人工作权的实现,为此应当采取包括立法在内的适当步骤,禁止基于年龄的歧视。另外,老年人的工作权还应当包括同值工作同等报酬的权利、享有安全和健康工作环境的权利、在工作场所不受骚扰的权利、申诉的权利、工会权、为提高工作技能参加一般技术和职业指导方案以及职业培训和进修培训的权利、获得职业介绍服务的权利,等等。国家还应当制定政策和采取措施,促进老年人自营就业、创业经营、创建合作社和个体开业的机会、促进私营部门雇用老年人;还应注意确保为老年人在工作场所提供合理便利、禁止奴役或驱役、禁止强迫或强制老年人劳动。②

(三)健康权

1. 健康权对老年人的意义

虽然个人健康这个概念可能是主观的和不确切的,但它是人之为

---

① [挪]艾德等主编:《经济、社会和文化权利教程》(修订第2版),中国人权研究会组织翻译,四川人民出版社2004年版,第197页。

② 参见《残疾人权利公约》第27条。

人的幸福和尊严的重要条件。[①] 早在联合国1945年在旧金山召开的组织大会中，作为人权的健康权就被提议作为经济、社会和文化权利之一加以规定。[②] 继《联合国宪章》成为第一次提到健康问题的国际人权文书后，[③]《世界卫生组织章程》(Constitution of the World Health Organization)在其序言中对"健康"做出了定义，即"健康不仅为疾病或羸弱之消除，而系体格、精神与社会之完整状态"，随后进一步指出"享有最佳身心健康是每一个人最基本的权利之一，不分种族、宗教、政治信仰、经济或社会条件"，[④]自此，将"健康权"法典化。健康权被写入了国际和区域层面许多国际人权条约中。《世界人权宣言》第25条将健康描述为适足生活水准的一部分，《经济、社会及文化权利国际公约》第12条中，健康权再次被确认为一项人权。在联合国保护特殊群体的人权公约中，也强调了健康权的享有，如《消除对妇女一切形式歧视公约》第12条、《儿童权利公约》第24条、《残疾人权利公约》第25条。在区域性人权文件中，《欧洲社会宪章》第11条以及《美洲人权公约关于经济、社会和文化权利的补充议定书》第10条等人权条约中，均可找到对"健康权"的规定。此外，各国都致力于通过各种国际宣言、国内立法和政策，并在国际会议上保护这一项权利。近年来，对最佳健康权的关注日益增多，2002年，联合国确定"人人有权享有最佳身心健康问题特别报告员"的任务授权，健康权的性质及如何实现健康权的问题得到进一

---

① [挪]艾德等主编：《经济、社会和文化权利教程》(修订第2版)，中国人权研究会组织翻译，四川人民出版社2004年版，第140页。

② 孙晓云：《国际人权法视域下的健康权保护研究》，光明日报出版社2011年版，第33页。

③ 《联合国宪章》第55条的到健康问题，"为造成国际以尊重人民平等权利及自决原则为根据之和平友好关系所必要之安定及福利条件起见，联合国应促进：……国际经济、社会、卫生及有关问题之解决……"

④ 《世界卫生组织章程》(Constitution of the World Health Organization)于1946年7月22日在纽约签署，1948年4月7日生效。参见http://www.who.int/about/zh/。

步阐明。

可见,享有可达到的最高水准的健康权是一项基本的人权,健康权的享有与年龄无关,也不随个人到达某一年龄而终止。但个人的健康问题是与年龄有关的,有的健康问题随着年龄的增长会变得很普遍。与老龄相伴的常常是多种慢性疾病同时存在(共患疾病)的高风险,因而不应简单地考虑每种疾患各自独立的影响。例如在德国70~85岁的人群中,接近1/4的个体都同时患有5种或以上的疾病。除此之外,伴随老龄出现的还有其他一些不属于传统疾病范畴的健康状况,可能表现为慢性过程(如虚弱,在65岁以上人群中可能占10%左右)或急性过程(如神志不清,可能由感染或手术副反应等多种因素造成)。[①] 而在国际人权体制中,并没有专门针对老年人的健康权实施和保障的法律文书,影响老年人积极和有尊严地进入老龄,不利于老年人持续地参与社会、经济、文化和公民事务,并在一生中更长久地为社会做出贡献。

2. 老年人健康权的范围

健康权是一项包容广泛的权利,根据经济、社会和文化权利委员会对《经济、社会及文化权利国际公约》的监测,健康权的范围包括"健康的基本决定因素",这些因素是:安全的饮用水和适当的卫生设备;安全的食物;适当的营养和住房;健康的工作和环境条件;健康相关的教育和信息;两性平等。

根据联合国人权高专办和世卫组织的建议,健康权包含的范围包括:获得提供人人享有最佳健康平等机会的健康保护系统的权利;预防、治疗和控制疾病的权利;获得基本药物;妇幼保健和生殖保健;平等和及时地获得基础的医疗;提供健康相关的教育和信息;大众在国家和

① World Health Organization 2015: *World Report on Ageing and Health*, Geneva, WHO Library Cataloguing-in-Publication Data, p. 11.

社区层面参与健康相关的决策。[1]《马德里行动计划》强调了健康对老年人的重要意义，指出：增进健康的生活方式以及老年人平等获得保健护理和服务，其中包括终生预防疾病，是老年健康的基石。因此，《马德里行动计划》强调三个具体目标：减少引发老年疾病从而可能导致丧失自理能力的种种因素所具有的累积影响；制定政策预防老年人健康不良；所有老年人都能得到食物和足够的营养。

由此可见，老年人健康权的范围，除包括以上联合国人权高专办和世卫组织建议的相关内容外，还应注意到老年人被看作为权利的所有者，他们经常需要帮助来实现其权利。这就要求各国采取特别的步骤，作为拟订和执行全面保健计划的一项内容，而保健计划必须包含各种方略，以确保老年人有机会取得优质的保健、物品和服务。[2] 除此之外，健康权还要求有经济上的实际机会，以确保经济承担能力，而这一点就要求各国采取步骤确保向老年人提供适当的社会保护。根据经济、社会和文化权利委员会第14号一般性意见，健康权包含了自由和权益两个方面：自由包括了对自己的健康做出独立决定的权利，这就是说，不受到国家的干涉。对于老年人，这就是指对于诸如知情同意、自主和选择看护人等问题方面的自由；涉及国家积极义务的权益有可能包含的一些内容可以是提供认识到并考虑涉及年龄要素的初级保健和社会保护，各国应当认识到，老龄化是一个持续一生的过程，国家政策立法应反映出这一现实。

因此，老年人健康权利应在贯穿尊严原则、自主原则、照顾原则的

---

① 联合国人权事务高级专员办事处、世界卫生组织：健康权概况介绍第31号出版物，第3~4页。

② 参见阿南德·格罗弗：《人人有权享有可达到的最高水准身心健康问题特别报告员关于实现老年人健康权利的专题报告》，人权理事会第十八届会议，UN. Doc. A/HRC/18/37，4 July 2011，para. 14。

基础上,重点关注到初级保健护理和慢性病、长期护理、缓和医疗、知情同意等问题。

(四)社会保障权

1.社会保障权对老年人的意义

社会保障权,是指国家通过立法,积极动员社会各方面资源,保证无收入、低收入以及遭受各种意外灾害的公民能够维持生存,保障劳动者在年老、失业、患病、工伤、生育时的基本生活不受影响,同时根据经济和社会发展状况,逐步增进公共福利水平,提高国民生活质量。[①] 社会保障权既是社会保障制度的核心问题,也是解决社会保障问题的逻辑起点。它是在资本主义产业革命和国际工人运动造成的政治经济大背景下,随着人们对贫困和社会救济的观念的改变而产生的。社会保障权形成后,又随着人类社会的进步,尤其是人权思潮的兴盛,跃升为国际人权和各国宪法上的公民基本权利。[②]《世界人权宣言》第25条规定"人人有权享受……在遭到失业、疾病、残废、守寡、衰老或在其他不能控制的情况下丧失谋生能力时,有权享受保障";《经济、社会及文化权利国际公约》第9条"承认人人有权享受社会保障,包括社会保险",第10条涉及保护家庭,专门提到妇女在休产假期间有权获得社会保障福利金。此外,《消除一切形式种族歧视国际公约》第5条第5款第4项、《消除对妇女一切形式歧视国际公约》第11条第1款第5项、第2款第2项和第13条第1款、《儿童权利公约》第27条、《保护一切移民工人及其家属国际公约》第27条均不同程度规定了社会保障权。在社会保障问题方面最全面的公约国际劳工组织1952年制定的《社会保障

① 肖君拥:《国际人权法讲义》,知识产权出版社2013年版,第226页。
② 刘锦城:《社会保障权研究》,吉林大学2009年博士学位论文,第27页。

（最低标准）公约》（第102号公约）中，分九个方面围绕社会保障权展开规定。

每个人，作为社会的一员，有权享受社会保障的权利，并有权通过国家努力和国际合作并依照各国的组织和资源情况使他的个人尊严和人格的自由发展所必需的经济、社会和文化方面各种权利得以实现。老年人当然也不例外。然而，目前数以百万计的老人没有养老金，也没有固定收入。通常，老年妇女往往更加难以获得养老金。社会保障对老年人来说是至关重要的收入保障来源。通常来说，随着人们年纪越来越大，依靠工作来提供收入来源将越来越少，除了那些高学历的专业人士也许终老都能获得工作收入外，大部分的人是不能到了老年还能拥有报酬丰厚的工作收入的。私人储蓄和财产方面各有所异，但多数人不能够获得足够的收入保障来维持晚年适足的生活水准。家庭其他成员是老年人收入的另一个来源，但这种来源并不可靠，也远不能满足生活需求，特别是那些低收入的家庭。① 目前，解决这个问题，公共养老金成了老年人收入保障的最重要的制度。据OECD的统计，在OECD国家65岁以上的老年人当中，59%的家庭收入来自于公共养老金，另外的24%依靠自食其力，还有17%来自资本收益，主要是私人养老金。这仅是总体情况，具体水平各国有异，一个国家内部各地区也不同。而在部分非OECD国家，公共养老金覆盖率更低，养老金对家庭收入并没有起到什么作用。这些国家的大部分老年人必须靠自食其力来维持生活，直到再也不能动了，但即使这样，还不能使老年人免予陷入贫困的

---

① International Labour Organization（ILO）2014，World Social Protection Report 2014/15：Building economic recovery，inclusive development and social justice. Available at：http：//www. ilo. org/global/topics/social-security/lang-en/index. htm，2015 -11 -20.

境地。[①]

因此,社会保障权利必须纳入《老年人权利公约》,缺乏强有力的法律体制框架以及一项长期战略,会严重威胁老年人享有人权。完善的法律框架对于防止政治操纵,确保国家当局长期参与计划的各个阶段工作至关重要。它也允许权利人知晓他们的权利是什么,并了解相应的标准。

2. 老年人社会保障权的范围

虽然联合国核心人权文书均规定了“社会保障权”,但并没有确立对个人尊严和个人发展而言必不可少的社会和经济的最低标准,有关社会保障问题的文字相当笼统。国际劳工组织制定的标准相对较为完备,其1952年的《社会保障(最低标准)公约》(第102号公约)中的九个具体分支包括:医疗(第2部分);疾病救济金(第3部分);失业救济金(第4部分);老年救济金(第5部分);工伤救济金(第6部分);家庭津贴(第7部分);生育津贴(第8部分);残疾救济金(第9部分);遗属(第10部分)。第5部分对老年救济金发放的标准及受保护范围作了详细的规定。国际劳工组织一系列其他的社会保障方面的标准还包括:1980年《老年工人建议书》(第162号),它是考虑到老龄化社会对就业市场和社会保障的影响的最具体和最直接的机制;它有三个主题:平等的机会和待遇、就业保护措施、准备和享受退休。1958年《就业和职业歧视公约》(第111号)没有明确提到年龄歧视,但是对可能认定额外的歧视理由做出了规定,比如年龄。2012年《基本社会保护建议》(第202号),为确保收入持续和收入保障所必需和充分的社会保障福

① Organization for Economic Co-operation and Development (OECD) 2013, Pensions at a Glance 2013: Retirement-income systems in OECD and G20 countries (Paris). Available at: http://www.oecd.org/pensions/pensionsataglance.htm, 2015-11-20.

利范围和水平以及整个生命周期获得医疗保健，提供了国际参考框架。

因此，老年人社会保障权的范围可充分借鉴和参考现有的国际标准，以确保它们遵守核心人权原则和义务的方式来设计和实施。国家应采取必要的措施以确保老年人享受他们受益于社会保障的权利，包括社会保险。此外，国家应考虑为那些没有接收过任何其他捐助和个人养老金的老年人提供非缴费型、国家资助型养老金。逐步确保其领土内的所有个人有权享受社会保障，同时为老年人提供具体保护。各国必须拥有适当的非缴费型养老金制度，各国有义务确保每个人逐步被缴费型系统或非缴费型系统所覆盖。为此，缔约国必须制定一项充分实施老年社会保障权利的国家战略，并在国家一级拨付充足的财政资源和其他资源。

（五）受教育权

1. 受教育权对老年人的意义

受教育权包括教育自由和学术自由等诸多方面，是当代人权法不可缺少的组成部分，通常被视为文化权利。受教育权与其他人权的关系上互为依赖，这种依赖关系表现为：

一方面，受教育权是实现人权的前提条件。公民个体最低限度的教育水平决定着公民其他的权利的实现。如表达自由权、集会结社自由权、投票权、工作权、参与文化生活的权利等基本的政治权利、经济权利、公民权利、社会权利和文化权利的实现，都离不开权利主体必须拥有一定的教育水平。

另一方面，教育的目的在于促进人权。“教育的目的在于充分发展人的个性并加强对人权和基本自由的尊重”[①]的理念已广为接受，并体

① 《世界人权宣言》第 26 条第 2 款。

现在大多数的国际人权文书当中。① 尽管教育的目标和任务会随着不同的历史、政治、文化、宗教或国家等条件而变化，但是根据目前的国际法，人们日益达成一种共识：宽容、尊重人权应当成为受过教育者的主要特点。②

历史表明，一直以来，教育的特征在于对不同文化和民族两大事项的关注，致力于向年轻人传授必不可少的经验和技能，以解决日常生活中的问题以及传承各民族和社会的包括哲学、文化、宗教和社会等各方面在内的价值观。③ 因此，在通常情况下，提起受教育权时，主要指儿童或青少年接受国家提供的教育，以及与这种教育有关的一些权利和义务承担者之间形成的法律关系。联合国几项重要的国际人权文书也体现了这种以儿童接受教育作为受教育权的核心的做法，如《世界人权宣言》第 26 条，《经济、社会及文化权利国际公约》第 13 条、第 14 条，《儿童权利公约》第 28 条、第 29 条，《消除对妇女一切歧视公约》第 5 条第 5 款等相关的规定。鲜少有国际人权文书提到老年人接受教育的权利保障。而在过去几十年，虽然全世界的识字率和教育水平显著上升，但是，老年人识字率和教育程度仍然大大低于年轻一代，而且表现出区域差别和性别差别：65 岁及以上的人的识字水平，在较发达地区高达 97%，在较不发达国家低至 54%；较不发达地区老年妇女的识字率尤其低，为 42%；在非洲，65 岁及以上的识字率是男 43%、女 22%；在亚洲，该数字高达男 71%、女 47%，在拉丁美洲和加勒比，该数字男为 77%、

① 类似的表达还体现在：《经济、社会及文化权利国际公约》第 13 条第 1 款；《联合国教科文组织取缔教育歧视公约》第 5 条第 1 款第 1 项；《儿童权利公约》第 29 条第 1 款第 2 项，等等。

② [挪]艾德等主编：《经济、社会和文化权利教程》（修订第 2 版），中国人权研究会组织翻译，四川人民出版社 2004 年版，第 199 页。

③ J. Dellbruck, "The Right to Education as an International Human Right", *German Yearbook of International Law*, Vol. 35 (1992), pp. 92 – 104.

女71%。此外,多数国家农村地区的识字水平和教育程度低于城市。[①]在老年人参加职业培训的机会上,更是罕见雇主为年龄较大的职工提供培训机会。

老年人应明确享有接受教育的权利,包括文化培训、平等教育机会、精神和娱乐资源。老年人不应因为年龄而被拒绝获取这样的资源。

2. 老年人受教育权范围

从权利享有者的角度来看,与受教育权有关的权利包括免受歧视的权利、宗教自由权利、免受不人道或有辱人格的待遇的权利。[②] 就老年人来讲,国家应完善继续教育体系,其中包括文化活动中心、计算机和互联网方案及职业培训;应制定获取终身学习机会的具体政策,把这种学习作为出于个人、社会和职业原因进行学习的一部分,且为这一领域的研究提供资金;向提供获取信息和教育机会的非政府组织提供财政支持;加大成人教育培训,特别是老年人教育培训力度,扩大老年人教育培训范围,应广泛涉及法律、医疗保健、政治和经济研究、心理学和农业学等方面。[③]

(六)文化生活参与权

1. 文化生活参与权对老年人的意义

文化生活参与权源于"文化"一词。如同权利概念,"文化"也是一个难以达成一致的概念,有多少研究"文化"的学者就有多少种对文化

---

① United Nations Educational, Scientific and Cultural Organization, UNESCO Institute for Statistics: Adult and Youth Literacy, September 2015, No. 32. http://www.uis.unesco.org/literacy/Documents/fs32 – 2015 – literacy.pdf.

② 肖君拥:《国际人权法讲义》,知识产权出版社 2013 年版,第 234 页。

③ 联合国:《第二次老龄问题世界大会的后续行动秘书长报告》,联合国大会第六十六届会议,UN. Doc. A/66/173,22 July 2011。

不同的理解，甚至每个人对文化概念在不同的历史时期也可以得出不同的结论。[①] 联合国教科文组织不同时期的文件，体现了“文化”概念中所隐含内容的多方面性，有的定义为：“某个社会或社会群体特有的精神、物质、知识和情感特点的总和，(其)除文学和艺术外，还包括生活方式、共处的方式、价值观体系、传统和信仰”；[②]有的定义为：“就其本质而言，是个人在创造性活动中的参与和合作造成的一种社会现象，(和)并不限于接触艺术和人权作品，同时也是知识的获取，对生活方式的要求和交流的需要”。[③] 有学者对“文化”这个术语从三个方面进行了界定：一是作为资本的文化，将文化视为整个人类或特定群体积累的全部物质遗产，其中包括历史遗迹和手工艺品；二是作为创造力的文化，这个观点并不认为文化一定是积累起来的或现存的文化资本，而是认为它是艺术和科学创造的过程；三是作为整个生活方式的文化，这个观点源于人类学，认为文化指一个社会群体区别于其他类似群体的一切物质和精神活动及产品的总和。[④] 联合国经济、社会和文化权利委员会认为，文化这一概念不可看作一系列孤立的表象或密封的隔间，而应看作是一个互动的过程，在此过程中，个人和社群在保留自己的特点和目的的同时也表现了人类的文化。这一概念兼顾了文化作为社会的创造和产物的个性和他性。“文化生活”一词意味着文化是一个历史的、动态

---

① 张云鹏：《文化权：自我认同与他者认同的向度》，吉林大学2005年博士学位论文，第4页。

② 教科文组织(UNESCO)《世界文化多样性宣言》(Universal Declaration on Cultural Diversity)，2001年11月2日，联合国教科文组织第31届大会在巴黎通过，序言第5段。

③ 教科文组织(UNESCO)《关于历史地区的保护及其当代作用的建议》(也称《内罗毕建议》)，1976年11月26日，联合国教科文组织第19届会议在内罗毕通过，序言第5段(a)和(c)。

④ [挪]艾德等主编：《经济、社会和文化权利教程》(修订第2版)，中国人权研究会组织翻译，四川人民出版社2004年版，第71～73页。

的和不断演变的生命过程,有过去、现在和将来。①

人权文书中广泛认可参与或参加文化生活的权利,尤其在《世界人权宣言》第 27 条和《经济、社会及文化权利国际公约》第 15 条第 1(a)款均提到了享受科学进步及其应用带来的惠益的权利;联合国经济、社会和文化权利委员会所通过的第 21 号一般性意见进一步明确了这一权利的范围和内容。《保护所有移徙工人及其家庭成员权利国际公约》也含有关于享受和参与文化生活的第 43 条第 1(g)款和第 45 条第 1(d)款。

社会隔离是老年人融入社会面临的主要挑战,文化生活参与权关注如何可以而且应该使大部分老年人继续为文化的多样性做贡献,同时,也有利于老年人充分享受社会、经济、文化进步带来的好处,推动宣传老年人的公共正面形象及其对家庭、社区和社会多方面贡献。而联合国核心国际人权公约均未对老年人群体给予关注,显然会对老年人融入社会和有尊严的生活造成障碍。

2. 老年人文化生活参与权的范围

联合国经济、社会和文化权利委员会的一般意见将参与文化生活的权利分成三个互相关联的主要组成部分:

一是参与。联合国经济、社会和文化权利委员会认为,参与包括人人有权选择自己的身份,自由从事各种文化活动、参加社会的政治生活、寻求和发展文化知识、以自己选择的语言和方式表达自己。这种行动可以是单独的,也可与他人联合或作为一个群体进行,并与他人共享,以及采取创新行动和参加创新活动。

二是享有。享有指人人有权通过教育和信息了解和理解自己的文化和他人的文化,或根据所处社会的特性接受优质教育和培训。可以

① 《联合国经济、社会、文化权利委员会第 17 号(2005 年)一般性意见》第 7 段和第 8 段。

是单独的,也可以与他人联合或作为一个群体。每个人还有权使用通信技术媒介,通过接受教育和学习,掌握表达和传播方式以及受益于人类文化遗产和他人和其他群体的创造。

三是为文化生活做贡献。指每个人有权在精神、物质、知识和情感的表达方式上参与创造。包括有权为自己所属社区、社会的发展贡献智慧,有权为文化权利相关的政策和决定的界定、阐释和实施建言献策。

由此可见,文化生活参与权与其他个人权利和基本自由是密切相关的,对参与文化活动来说非常重要的权利和基本自由包括表达自由、宗教和信仰自由、受教育权利、集会、结社自由,等等。可以说,其权利范围包括以下方面:从事科学研究和文学艺术创作的权利、享受文化设施和服务的权利、选择文化生活方式的权利、保持和发展文化特性的权利、表现和传播文化的权利、参与和决定文化事务的权利。其中,侧重于个体权利的是选择文化的权利和创造文化的权利,侧重于集体权利的是保持和发展文化特性的权利,其他权利则兼具个体权利和集体权利的性质。①

《联合国老年人原则》体现了这项重要的权利,其第 7 项原则建议,“老年人应始终融合于社会,积极参与制定和执行直接影响其福祉的政策,并将其知识和技能传授子孙后辈”;第 16 项原则还指出,“老年人应能享有社会的教育、文化、精神和文娱资源”。因此,《老年人权利公约》中应明确规范国家在这项权利上的义务和责任:国家应以立法的形式确认老年人有权在平等原则的基础上参与文化生活;国家应基于老年人群体的特殊性,采取一切适当措施,以无障碍模式确保老年人能获得与参与文化生活有关的媒介和场所,如文化材料、电视节目、电影、戏

① 蔡建芳:《论参加文化生活权利的权利内容与国家义务》,载《法制与社会发展》2011 年第 2 期。

剧、博物馆、图书馆和旅游服务场所等;国家应当采取适当措施,创造条件,使老年人能够有机会发展和利用自己的创造、艺术和智力,以满足自身利益并充实社会。

第四章 《老年人权利公约》实施机制构建

"徒法不能以自行",[①]老年人权利保护的基本原则和权利体系的规范,最终离不开完善而有效的实施机制,才能将"应然权利"变成"实然权利"。国家是国际法上的义务承担者,国际人权条约要求缔约国承担保护人权的特定义务,国际习惯法要求各国承担保护人权的普遍义务,显然,国际人权公约的实施者是国家。与国际人权公约相关的国际组织,如联合国,肩负着"增进并激励对于全体人权及基本自由之尊重"[②]的重要任务,因此,联合国相关机构无疑也是联合国国际人权公约的实施者。由此可见,对于联合国人权公约来说,完善的"实施机制"一词有双重含义:从国际层面上讲,它含"监督"之意,实施机制的目的是监督缔约国履行《老年人权利公约》;而从国内层面上来讲,它含"履行"之意,缔约国应采取立法、司法和

---

① 《孟子·离娄上》第一章。

② 《联合国宪章》第1条第3款。

其他措施履行《老年人权利公约》。[1]

《老年人权利公约》实施机制的构建，也应当从国际层面和国内层面考察。从国际层面上来看，《老年人权利公约》的实施主要指通过公约自身来建立实施监督机构，确保缔约国能够切实、有效地履行公约的义务；从国内层面上来看，主要指缔约国在国内采取纳入或转化的方式，将公约的规定并入国内法，并在国内采取配套措施，保证这些法律的执行。[2]

第一节 《老年人权利公约》国际层面实施机制的构建

一、联合国人权公约实施机制

在联合国体系下，联合国人权机制包括联合国人权实施机制与联合国人权立法机制，它们相互促进，共同发展。[3] 为了克服国际法过去长期依赖于国家“自助”实施方式的软弱性，联合国从一开始就试图在人权公约领域建立特殊的实施机制，并在实践中加以逐步改进和增强。[4] 联合国人权公约的实施机制，包括公约实施机构和公约实施程序两部分，并且迄今仍处于继续完善和发展之中。

（一）联合国人权公约实施机构

联合国人权公约实施机构实质上就是联合国在人权公约的遵守与

---

① 朱晓青：《〈公民权利和政治权利国际公约〉的实施机制》，载《法学研究》2002 年第 2 期。

② 曾令良：《国际人权公约的实施及中国的实践》，武汉大学出版社 2015 年版，第 1 页。

③ 朱晓青、柳华文：《〈公民权利和政治权利国际公约〉及其实施机制》，中国社会科学出版社 2003 年版，第 105 页。

④ 曾令良：《国际人权公约的实施及中国的实践》，武汉大学出版社 2015 年版，第 97 页。

监督上的机制,由两类机构组成:基于《联合国宪章》建立的人权机构和基于联合国人权公约设立的人权条约机构,两者各有特点。两类机构除了在人权实施机制中起作用外,还在人权立法机制中影响人权规范的确立。[①] 以下就这两类机构在人权公约实施中的职责和任务进行介绍。

1. 基于《联合国宪章》建立的人权机构

联合国系统内基于《联合国宪章》建立的人权实施机构主要有联合国人权理事会和联合国人权事务高级专员办事处。

人权理事会负责加强促进和保护全球范围内的人权工作,解决侵犯人权的问题并对此提出建议。其工作内容包括全球范围内所有需要关注的人权问题和状况,普遍定期审议机制作为理事会程序中的工作机制,为评估联合国各成员国的人权状况服务;作为理事会的"智囊",咨询委员会为人权专题问题提供专业知识和建议;个人和组织有机会通过投诉程序,提请理事会对侵犯人权行为的注意。[②]

联合国人权事务高级专员办事处相关职责可参见本书第三章第一节。

2. 基于联合国人权公约设立的人权条约机构

监督核心国际人权公约落实情况的机构是基于相关联合国人权公约设立的人权公约机构,该机构是由专家组成的独立专家委员会。作为公约履行责任一方的缔约国,其义务在于采取一切措施确保该国范围内人人均能享有公约中所载的各项权利。联合国在其第一个公约获得通过时就认识到,为了确保各个国家所辖范围内的每一个人都享有

---

① 本书第三章就这两类机构在影响老年人权利体系的构建上的相关报告和建议作了详细的介绍和分析。

② http://www.ohchr.org/CH/HRBodies/HRC/Pages/AboutCouncil.aspx. 2016-01-20.

该公约所规定的权利，需采取措施鼓励和协助缔约国履行其国际义务，以便其制定必要的措施。因此，每一个公约都设立了一个独立专家委员会，负责以各种手段监测其条款在缔约国内的执行情况。自从第一个公约机构[①]建立以来，该系统已显著扩大，目前，人权公约机构共有十个，由在人权领域具有公认才能的独立专家组成，专家们由缔约国提名和选举，任期为四年，可连任。这十个公约机构为：

人权事务委员会(Human Rights Committee，HRC)监督《公民权利和政治权利国际公约》(1966年)及其任择议定书的落实情况；

经济、社会与文化权利委员会(Committee on Economic，Social and Cultural Rights，CESCR)监督《经济、社会、文化权利国际公约》(1966年)的落实情况；

消除种族歧视委员会(Committee on the Elimination of Racial Discrimination，CERD)监督《消除一切形式种族歧视国际公约》(1965年)的落实情况；

消除对妇女歧视委员会(Committee on the Elimination of Discrimination against Women，CEDAW)监督《消除对妇女一切形式歧视公约》(1979年)及其任择议定书(1999年)的落实情况；

禁止酷刑委员会(Committee against Torture，CAT)监督《禁止酷刑和其他残忍、不人道或有辱人格的待遇或处罚公约》(1984年)的落实情况；

儿童权利委员会(Committee on the Rights of the Child，CRC)监督《儿童权利公约》(1989年)及其任择议定书(2000年)的落实情况；

移徙工人委员会(Committee on Migrant Workers，CMW)监督《保护所有移徙工人及其家庭成员权利国际公约》(1990年)的落实情况；

---

① 1969年第一个公约机构消除种族歧视委员会成立，1970年开始运行。

残疾人权利委员会(Committee on the Rights of Persons with Disabilities,CRPD)监督《残疾人权利国际公约》(2006 年)的落实情况;

强迫失踪问题委员会(Committee on Enforced Disappearances,CED)监督《保护所有人免遭强迫失踪国际公约》(2006 年)的落实情况;

防范酷刑和其他残忍、不人道或有辱人格的待遇或处罚小组委员会(The Subcommittee on Prevention of Torture and other Cruel,Inhuman or Degrading Treatment or Punishment,SPT)依据《禁止酷刑公约任择议定书》(2002 年)设立,任务在于探访拘留场所,以防止酷刑和其他残忍、不人道或有辱人格的待遇。[①]

这十个人权公约机构中,经济、社会与文化权利委员会的成立具有独特之处。由于《经济、社会、文化权利国际公约》本身没有像其他公约一样建立一个专门的委员会来监督公约的履行,而是由联合国经济及社会理事会来行使这项职能,因此,该委员会依据联合国经社理事会 1985 年第 1985/17 号决议而成立。另外,防范酷刑小组委员会是依据《禁止酷刑公约任择议定书》而设立,监督该《议定书》成员国的拘留场所,因此,另外九个公约机构分别监督 9 个核心人权公约的实施。所有公约机构在瑞士日内瓦举行会议,并且都获得位于日内瓦的人权高专办人权条约司的支持。

3. 两类机构的区别

这两类机构均有监督缔约国履行公约义务的职责,其性质和职责方面存在异同。[②] 相异之处表现在两个方面:

第一,公约机构大都(除经济、社会、文化权利委员会外)根据相关

① http://www.ohchr.org/CH/HRBodies/Pages/TreatyBodies.aspx. 2016 - 01 - 20.

② 白桂梅:《人权法学》(第 2 版),北京大学出版社 2015 年版,第 396 页。

人权公约建立起来,监督缔约国在国际和国内层面执行该公约,从而保护该国管辖范围区内的人权是其目的所在,公约职权范围仅限于参加该公约或任择议定书的缔约国,对非缔约国没有效力。而基于《联合国宪章》建立的人权机构并不以任何人权公约为基础,职责范围涉及联合国所有会员国。由此可见,某种程度上,这两类机构可起到互为补充的作用。

第二,从两类机构的组成来看,公约机构由以个人身份工作的人权专家组成,这些人权专家具有独立地位,不附属于任何国家或组织,因此,他们不代表任何国家或组织。而基于《联合国宪章》的人权机构,其成员则由联合国会员国指派的代表组成,在性质上是政府间官方机构。

两者的相同之处主要表现在,它们都不是司法机构,因此,它们对所审理的案件做出的决定或提出的意见,是不具法律拘束力的。

(二)联合国人权公约实施程序

联合国人权公约的实施程序,根据两类人权机构的不同分为基于《联合国宪章》的人权机构实施程序,和联合国公约机构的实施程序。

1. 基于《联合国宪章》的人权机构实施程序

(1)普遍定期审议机制①。

普遍定期审议机制(Universal Periodic Review mechanism,UPR)是根据联合国大会第60/251号决议而建立,要求人权理事会“根据客观和可靠的信息,以确保普遍、平等地对待并尊重所有国家的方式,定期普遍审查每个国家履行人权义务和承诺的情况”。②

---

① 有关该机制工作程序的说明来自于人权理事会第5/1号决议:联合国人权理事会的体制建设,2007年。参见 http://www.ohchr.org/CH/HRBodies/HRC/Pages/AboutCouncil.aspx。

② 联合国大会第六十届会议2006年3月15日大会决议,UN. Doc. A/RES/60/251, p. 3。

普遍定期审议工作的依据是《联合国宪章》、《世界人权宣言》、一国加入的人权文书以及各国作出的自愿保证和承诺，包括申请入选人权理事会时所做出的保证和承诺。除此之外，鉴于国际人权法和国际人道主义法相辅相成和相互关联的性质，审议工作还要考虑到适用的国际人道主义法。

普遍定期审议机制的原则是：促进所有人权的普遍性、相互依存性、不可分割性以及相互关联；是一种建立在客观可靠的资料以及互动对话的基础上的合作机制；确保普遍涉及并且平等对待所有国家；是一个由联合国会员国驱动、注重行动的政府间进程；让受审议国家充分参与；补充而不是重复其他人权机制，从而另有一层价值；客观、透明、不作选择、具有建设性、非对抗、非政治化特性；不给所涉国家或理事会的议程造成过多负担；不过于冗长，应切合现实，不应花费过多的时间、人力和财力；不削弱理事会应对紧急人权状况的能力；充分纳入性别观点；在不损及审议工作依据中规定的主要依据所载各项义务的前提下，考虑各国的发展水平和特点；根据大会 2006 年 3 月 15 日第 60/251 号决议和经济及社会理事会 1996 年 7 月 25 日第 1996/31 号决议以及理事会在这方面可能做出的任何决定，确保所有相关的利益攸关方、包括非政府组织和国家人权机构的参与。

普遍定期审议机制的目标为：改善每个国家的人权状况；履行国家的人权义务和承诺，评估该国积极的事态发展以及面临的挑战；与所涉国家协商并征得其同意，增强该国的能力，并加强技术援助；各国及其他利益攸关方交流共享最佳做法；支持在增进和保护人权方面的合作；鼓励与人权理事会、其他人权机构和联合国人权事务高级专员办事处全面合作和交流。

普遍定期审议由一个工作组进行，工作组由理事会主席主持，由理事会 47 个成员国组成。每个成员国自行决定本国代表团的组成情况，每年召开3次会议,每次会议为期两周。第一审议期于2008年4月举行,为期4年,这样,工作组每年3届、每届为期2周的会议期间,共计审议48个国家,到2012年6月前已完成了首轮审查任务。第二个审议周期应自2012年6月开始,为期4年半,这样,普遍定期审议工作组每年将在三届会议期间审议42个国家。①

(2)特别程序。

特别程序(Special Procedure)是由前人权委员会确立,旨在处理全球各地具体国别状况或专题问题的机制,由后来的人权理事会接管。对特别程序任务负责人的提名、甄选和任命需参照的一般标准包括:专门知识、任务领域的经验、独立性、公正性、人品和客观性,同时还要遵守不同时兼任多项人权职务的原则。

特别程序的任务包括"国别任务"和"专题任务"两类。"国别任务"通常需要任务负责人对特定国家或地区的人权状况进行审查、监督、咨询和公开报告;"专题任务"需要对在世界各地发生的严重人权侵权现象进行审查、监督、咨询和公开报告。人权理事会对确定任务做出的要求是:各项任务始终应清晰地展示,它们能加强保护和增进人权的工作,而且能在人权体系内部成为一体;对所有人权均应给予同等的关注。各专题任务之间的平衡兼顾,大体上应反映出公民权利、政治权利以及经济、社会、文化权利、包括发展权的同等重要性;应竭尽努力避免不必要的重复;将确定并处理专题方面空白的领域,主要途径是采取设立特别程序之外的办法,如扩大现有任务、提请任务负责人注意全局性的问题或者请相关任务负责人采取联合行动;如考虑合并任务,应注意到每项任务的内容和主要职能以及每个任务负责人的工作量;在设置

① 人权理事会第16/21号决议:审查人权理事会的工作和运作情况,UN. Doc. A/HRC/RES/16/21,2011年,第2段到第3段。

或审查任务时,应努力确定整个机制(专家、报告员或工作组)的结构是否对加强人权保护工作最切实有效;新任务应尽可能明确和具体,以避免含混。

根据理事会第5/2号决议,各国应配合并协助特别程序履行其任务,特别程序应加强与各国的建设性对话。特别程序还应努力以具体、全面和着眼行动的方式提出建议,并在其专题报告和国别访问报告中注意各国的技术援助和能力建设需要。所涉国家的评论意见应列入国别访问报告增编。任务负责人应根据其任务授权和行为守则行使职能。特别程序的廉正性和独立性以及合作、透明和问责原则是确保建立一个能够加强理事会处理每个国家人权状况能力的健全的特别程序制度所不可或缺的。

(3)人权理事会咨询委员会。

人权理事会咨询委员会在理事会的指导下开展工作,由18名专家组成,这些专家以个人身份任职。咨询委员会的职能主要侧重于研究报告和根据调研提出咨询意见,按照理事会要求的方式和形式向理事会提供专家意见,行使理事会智囊团的职能。因此,此种专家意见只应理事会的要求,依照其决议,并在其指导下提出,其意见的范围应限于与理事会的任务,即增进和保护所有人权有关的专题性问题。咨询委员会不得通过决议或决定。咨询委员会可在理事会规定的工作范围内,提出进一步提高理事会程序的效率的建议以及在理事会规定的工作范围之内进一步开展调查的建议,供理事会审议和批准。在理事会请咨询委员会提供实质性意见时,理事会要向咨询委员会发出具体的指导方针,并在今后认为必要时全部或部分审查这些指导方针。

咨询委员会每年最多召开两届会议,最长为期10个工作日。在征得理事会事先批准的情况下,可临时额外安排会议。2011年,人权理事会第十六届会议中对联合国人权理事会工作和运作情况进行了审查,会议提出:理事会应在现有资源范围内,加强与咨询委员会的互动,并通过研讨会、专题小组、工作组和对委员会投入提供反馈等工作形式,与咨询委员会进行更加系统的接触;理事会应努力阐明有关决议赋予咨询委员会的特定任务,包括指出专题优先事项,并向咨询委员会提供具体指导,以带来着眼于执行工作的成果;为了创造适当的条件,促进理事会与委员会之间的互动,今后应在理事会的3月会议之前举行委员会第一届年度会议,并在8月举行第二届会议。①

(4)申诉程序。

人权理事会的申诉程序是根据经济及社会理事会2000年6月19日第2000/3号决议确立的一项新的申诉程序,该决议修订了1970年5月27日第1503(XLVIII)号决议中有关人权委员会(人权理事会的前身)申诉程序的规定,并将之改进后,由人权理事会第5/1号决议设立。该决议设立的新申诉程序旨在处理经可靠证实、在世界任何地方发生的一贯严重侵犯所有人权和基本自由的情况。申诉程序受理由个人、团体或声称为人权侵犯受害者或掌握与该类侵犯相关的直接可靠信息的非政府组织提交的来文。与之前的1503程序②相似,新申诉程序是保密的,旨在加强与相关国家间的合作。

在申诉程序中,来文工作组和情况工作组负责分别对书面来文进行审议,并就一贯严重侵犯人权和基本自由的问题提请理事会注意。就本程序的目的而言,述及侵犯人权和基本自由问题的来文可以受理

---

① 人权理事会第16/21号决议:审查人权理事会的工作和运作情况,UN. Doc. A/HRC/RES/16/21,2011年,第35段到第37段。

② 1503程序是1970年,经社理事会通过第1503号决议设立的“有关侵害人权及基本自由问题的来文的处理程序”。主要特点是:它应用于联合国所有会员国;其审查内容涉及对一切人权和基本自由的侵犯行为;任何直接或间接了解所称侵犯行为的个人、团体或非政府组织均可援引1503程序。它是秘密程序,不运用于个别情况,而是针对长期影响大批人的情况,即针对“一贯侵犯行为而设立”。2000年6月,经社理事会通过第2000/3号决议改革了此程序。

的条件是:没有明显的政治动机,其目标与《联合国宪章》《世界人权宣言》和人权法领域其他适用的文书一致;以事实说明所指控的侵权行为,包括据称遭到侵犯的权利;没有使用辱骂性的语言。然而,如果此种来文在删除了辱骂性语言之后,仍符合其他的受理标准,则可对其加以审议。书面来文应排除任何政治动机,本着人权原则行事、符合《联合国宪章》规定的立场,对相关侵犯人权和基本自由的情况有直接并可靠的了解,可以个人身份提出,也可以群体身份提出,包括非政府组织在内。如果来文得到可靠证实,只要提供的证据清楚,便不得仅仅因为具体提交人对情况的了解是第二手的而不予受理。还要求提交的申诉所依据的不完全是大众传媒的报道;能够可靠证实所述案件存在一贯严重侵犯人权的情况,且目前还没有由任何包括联合国的、区域的申诉程序处理的;所提交申诉的案件应证明已穷尽国内救济,或者此种国内救济并未奏效或会被不合理地拖延。①

成立五年之后,人权理事会于2011年成功地完成了对其工作和运作的审查。该审查过程并未给人权理事会申诉程序的工作方法和范围带来任何变化。②

2. 联合国公约机构的实施程序

(1)缔约国定期报告程序。

缔约国定期报告制度(Reporting System)是指缔约国向国际监督机构提交报告作为一种监督程序。这种监督程序在联合国成立之前就已经广泛存在,国际联盟等一些国际组织已经应用这一程序对其成员国

① 人权理事会第5/1号决议:《联合国人权理事会的体制建设》,2007年,第87段。参见http://www.ohchr.org/CH/HRBodies/HRC/Pages/AboutCouncil.aspx. 2015-12-23。

② http://www.ohchr.org/CH/HRBodies/HRC/ComplaintProcedure/Pages/ReviewComplaintProcedure.aspx2016-01-20.

的义务履行情况进行了监督。[1] 除防止酷刑小组委员会之外，所有委员会的首要任务都是审查缔约国根据公约规定定期提交的报告。在这一基本授权范围内，公约机构制定了实践证明卓有成效的做法和程序，仔细审视各国履行其加入的人权条约规定承担的义务的程度如何，并鼓励进一步履行落实。

最初提出通过审议这种报告监测人权的想法的，是经济及社会理事会1956年的第624B(XXII)号决议，该决议要求联合国会员国就增进人权的进展情况定期提出报告。这一模式写入了1965年的《消除一切形式种族歧视国际公约》、1966年的人权两公约以及此后的每一项核心国际人权公约。为兑现报告义务，每一缔约国都须在公约对其生效之后一至两年之内提交一份全面的初次报告。[2] 然后必须根据公约关于进一步采取措施落实公约[3]的规定继续定期提出报告，通常每4年或5年提出一次。报告必须列述缔约国为落实公约规定所采取的立法、行政和司法措施，还应提及落实各项权利方面遇到的任何因素或困难。为确保报告所含信息足够，使委员会能够开展工作，每个委员会都颁布有国家报告的形式和内容准则。

虽然各委员会审议缔约国报告所用程序有所不同，但有几个基本阶段为所有条约机构所共有：编写报告——准备审议——审议报告——结论性意见——落实与后续。

作为联合国人权公约机制中一项经常性的监督制度，缔约国报告程序对于人权公约的实施具有重要的意义。对于缔约国来说，为公约

---

① 肖君拥：《国际人权法讲义》，知识产权出版社2013年版，第302～303页。

② 规定一年内提交初次报告的有《消除一切形式种族歧视国际公约》《公民权利和政治权利国际公约》《消除对妇女一切形式歧视公约》《禁止酷刑和其他残忍、不人道或有辱人格的待遇或处罚公约》《保护所有迁徙工人及其家庭成员权利国际公约》。其他的均为2年内。

③ 《保护所有人免遭强迫失踪国际公约》除外。

机构编写报告的过程不仅应看作履行一项国际义务,而且也是一次为政策的规划与执行而对其管辖范围内人权保护状况进行衡量的机会。同时,还起着预防缔约国违约的作用。

(2)个人来文(申诉)制度。

人权公约实施机制下的投诉机制的基本概念是任何人都可以针对缔约国侵犯条约权利的行为向负责监督该条约的专家组(公约机构委员会)投诉,被称为个人来文或个人申诉制度(Individual Communication)。虽然九大机制的程序间存在一些差异,它们的设计和运作非常相似。但并非所有基于条约机构的投诉机制都已生效。目前,七大人权公约机构(人权事务委员会、消除种族歧视委员会、禁止酷刑委员会、消除对妇女歧视委员会、残疾人权利委员会、强迫失踪问题委员会和消除种族歧视委员会)可以在特定情况下接受并审议个人投诉或个人来文:

人权事务委员会可以审议投诉违反《公民权利和政治权利国际公约》规定权利,并属其《第一任择议定书》缔约国的个人来文;消除对妇女歧视委员会可以审议投诉违反《消除对妇女一切形式歧视公约》规定的权利,并属其《任择议定书》缔约国的个人来文;禁止酷刑委员会可以审议投诉已在《公约》第22条下作出必要声明的缔约国违反《禁止酷刑和其他残忍、不人道或有辱人格的待遇或处罚公约》规定权利的个人来文;消除种族歧视委员会可以审议投诉已在《公约》第14条下作出必要声明的缔约国违反《消除一切形式种族歧视国际公约》的个人申诉;残疾人权利委员会可以审议投诉《残疾人权利公约的任择议定书》缔约国违反《残疾人权利公约》的个人来文;强迫失踪问题委员会可以审议投诉已在《公约》第31条下作出必要声明的缔约国违反《保护所有人免遭强迫失踪国际公约》的个人来文;经济、社会和文化权利委员会可以审议违反《经济、社会及文化权利国际公约》规定的权利,并属其《任择议定书》缔约国的个人来文。

另外,两个公约机构(移徙工人委员会和儿童权利委员会)的个人投诉机制尚未生效:

移徙工人委员会的个人投诉机制规定在《保护所有移徙工人及其家庭成员权利国际公约》第 77 条中,要求接受并审议投诉的权利只限于已在《公约》第 77 条下作出必要声明的缔约国的个人来文,且个人投诉机制将在十个缔约国在公约第 77 条下作出必要声明后生效;《儿童权利公约关于设定来文程序的任择议定书》(包括《买卖儿童等问题任择议定书》和《武装冲突问题任择议定书》)规定儿童权利委员会有权接受并审议投诉缔约国违反该《儿童权利公约》和《议定书》的个人来文。这一个人投诉程序将在十个缔约国批准《关于设定来文程序任择议定书》后生效。①

根据九个公约中某一公约对一个缔约国提起的投诉必须满足两个条件:首先,对方必须是(通过批准或加入)相关公约的缔约方,被指侵犯了该公约的权利。其次,相关委员会监测公约执行职能和具备接收和审议个人投诉的能力必须得到缔约国的认可。在《公民权利和政治权利国际公约》《经济、社会及文化权利国际公约》《消除对妇女一切形式歧视公约》《儿童权利公约》《残疾人权利公约》中,缔约国通过成为各自《公约任择议定书》的缔约国,即视为认可委员会的能力。而在《消除一切形式种族歧视国际公约》《禁止酷刑公约》《保护所有人免遭强迫失踪国际公约》《保护所有移徙工人及其家庭成员权利国际公约》中,缔约国须通过在公约的某一条款下做出声明来认可委员会的能力。

任何人都能向委员会对满足以上两个条件的国家(是公约的缔约

---

① http://www. ohchr. org/CH/HRBodies/TBPetitions/Pages/IndividualCommunications.aspx#overviewprocedure. Visited on:Jan 26,2016.

方,并已认可委员会审查个人投诉的能力)提起投诉,指出他或她在相应公约下的权利受到侵犯。

各人权公约委员会处理个人申诉的程序不尽相同,但都要求最好在用尽国内补救方法后尽快进行投诉,延迟提交投诉可能使得缔约国无法迅速回应,公约机构无法彻查事实背景。在一些案例中,延迟的投诉可能导致相关委员会无法受理该案件。①

(3)国家间指控制度。

国家间指控制度(inter-state complaints)又称"国家间来文"或"国家间投诉"②。指人权公约允许缔约国向相关的公约机构申诉另一缔约国,指称其违反公约。不过这一程序从未实施过。③

有五项人权公约规定了这一制度。其中,《禁止酷刑公约》(第21条)、《保护所有人免遭强迫失踪国际公约》(第32条)和《保护所有移徙工人及其家庭成员权利国际公约》(第76条)三项公约规定,首先须用尽国内补救办法,其次该程序只适用于做出声明接受相关委员会这方面管辖权的缔约国。《公民权利和政治权利国际公约》(第41条至第43条)和《消除一切形式种族歧视国际公约》(第11条至第13条)规定

---

① 如:根据人权事务委员会[议事规则第96条(c)]规定,延迟的投诉不自动构成提交权利的侵犯;《消除一切形式种族歧视国际公约》第14条第5款规定"遇未能从依本条第二款所设立或指定的机关取得补偿时,申诉人有权于六个月内将此事通知委员会";《经济、社会及文化权利国际公约任择议定书》第3条第5款规定"来文有下列情形之一的,委员会应当宣布为不可受理:(a)未在用尽国内补救办法后一年之内提交,但来文人能证明在此时限内无法提交来文的情况除外";《儿童权利公约任择议定书》关于投诉程序的第7条(h)规定:来文有下列情形之一的,委员会应当宣布为不可受理:(a)未在用尽国内补救办法后一年之内提交,但来文人能证明在此时限内无法提交来文的情况除外……

② 如《联合国人权条约体系概况介绍第30号》(第一次修订版)(联合国,2013年,纽约和日内瓦)中使用"国家间来文"字眼,而联合国人权机构官网中文网使用的是"国家间投诉"一词,参见 http://www.ohchr.org/CH/HRBodies/TBPetitions/Pages/HRTBPetitions.aspx#inquiries。

③ 联合国人权高级专员办事处:《联合国人权条约体系概况介绍第30号》(第一次修订版),联合国,2013年,纽约和日内瓦,第35页。

有一种比较精细的通过建立特设调解委员会解决缔约国之间此种争端的程序。这种程序也要求首先用尽国内补救办法,通常情况下适用于《消除一切形式种族歧视国际公约》的所有缔约国,但是在《公民权利和政治权利国际公约》下仅适用于正式接受程序的那些缔约国。

(4)国际调查制度。

人权公约机构中,有六个委员会在收到可靠信息表明其所监督的公约缔约国有严重、广泛或系统违反公约规定的行为时,可自发开展调查(Inquiry Procedure)。这六个委员会是:消除对妇女歧视委员会、禁止酷刑委员会、残疾人权利委员会、强迫失踪问题委员会和经济、社会与文化权利委员会以及(相关任择议定书生效时的)儿童权利委员会。

调查只对承认相关委员会在此方面能力的缔约国使用。由于缔约国在批准公约时自动接受公约的这种管辖权,因此,除了强迫失踪问题委员会开展的调查属于例外,其他委员会仅可以对已经单独或额外承认委员会在这方面拥有管辖权的缔约国进行调查。缔约国在签署、批准或加入《禁止酷刑公约》时可选择根据第 28 条做出声明。《消除对妇女一切形式歧视公约任择议定书》的缔约国同样可以根据第 10 条做出声明不承认委员会的管辖权。《残疾人权利公约任择议定书》缔约国在签署、批准或加入时也可根据第 8 条做出声明决定不予承认。任何以此选择不加入该程序的国家可决定在以后某个阶段接受。①

委员会若收到可靠信息表明缔约国正系统地侵犯委员会所监督的公约包含的权利,便可启动调查程序。《禁止酷刑公约》(第 20 条)、《消除对妇女一切形式歧视公约任择议定书》(第 8 条至第 9 条)、《保护所有人免遭强迫失踪国际公约》(第 33 条)、《经济、社会、文化权利国际公

① 联合国人权高级专员办事处:《联合国人权条约体系概况介绍第 30 号》(第一次修订版),联合国,2013 年,纽约和日内瓦,第 32 页。

约任择议定书》(第11条)、《残疾人权利公约任择议定书》(第6条至第7条)和《儿童权利公约》(第13条)为各自委员会规定了紧急调查的基本程序。根据这些程序的规定,委员会邀请缔约国通过提交意见的形式配合审查信息,委员会可以在缔约国意见和其获得的其他相关信息的基础上,决定指派一名或多名委员开展调查并向委员会进行紧急报告。若获得相关缔约国的同意或批准,调查可能包括对该国领土的访问。委员会之后将审议成员(们)的调查结果,并将其与意见和建议一道发送给缔约国。缔约国应在特定时间范围内(通常是六个月)提交其关于委员会成果、意见和建议的评论,并在受到委员会邀请的情况下,告知委员会该国针对该调查采取的措施。调查程序是保密的,委员会在调查的所有阶段均希望获得缔约国的配合。[①]

(三)联合国人权公约机制的改革动向

联合国人权公约机构是国际人权保护系统的重要支柱。作为监督各国落实国际人权公约情况的独立专家委员会,它们为国际准则和标准赋予了生命力。各国有义务向公约机构定期报告其现状,这种报告义务对接受审议的国家有三大益处,即自我评估、国家对话和接触国际上的专家建议和良好做法。自2004年以来,随着四个新的公约机构和个人投诉程序的设立以及委员会成员人数的明显增加,该系统的规模已扩大了一倍。但除了增长之外,公约机构系统的发展也面临着重重挑战。这些挑战包括国家报告和个人来文的严重积压、公约机构长期资源紧缺以及缔约国未能充分履行其报告义务等。资源紧缺和公约机构间工作方法协调不够都是效率低下的成因。

---

① http://www.ohchr.org/CH/HRBodies/TBPetitions/Pages/HRTBPetitions.aspxinquiries, Visited on:Jan 26,2016.

人权公约机制面临的挑战和问题受到了国际社会的关注，加强人权公约的实施和增强人权公约机构体系的有效运作被提上了日程，联合国体系内形成了两种并存的改革进程，一种是人权高专办启动的“加强进程”；另一种是缔约国启动的“政府间进程”。

1. 人权高专办启动的“加强进程”

2009 年，时任联合国人权事务高级专员纳维·皮莱（Navanethem Pillay）启动了一项有关如何应对和解决这些挑战的协商和思考进程，也称“加强进程”（Strengthening Process），并于 2012 年发布了一份具有里程碑意义的报告，她指出，人权文书及相应监督机构数量增长和缔约国更加遵守报告义务人权保护系统全面成功，对公约机构和人权高专办提出了更多需求。她呼吁缔约国和其他利益攸关方开始反思如何简化和加强公约机构系统，以实现这些机制之间及其与特别程序和普遍定期审议的互动中的更好协调。[①] 皮莱女士与各国、各公约机构专家和其他合作伙伴进行了一场关于如何加强该系统的反思讨论。这场具有包容性和参与性的协商会最后形成了报告[②]，并在 2012 年提交联合国大会。高级专员在这份报告中提出了加强公约机构的六项革新性措施，包括：“综合报告日程表”的制定和实施；简化和统一核心人权公约缔约国报告流程；加强个体沟通程序、调查和国家访问；加强公约机构成员的独立性和专业知识；加强缔约国落实公约能力；提升公约机构的可见性和普及性。

---

① Navanethem Pillay, Strengthening the United Nations human rights treaty body system A report by the United Nations High Commissioner for Human Rights. June 2012. http://www.obchr.org/en/NewsEvents/Pages/DisplayNews.aspx? NewsID = 9333&LangID = E. Visited on 26 Jan, 2016.

② 参见联合国文件：UN. Doc. GA/66/860, 28。

2. 缔约国启动的“政府间进程”

人权高专办的加强进程所突出强调的强化进程是在不对人权公约进行修改的基础上系统地改进其工作机制动作效率，提高条约的实施。但这一进程并没有获得缔约国的广泛支持。实际上，“加强进程”从一开始就轻视了缔约国在加强人权公约机构体系中的主导作用。人权高专办更多地通过与国家人权机构、非政府组织等利益攸关者磋商，其措施也主要采纳这些利益攸关者的建议，缔约国的意见和建议并没有在“加强进程”中得到充分的反映。①

2012 年 2 月 23 日，联合国大会通过了题为“关于加强和增进人权公约机构体系有效运作政府间进程”的第 66/254 号决议。大会在该决议中请其主席在大会框架内启动一个不限成员名额政府间进程工作组，就如何加强和增进人权条约机构体系有效运作的问题进行公开、透明和包容性的谈判，并指定两位共同召集人，在这一进程中协助工作。经过大会第六十六届会议期间的讨论之后，共同召集人根据大会第 66/254 号决议的要求报告了审议的情况。② 然而，由于供会员国审议政府间进程中提出的许多问题的时间相对较短，没有确定任何具体的行动建议。因此，建议大会决定将政府间进程延长到第六十七届会议。在第六十七届会议期间举办了多次协商和情况介绍会。③ 由于第六十七届会议期间取得了重大进步，共同召集人建议大会决定将政府间进程延至 2014 年 2 月，以期最后敲定该政府间进程的成果文件。

2014 年 4 月，在成员国进行了两年的谈判后，联合国大会通过了以高级专员许多提议为基础的有关加强条约机构系统的第 68/268 号决

① 曾令良：《国际人权公约的实施及中国的实践》，武汉大学出版社 2015 年版，第 111 ~ 112 页。

② 参见联合国文件：UN. Doc. A/66/902。

③ 关于这一进程的详情载于共同召集人的报告：UN. Doc. A/67/995。

议。决议确认了加强和增进人权公约机构体系的有效运作的努力方向[①]:增加公约机构会议的总时间,从而使之每年能审议更多国家和个人投诉,并决定将以客观标准为基础,每两年对会议时间进行审议;批准了一项能力建设方案以援助那些需要通过技术援助来落实其公约义务的国家;重申公约机构及其成员的独立性和公正性;强烈谴责针对与公约机构合作的个人和组织的报复行为;使公约机构文件合理化,由此提高工作效率与效益;通过提供视频会议设备使通讯更加现代化;鼓励公约机构协调工作方法以使之更加高效且渠道更加通畅;为公约机构主席在各机构间协调程序赋权;要求联合国秘书长确保公约机构逐渐能被残疾人适用;鼓励各国提供自愿基金以促进在日内瓦没有代表的国家参与公约机构;联合国大会要求联合国秘书长每两年提交一份有关落实第68/268号决议方面进展的报告。联合国大会将于2020年审议所有通过的措施的有效性,以确保其可持续性。在适当情况下,联合国大会还可能决定就加强和提高公约机构系统有效运作采取进一步行动。

从人权高专办的"加强进程"和缔约国的"政府间进程"看,尽管两者目标一致,均针对联合国人权公约实施中的困境,致力于提高人权公约实施机制的效率。但基于各自立场,两者提出了许多相互争议的建议。即便是在"政府间进程"内部,各会员国的意见也不尽一致,甚至大相径庭。[②] 正如人权高专办专员纳维·皮莱所言,"我预测公

---

① 参见联合国2014年4月9日大会决议:UN. Doc. A/RES/68/268。

② 戴瑞君:《联合国人权条约机构体系的加强进程——联合国人权保护机制的最新发展》,载《环球法律评论》2013年第6期。

约机构强化倡议将是一个漫长的进程”。[①] 同样，政府间进程也是多次延长。可见，联合国人权公约机制的改革在实质推进过程中却是异常艰难的。

二、《老年人权利公约》国际层面实施机制之应然

在联合国人权公约两类实施机制中，基于《联合国宪章》的实施机制与基于人权公约的实施机制是相辅相成、互为补充的。例如，人权理事会的“普遍定期审议”机制立足于受审议国与理事会成员国和观察员国之间的互动对话。这一机制四年半为一个周期，审议周期的各个阶段，均需民间社会组织、国家人权机构和联合国专门机构积极参与这一进程。普遍定期审议提醒缔约国注意定期向委员会提交报告，落实委员会的建议，极富成效。公约机构方面也提醒缔约国注意必须落实普遍定期审议的各项建议。另外，人权理事会的“特别程序”机制与公约机构定期交流信息，后续落实各自的建议，特别程序提出的关切事项得到公约机构的考虑，反之亦然。它们还可以就国际重大关切问题发表联合声明，有时举行联席会议讨论如何改进和协调工作。

而基于《联合国宪章》的实施机制是联合国人权体系下共有的：一般性的实施监督机制，因此，对《老年人权利公约》的实施监督机制的构建，重要的是老年人权利委员会的构建。对此，应吸收联合国体系内关于人权公约机构改革的成果，同时借鉴现有核心人权公约机构的模式，综合考虑与其他人权实施机制的合作以及如何更进一步促进和保护人权的实施。

---

① Navanethem Pillay, Strengthening the United Nations Human Rights Treaty Body System A Report by the United Nations High Commissioner for Human Rights. June 2012, p. 33. http://www.obchr.org/en/NewsEvents/Pages/DisplayNews.aspx? NewsID = 9333&LangID = E. Visited on 26 Jan, 2016.

（一）老年人权利委员会的构成

联合国现有的人权公约委员会中，每一个委员会都由人权方面才干得到公认的独立专家组成，由缔约国提名并选举产生，固定任期为4年，除了最新成立的公约机构（防止酷刑小组委员会、残疾人权利委员会和强迫失踪问题委员会）的委员只能连任一次，其他的委员会委员均可连选连任，且每两年改选一半委员。公约机构履行的一系列职能在于监测公约缔约国执行公约的情况。

《老年人权利公约》在国际层面的实施，除了基于《联合国宪章》下为各公约所共有的一般性的实施监督机制外，还应当设立一个由《老年人权利公约》规范的老年人权利委员会，并应详细规定相应的职能。在委员会人员组成上，委员会应当由不少于18名[①]专家组成，委员会成员应当以个人身份任职，品德高尚，在老年人权利保护领域具有公认的能力和经验。缔约国在提名候选人时，应当考虑到与老年人权利保护有关的民间团体、社会组织，包括非政府组织、老年人代表的参与。委员会成员选举须顾及公平地域分配原则、各大文化和各主要法系的代表性、成员性别的均衡性以及老年人问题专家的参加。委员会成员的选举应以无记名投票，在缔约国会议上，根据缔约国提名的本国国民名单产生，得票最多和获得出席并参加表决的缔约国代表的绝对多数票者，当选为委员会成员。当选的委员会成员任期四年，可以借鉴《残疾人权利公约》的规定，委员会成员可以连选连任一次。委员会还应当自行制

① 根据现有核心人权条约委员会组成情况，消除种族歧视委员会有18名委员；经济、社会和文化权利委员会有18名委员；人权事务委员会有18名委员；消除对妇女歧视委员会有23名委员；禁止酷刑委员会有10名委员；防止酷刑小组委员会有25名委员；儿童权利委员会有18名委员；移徙工人问题委员会有14名委员；残疾人权利委员会有18名委员；强迫失踪问题委员会有10名委员。

定完备的议事规则。

（二）老年人权利委员会实施程序

在老年人权利委员会实施程序上，《老年人权利公约》应授权委员会能够在公约的宗旨和目标一致的原则上，保障为实施《老年人权利公约》的相应程序。

第一，有权审议缔约国提交的报告。委员会应当审议每一份报告，并在委员会认为适当时，对报告提出提议和一般建议，将其送交有关缔约国。缔约国可以自行决定向委员会提供任何资料作为回复。委员会可以请缔约国提供与实施本公约相关的进一步资料。在国家监测机制和民间社会组织提交的定期报告的基础上，委员会与缔约国就《老年人权利公约》的执行情况开展建设性的对话并发表结论性意见和建议，以便为改进和加强执行《老年人权利公约》采取后续行动。①

第二，委员会按期举行一般性讨论，会议向公众开放，就《老年人权利公约》产生的人们普遍关心的问题展开讨论。对于严重逾期未交报告的缔约国，委员会可以通知有关缔约国，如果在发出通知后的 3 个月内仍未提交报告，委员会必须根据手头的可靠资料，审查该缔约国实施本《老年人权利公约》的情况。委员会应当邀请有关缔约国参加这项审查工作。

第三，针对《老年人权利公约》的具体条款或《老年人权利公约》执行过程中出现的具体问题，委员会应发表权威性的声明，即一般性意见，以解释《老年人权利公约》条款或澄清权利内容。

第四，应以任择议定书的形式授权委员会接受已经批准议定书的

① Helen Keller, Geir Ulfstein, "UN Human Rights Treaty Bodies: Law and Legitimacy," *Cambridge University Press* 2012, pp. 27 – 28.

国家中的个人来文，即声称违反了《老年人权利公约》任何条款的投诉。委员会在根据相关国家的意见审议投诉之后可提出其意见。

第五，应以任择议定书的形式授权委员会，如果有可靠的情报表明《老年人权利公约》被严重或系统地违反，即出现国家间来文，则可对相关缔约国开展调查。

总之，《老年人权利公约》应当建立一个高效的、可持续的公约机构，由专家牵头，通过对缔约国法定公约义务履行情况进行可预测的、定期的、非政治化，且非歧视性的独立审查，来加强国家一级的执行和国际一级的合作，与联合国其他人权机制协调配合，加强对老年人人权的保护。

第二节　《老年人权利公约》国内层面实施机制构建

"二战"以后国际人权法的大量出现，改变了传统国际法中国际条约仅涉及国家间的关系，而无关乎个人赋权的状况。[①] 在国际人权法中，主权国家承担人权保障最主要的责任，在各种国家人权文书中有明确的规定，人权保障的义务主体是主权国家。[②] 保护人权的首要责任在于国家政府，国家是国际人权法的核心与基础。在国家批准某项人权文书时，必须确保所涉的权利成为国家法律体系的组成部分，或获得国

---

① ［英］詹宁斯、瓦茨：《奥本海国际法》（第1卷·第1分册），王铁崖等译，中国大百科全书出版社1995年版，第10页。

② 刘志强：《论人权法中的国家义务》，载《广州大学学报》（社会科学版）2010年第11期。如《联合国宪章》第2条第2款"各会员国应一秉善意，履行其依本宪章所担负之义务……"《公民权利和政治权利国际公约》第2条第1款"本盟约每一缔约国承担尊重和保证在其领土内和受其管辖的一切个人享有本盟约所承认的权利……"《经济、社会、文化权利国际公约》第二条第一款"每一缔约国家承担尽最大能力……采取步骤，以便用一切适当方法，尤其包括用立法方法，逐渐达到本盟约中所承认的权利的充分实现。"其他核心人权公约也可见类似的规定。

家法律体系的承认。国家必须按照要求采取“一切适当措施”[1],包括但不限于法律措施,据以确保这些权利在国家一级得到落实。这些措施就是所谓的“有效的国家执行”,也是国际人权法的国内实施(domestic implementation),即各国以适当的国内途径和措施使得对本国具有拘束力的国际人权法规范在本国管辖范围内得到遵守和执行。[2]这既是“有约必守原则”这一国际法基本原则的要求,也是各项具体国际人权条约对缔约国的要求。

在国际人权法上,公约在国内层面的实施被赋予较高的地位。国际人权法上一项普遍承认的国际法原则就是,在国内补救尚未穷尽之前,国际机构不得接受国家间或个人申诉。[3] 这一原则在联合国核心人权公约中得到确认。[4] 正如美国学者比尔德(Richard B. Bilder)所言,“国际人权法与所有国际法一样,主要和直接地适用于国家而非个人”。[5]《老年人权利公约》将来作为联合国核心人权条约之一,其国内层面实施机制的构建,是该公约的权利价值能否得到保障的关键所在。

一、国际人权公约国内实施的一般理论与实践

国际人权公约为什么要在缔约国的国内实施,缔约国如何实施,实质上涉及国际法基本理论之一,即国际法与国内法的关系问题。国际法与国内法的关系问题既是一个理论问题,也是一个实践问题,一直在

---

① 该表述在联合国多项核心人权公约中多次提及。如《残疾人权利公约》第4、6、16、21、25、30条;《消除对妇女一切形式歧视公约》第2、3、5~8、10、11、12~14、16条,等等。

② 肖君拥:《国际人权法讲义》,知识产权出版社2013年版,第316页。

③ [奥]曼弗雷德·诺瓦克:《〈公民权利和政治权利国际公约〉评注》(修订第2版),孙世彦、毕小青译,生活·读书·新知三联书店2008年版,第30页。

④ 如《公民权利和政治权利国际公约》第41条第1款(丙)项,以及该公约《第一任择议定书》第2条和第5条第2款(丑)项等。

⑤ Richard B. Bilder,“The Status of International Human Rights Law:An Overview”. James C. Tuttle,ed. ,*International Human Rights Law and Practice*,1,1978,p. 6.

国际社会存在热烈的争论,并产生了不同的观点,而且这些观点在不同的国家中获得了不同程度的支持,这也就在各国的条约实践中形成了不同的做法。[①] 王铁崖先生认为:“国际法与国内法的关系在理论上的争议是不可避免的。尽管更加务实的英美学者对欧陆学者一元论、二元论的对立往往不屑一顾,但是这并不意味着国际法与国内法关系的理论争议在实践中毫无意义,相反,它是上至国际法院下到各国的国内法院在引用国内法或国际法时都不得不面对的问题,任何回避与含糊其辞都无益于问题的解决。”[②]国际法与国内法关系的问题,早已受到国际社会的关注,在学说上形成了一元论和二元论两大派别,一元论又有“国际法优先说”和“国内法优先说”,即形成所谓的“两派三论”[③]理论。后在此理论的基础上又形成了“协调论”观点,强调国际法与国内法的协调合作性。

(一)国际法与国内法关系论争

1. 一元论

一元论主张国际法和国内法是属于同一法律体系的不同组成部分。[④] 对于何者优先的问题,出现了国内法优先说和国际法优先说两种观点。

(1)国内法优先说。

国内法优先说认为,作为法律的国际法与国内法属于同一法律体系,在这个法律体系中,国际法的效力来自国内法,是依靠国内法才得

---

① 王勇民:《儿童权利保护的国际法研究》,华东政法大学 2009 年博士学位论文,第 198 页。

② 王铁崖:《国际法引论》,北京大学出版社 1998 年版,第 177 ~ 178 页。

③ 同上书,第 180 页。

④ 王铁崖:《国际法》,法律出版社 1995 年版,第 27 页。

到它的效力的，进而，国际法是国内法的一部分，有时被称为“对外公法”。[①]按照这个理论，国际法必然受制于国内法，从而失去其存在的意义。这一学说在19世纪末的德国尤为盛行，其代表人物为德国学者佐恩（Zorn）、杰利内克（Jellinek）、温策尔（Wenzel）等。20世纪30年代，该理论在法西斯德国再度出现，现在已被国际法学界所抛弃。

（2）国际法优先说。

国际法优先说主张，国际法和国内法属于同一法律体系，国际法优于国内法，这一理论兴起于第一次世界大战后。在这个法律体系中，国内法的效力是依靠于国际法的，而国际法的效力则最终依靠于一个最高规范，即“约定必须遵守”，或者说是“国际社会的意志必须遵守”。[②]

该学说最为著名的代表人物是“规范法学派”的代表人物凯尔森（Kelsen Hans）。其在《国际法原理》（1952年）一书中比较完备地提出了该学说。他主张法律是一个统一体，而在统一的法律体系之中的法律规范有层次之分，形成一种所谓金字塔式的规范体系。法律秩序是一种规范体系，一个规范的效力决定于另一个较高的规范，最后则追溯到一个最高规范。为了说明这个最高规范，他提出了一个“基础规范”的概念，并认为国内法的效力来源于国际法，而国际法的效力则最终来自于这个“基础规范”——“约定必须遵守”。[③]

国际法优先说主要在当代西方国家影响较大，但由于其认为国内法从属于国际法，国际法在各方面都高于国内法，从而抹杀了国内法的自身作用，并从根本上否定了国家主权的独立平等性。[④] 况且，国际法

① 王铁崖：《国际法》，法律出版社1995年版，第27页。

② 同上书，第28页。

③ 凯尔森：《国际法原理》，王铁崖译，华夏出版社1989年版，第334～336页。

④ 贾少学：《国际法与国内法关系论争的时代危机——对一元论和二元论进路的反思》，载《法制与社会发展》2009年版，第62页。

优先说无法解决国际法规范的效力来源问题。所以，规范法学派只能提出一个抽象的“基础规范”概念，认为国际法的效力来源于这个基础规范——“约定必须遵守”。这就使国际法优先说的规范法学派最终走上了旧自然法学派的老路，[①]因而受到了法学家们的批判。

2. 二元论

二元论认为，国际法和国内法都是法律，都是国家的主权意志的行为。但是，国际法和国内法是两个不同的法律体系，国内法是国家的主权意志的对内表现，其对象是国家之内的人民，而国际法是国家的主权意志的集体表现，其对象是国家关系中的国家本身。因此，国际法和国内法没有隶属关系，而处于对等地位。[②]

二元论的代表人物是德国学者特里派尔（Triepel, H.）等人。特里派尔在他著名的《国际法与国内法》（1899 年）一书中首先提出国际法与国内法的关系，并完整地阐明了他的二元论观点。[③] 奥本海（Oppenheim, L.）也是一个典型的二元论者，他在名著《奥本海国际法》中明确地阐释了二元论思想。

19 世纪末之后，二元论在国际法学界占优势地位，现在还有相当的影响。但该观点过于强调国际法与国内法的区别，而忽视了两者的联系。随着两次世界大战的结束，大量民族国家的独立、承担各种责任的国际组织的出现以及国际人权法的涌现，二元论无法解释国际法必然要在一国领域内加以实施的现实问题，更无法解决在国际人权法律体系当中，国家并非以对等利益为前提而自愿履行国际人权公约义务所

---

① 王勇民：《儿童权利保护的国际法研究》，华东政法大学 2009 年博士学位论文，第 200 页。

② 王铁崖：《国际法》，法律出版社 1995 年版，第 29 页。

③ H. Triepel, “Les Rapports entre le droit interne le droit intemational”, *Recueil des cours*, Vol. 1, 1923, pp. 77 – 118. 转引自王铁崖：《国际法引论》，北京大学出版社 1998 年版，第 181 ~ 182 页。

呈现的理论问题,其主张暴露了明显的不足,国际法在国内法的作用难以正确说明。

3. 协调论

针对上述一元论和二元论的缺陷,一些学者提出了对一元论和二元论进行调和的观点,从而出现了所谓"协调论"的主张。其代表人物为 19 世纪英国的丹尼尔·奥康奈尔(Daniel O'Connell)。他认为,任何法律秩序都是人与人之间的关系,但人并不是单纯在国家的法律秩序内生活着,也不是单纯在国际法律秩序内生活着。因此,国际法和国内法是和谐一致的,就其对特定的人类行为而言是各自独立的,但就其整体的目的在于基本人类利益而言,则是协调的,一个体系并不高于另一个体系,两个体系是在一个水平上;两个体系并不是互相冲突的法律规则;如果在事实上有互相矛盾的规则,这些规则并非无效,而应该协调相抵触之点从而消除矛盾。无论如何,两个法律体系之间不是互相矛盾的。① 我国也有学者提出"法律规范协调说",认为法律规范的和谐一致是准确把握国际法与国内法关系的理论起点,法的内在特质的普遍性与形式特征的共同性以及法治社会对法律体系融合协调的基本要求,决定了国际法与国内法必须且只能在法律规范的统领下和谐共生、协调一致。②

总的来说,无论是一元论、二元论还是协调论,均无法从理论上完整地解释当今国际法和国内法之间的现实关系。当代国际法学说一方面主张国际法与国内法构成两个独立的法律体系,二者不存在孰高孰低的隶属关系;另一方面又认为它们之间是有密切联系的。中国当代

① D. P. O'Connell, *International Law*, Vol. I, London: Stevens&Sons, 1970, pp. 43 - 46. 转引自王勇民:《儿童权利保护的国际法研究》,华东政法大学 2009 年博士学位论文,第 202 页。

② 李龙、汪习根:《国际法与国内法关系的法理学思考》,载《现代法学》2001 年第 1 期。

国际法学者一般主张:国际法和国内法是不同的法律体系,但由于国内法的制定者和国际法的制定者都是国家,这两个体系之间有着密切的联系,彼此不是互相对立而是互相紧密联系、互相渗透和互相补充的。[①]正如有的学者认为,"国际法与国内法是相融相通、协调一致的,国际法的有些法律规范和国内法的法律规范一样,在一国宪法的统辖下,与国内法共同构成主权国家完整的法律体系。同样,国内法的法律法规和国际法的规定一样,在国际社会共同的法律理念的统领下,构成国际社会完整法律制度的有机组成部分"。[②] 这种看法更加符合国际社会的现实,充分认识到了国际法与国内法二者的区别和实际联系。国际法可以在国内进行适用,但并不表明国际法优越于国内法,国际法并不能更改国内法。"各国有一秉诚信履行由条约与国际法其他渊源而产生之义务,并不得借口其宪法或法律之规定而不履行该种义务。"[③]当然,如果国内法与国际法之间存在冲突,国内法院适用国内法而拒绝适用国际法,则该国因此而承担了相应的国际法律责任。

（二）国际条约国内实施方法实践

国际法与国内法的关系方面,各个国家在实践上比较复杂。虽然国际法对各缔约国加以善意履行的义务,但一个条约在缔约国内实施的方法,是由各国按自己的法律自行决定的问题。各国法律体系不尽

---

① 梁西:《国际法》,武汉大学出版社 2002 年版,第 41 ~ 42 页。

② 刘健:《法律全球化进程中国际法与国内法的关系》,载《衡阳师范学院学报》(社会科学)2003 年第 4 期。

③ "Every State has the duty to carry out in good faith its obligations arising from treaties and other sources of international law, and it may not invoke provisions in its constitution or its laws as an excuse for failure to perform this duty." Draft Declaration on Rights and Duties of States 1949, Article 13. Accessed on: http://legal. un. org/docs/? path = ./ilc/texts/instruments/english/draft_articles/2_1_1949. pdf&lang = EF, 2016 - 1 - 20. 另参见《维也纳条约法公约》第 26 条也作了类似的规定,即,"一当事国不得援引其国内法规为理由而不履行条约……"

相同,因此,在国际公约国内实施的方法上有不同的情形。一般来说,主要有两种,一种是采纳(adoption),[①]另一种是转化(transformation)。

1.采纳

根据王铁崖先生的观点,所谓"采纳",即由国内法采纳国际法,使其在国内发生效力,而不需要国际法转化为国内法。这就是说,由于采用这个方法,国际法的规范,无论是习惯法、条约或一般法律原则,均被宣告为在国内法范围内可以适用的,而不改变它们作为国际法的渊源的性质、它们的主体和它们的内容。[②] 但是,在实践中,采纳的方法并不意味着所有的条约都可以在国内直接适用。正如李浩培先生所言,"凡把条约一般地接受为国内法的国家,实际上都有区别自动执行和非自动执行的条约的必要"。[③] 根据国际法的实践,自动执行的条约是指"条约经国内接受后,无须再用国内立法予以补充规定,即应由国内司法或行政机关予以适用的那类条约",而非自动执行的条约是指"条约经国内接受后,尚须再由国内立法予以补充规定,才能由国内司法或行政机关予以适用的那类条约"。[④] 美国是区分自动执行条约和非自动执行条约的典型国家,人权公约在美国属于非自动执行的条约。

因此,对于自动执行的条约来说,不存在国内立法实施的问题,只需缔约国决定哪些条约对于本国来说是自动执行的,并将此条约置于国内法中合适的位阶。国际法与国内法关系的一元论学说可以解释这种实践。而对于非自动执行的条约,其国内实施措施相对复杂得多,缔

① 王铁崖先生用的是"采纳"来指称"adoption",参见王铁崖:《国际法引论》,北京大学出版社 1998 年版,第 198 页;而对同一单词,李浩培先生用的是"纳入",参见李浩培:《条约法概论》,法律出版社 1988 年第 1 版,第 380 页。本书采用王铁崖先生的表述,以区别于另一个单词"incorporation(纳入)"。

② 王铁崖:《国际法引论》,北京大学出版社 1998 年版,第 199 页。

③ 李浩培:《条约法概论》,法律出版社 1988 年版,第 380 页。

④ 同上书,第 386 页。

约国需采取立法上或其他的措施,通过转化的方式,保证公约的义务能在国内实施。这种情况下,也可以用二元论来解释。[①]

2.转化

所谓“转化”,是指国际法的原则、规则和制度由于国内法律行为而纳入(incorporation)到国内法律体系中,成为国内法律或者具有国内法律的效力。其主要特点是,每一项国际法规则要在国内适用,必须通过立法行为、条约的颁布或其他宪法程序有意识地予以纳入;其前提是,国际法在本质上是不能在国内适用的,因此,必须通过主权意志的机构转化成国内法。[②] 条约规定通过转化的方式在缔约国得以实施的,以意大利和英国为典型,但两国的理由并不相同:前者受二元论的影响,而后者为了巩固国会的立法权和保障人民的权利。[③]

(三)《老年人权利公约》的设计应促进国内纳入

目前,在国际法的实践中,各国对国际条约(或公约)在国内实施方法的选择上并不是泾渭分明地只使用“采纳”的方式或只使用“转化”的方式。大多数国家根据所加入条约的不同性质,或者根据本国的需要,两种方式兼采。但无论哪种方式,“纳入”的过程是必不可少的。正如王铁崖先生所言,“总的来说,国际法和国内法既然是两种不同的法律体系,国际法要在国内适用,就要有一个纳入(incorporation)”的过程。“纳入”的概念包括在国内履行国际义务的一切形式,也就是包括“采纳”和“转化”在内。[④]

---

① Christof Heyns, Frans Viljoen, “The Impact of the United Nations Human Rights Treaties on the Domestic Level”, *Human Rights Quarterly*, Vol. 23, 2001, p. 490.

② 王铁崖:《国际法引论》,北京大学出版社 1998 年版,第 199 页。

③ 李浩培:《条约法概论》,法律出版社 1988 年版,第 381 页。

④ 王铁崖:《国际法引论》,北京大学出版社 1998 年版,第 198 页。

国际人权公约所确认的标准须在国内实施是不言而喻的,同时,国际人权公约不是去取代国内法和国家机制,而是努力促使国家改进其国内法和国家机制,使它们更为有效。国际人权公约规定的人权的实现,在很大程度上有赖于缔约国通过有关的立法、司法和行政等一切措施,将公约规定落实到国内法律体系中。[①] 这种落实,便是国际人权公约通过国内"纳入"过程予以确立。因此,人权公约也应当在其条款中反映这一最基本的需求,公约条款所创设的国际层面的义务需要在国内层面上生效,从而保证国际标准被有意义地转化为国内层面上的行动。《老年人权利公约》在国内层面实施的条款设计中同样应反映这一基本观点。

具体而言,《老年人权利公约》所确立的国际标准,对缔约国而言,将会产生通过"纳入"过程而在国内层面对这种标准的转化。因此,《老年人权利公约》条款的设计应作为促进国内层面老年人权利保障法律及相关政策变革的依据。而《老年人权利公约》的制定,是将老年人权利保障放在更广泛的以"权利"为导向的视野中作为开展工作的基础。这种更广泛的视野不光只是聚焦于法制领域在老年人权利保障方面的改革,或司法、准司法机构中引入人权标准保障老年人权利,更重要的是对社会改革应是同样的至关重要。推动老年人权利保护方面社会改革的重要的工作包括老年人的人权教育、媒体的参与、国民经济中预算的投入以及倡导、社会宣传,还有老年人广泛赋权等。如果《老年人权利公约》被国家支持,并能得到国内相关老年人社会组织、国家机构的支持,将会具有深远的意义和潜在的革新功能。由此可见:

一方面,《老年人权利公约》应设定许多其他人权公约中常见的一

① 陈立虎:《国际人权公约与人权保护——国内司法实施的分析》,载《现代国际关系》2003 年第 3 期。

般义务，促进国内老年人法律的改革以及对《老年人权利公约》条款的国内纳入。这些一般性义务都应清楚表达国内层面各类实施措施，要求缔约国承诺确保并促进充分实现所有老年人的一切人权和基本自由，使其不受任何基于老龄的歧视。首先，在立法、行政和其他方面采取措施实施公约确认的权利；其次，在对老年人构成歧视的现行法律、法规、习惯和做法上，应采取一切适当措施，包括立法、修订或废止；最后，还应要求缔约国采取包容性的模式，在一切政策和方案中考虑保护和促进老年人的人权。①

另一方面，《老年人权利公约》的条款设计还应为国内层面的老年人权利的宣传、倡导以及各方面行动提供一个整体模式的框架。这些方面包括促进老年人积极参与社会、政治、经济、文化生活，提高社会以及老年人本身权利意识，消除人们对老年人的负面看法等。这就要求缔约国"尽可能地采取迅速有效的行动"，以全面实现《老年人权利公约》所规定的权利内容。对此，在国内层面，构建充满活力的监督机制非常重要且必须。这一监督机制应该包括老年人组织、国家人权机构以及老年人权利委员会在内的国内和国际的监督机构。这将是保障《老年人权利公约》在国内实施的重要因素。

二、国内实施的措施

（一）国家义务的多层次性

各国政府通过批准国际人权条约，成为缔约国的同时，也承担了该公约所规定的义务和责任。根据目前联合国核心人权公约体系的规

---

① Christian Tomuschat, *Human Rights: Between Idealism and Realism*, 3rd Edition, Oxford University Press, 2014, p. 166.

定,国家保护人权的义务是一种综合性的、多层次的道德与法律要求,包括多样化的内容。[①] 有的学者认为,根据《国际人权宪章》的要求,国家应在其国内制度中"承认"(recognize)"尊重"(respect)"保证"(ensure)人权。[②] 有的学者认为,国家的人权保护义务分为四个方面:第一,尊重的义务;第二,保护的义务;第三,满足或确保的义务;第四,促进的义务。[③] 联合国1989年出版物《取得足够的粮食的权利作为一项人权》中确认了缔约国三个层次的义务:尊重、保护和援助(履行)。[④] 该提法被经济、社会、文化权利委员会在其1999年第12号一般性意见中采纳,"取得足够粮食的权利像任何其他人权一样,对缔约国规定了三个类型或层次的义务:尊重、保护和履行的义务"。[⑤] 人权学界也广泛接受了三层次的观点,1998《关于违反经济、社会和文化权利的马斯特里特指导准则》第二部分完全接受了"义务层次论","与公民和政治权利相同,经济、社会和文化权利也规定了缔约国的三种不同类型的义务:尊重的义务、保护的义务和实现的义务。未能履行此三种义务的任何一种均构成对此类权利的违反"。[⑥] 由此可见,无论是根据《经济、社

---

① 韩大元:《宪法文本中"人权条款"的规范分析——兼论成立国家人权委员会的可能性》,载《法学家》2004年第4期;孙世彦:《论国际人权法下国家的义务》,载《法学评论》2001年第2期。

② Louis Henkin, "A Post-Cold War Human Rights Agenda", *Yale Journal of International Law*. Vol. 19, 1994. p. 250.

③ [挪]S. 利本贝里(Sandra Liebenberg):《经济和社会权利在国内法律制度中的保护》,载[挪]艾德等主编:《经济、社会和文化权利教程》(修订第2版),中国人权研究会组织翻译,四川人民出版社2004年版,第46~68页。参见韩大元:《宪法文本中"人权条款"的规范分析——兼论成立国家人权委员会的可能性》,载《法学家》2004年第4期。

④ 参见《取得足够的粮食的权利作为一项人权》,研究丛刊第1号,1989年,纽约,联合国出版物出售品编号E. 89. XIV. 2。

⑤ 参见联合国经济、社会、文化权利委员会第12号一般性意见,1999年,第15段,UN. Doc. HRI/GEN/1/Rev. 6, p. 65。

⑥ 郭曰君、吕铁贞:《经济和社会权利的国际救济机制述评》,载《环球法律评论》2008年第5期。

会、文化权利国际公约》,还是《公民权利和政治权利国际公约》,缔约国都应当承担尊重、保护以及实现这三个方面的义务。《老年人权利公约》下权利体系的保障实施,同样需要这三个层次的国家义务。

1. 尊重义务

尊重义务(obligation to respect),是指国家不进行干涉的义务,①意味着缔约国必须克制自己,不对这些权利的行使进行限制,除非这些限制是为公约所明确允许的。这一克制义务的具体内容取决于特定权利的要求和表述。这一义务要求各国政府负有不得侵犯人权的义务,通常也被称为"被动"义务,也就是保证不从事某种行为或做法的义务,②即"不作为"义务。例如,国家不得任意剥夺老年人生命的行为,或不得施行酷刑和类似的残忍、不人道和有辱人格的待遇,或禁止任意干预老年人的隐私权等。尊重义务的实施还应贯彻平等和非歧视原则,无论老年人种族、肤色、性别、语言、宗教、政治或其他见解、国籍或社会出身、财产、出生或其他身份等有任何区分,均应保证老年人在享受权利时不受任意干预。

在涉及老年人具体权利体系方面,尊重义务要求保护老年人的权利包括:不受一切形式歧视的权利;参与权,包括影响相关法律或政策的权利;组织、集会和结社权利,特别是社区组织和非政府组织;待遇平等权,特别是在资源分配和获得信贷方面;有权自由享受已经得到的权利,不受国家的任意干预;在接受教育、培训或就医、保健护理或获得与政治、经济、社会、文化、公民权利有关的其他服务方面不受任意排斥的

---

① [奥]曼弗雷德·诺瓦克:《国际人权制度导论》,柳华文译,北京大学出版社2010年版,第46页。

② 联合国人权事务委员会:《人权概况介绍第15号》(第1次修订版),2004年版,公民权利和政治权利:人权事务委员会,第5页。

权利。[①] 同时,尊重义务还应当注意到,不仅缔约国政府或公共机构可能对老年人的这些权利造成影响,其他个人、组织或私营企业等非国家行为者均有可能对老年人的权利享受影响巨大。例如,家庭成员或护理机构工作人员对老年人隐私权或自主权的影响比比皆是;金融机构的政策可能导致对老年人经济权利的歧视;私营企业的用工政策中对老龄的歧视屡见不鲜,等等。

因此,在具体义务中,缔约国应当承诺:采取一切适当措施,包括立法,以修订或废止构成歧视老年人的现行法律、法规、习惯和做法;不实施任何与公约不符的行为或做法,确保公共当局和机构遵循公约的规定行事;采取一切适当措施,消除任何个人、组织或私营企业基于老龄的歧视。[②]

2. 保护义务

保护义务(obligation to protect),是指缔约国必须保护权利人享有公约规定的权利。相较于尊重义务而言,保护义务的意义进了一步:缔约国不仅不得侵犯个人的权利,而且必须保护个人的权利免遭第三方的侵犯,不论第三方是个人、公司还是其他非国家行为者。这是一项"主动"义务,需要的是缔约国积极"作为义务",如制定立法和政策制度,并投入足够的资源,保护老年人免遭任何形式的歧视、骚扰或其他威胁。当第三方侵犯到老年人的经济、社会、文化、政治、公民权利时,公共当局应采取行动,防止侵权行为进一步发生,保证任何侵权行为的受害者获得法律补救。

具体来说,国家对老年人权利的保护义务包含但不限于以下方面:

---

① 此处参考联合国人权事务高级专员办事处专业培训丛刊第 12 辑,国家人权机构手册:经济、社会、文化权利,联合国 2004 年,纽约和日内瓦,第 23 页。但此处包括但不限于所列示的权利,并未穷尽尊重义务下所有的老年人权利内容。

② 包括,但不限于这些行动。

立即采取步骤确保防止国家侵犯经济、社会、文化权利;立即采取步骤确实防止第三方侵犯经济、社会、文化权利;确保在发生经济、社会、文化权利据称遭到国家或非国家行为者侵犯的情况时有机会得到公正的法律补救;采取积极措施,保护老年人免遭种族或其他形式的歧视、骚扰。

3. 实现义务

实现义务(obligation to fulfill),是指国家有义务采取必要的立法、行政、司法和实践措施保证相关权利在最大可能的限度上得到实施。[①]这一义务要求缔约国必须增进或落实老年人的权利,即采取必要的步骤创造一个必要的和有助于相关权利得到充分实现的环境,又被称为"履行义务"[②]。这同样也是一项"主动"义务,它要求缔约国采取重大步骤,包括划拨适当的资源,以履行它在条约下的义务。还要求缔约国在其他措施没有成功保证老年人权利得到充分实现时采取积极措施。这项义务可能涉及诸如公共支出、政府经济条例、提供基本公共服务和基础设施、税收和其他经济再分配措施等问题。

在实现义务下,缔约国必须承诺采取有效、适当的措施,保证充分实现公约所承认的权利。这项义务同时还必须包含对老年人权利保护来说至关重要的三项义务:[③]

第一,便利的义务。缔约国应采取措施为尊重和保护权利创造必要条件。如《残疾人权利公约》第 2 条对"合理便利"作了如下定义:

---

① [奥]曼弗雷德·诺瓦克:《国际人权制度导论》,柳华文译,北京大学出版社 2010 年版,第 47 页。

② 联合国人权事务高专办在国家人权机构手册中使用的是"履行的义务"一词,其中规定,履行经济、社会、文化权利的义务要求缔约国在其他措施没有成功保证这些权利得到充分实现时采取积极措施。参见联合国人权事务高级专员办事处专业培训丛刊第 12 辑,《国家人权机构手册:经济、社会、文化权利》,联合国 2004 年,纽约和日内瓦,第 27 页。

③ 徐鹏:《1966 年联合国人权两公约的实施》,武汉大学 2014 年博士学位论文,第 41 页。

“合理便利”是指根据具体需要，在不造成过度或不当负担的情况下，进行必要和适当的修改和调整，以确保残疾人在与其他人平等的基础上享有或行使一切人权和基本自由。对老年人权利保障也应重视缔约国的便利义务，对规则、做法、条件或要求进行调整，以照顾到老年人的特殊需要，目的是使老年人能全面平等地参与。

第二，促进的义务。这要求缔约国采取措施为个人享有和行使其权利创造更好的环境。联合国经济、社会、文化委员会在关于享有能达到的最高标准健康的权利的第14号一般性意见中表示，履行的义务包括“促进”的义务，承认促进健康在世界卫生组织和其他组织工作中至关重要。如《残疾人权利公约》第9条要求缔约国“还应当采取适当措施……促进向残疾人提供其他适当形式的协助和支助，以确保残疾人获得信息；促使残疾人有机会使用新的信息和通信技术和系统，包括因特网；促进在早期阶段设计、开发、生产、推行无障碍信息和通信技术和系统，以便能以最低成本使这些技术和系统无障碍”。[①]

第三，提供的义务。经济、社会、文化委员会在关于取得足够食物的权利的第12号一般性意见和关于受教育的权利的第13号一般性意见中，委员会宣布：“履行（实现）的义务既包括‘便利’的义务，又包括‘提供’的义务。”“便利”涉及采取积极主动行动，使经济、社会、文化权利能够得到充分享受。“提供”意味着当个人或群体因自身不能控制的原因依靠自己现有的手段无法实现其权利时，缔约国提供直接或间接服务。

针对老年人权利保护，缔约国的实现义务具体应包括，但不限于以下方面：拨出适足部分的公共支出，采取“立即”或“逐步”的措施实现老年人各项权利；国家提供公共服务，包括基础设施、水、电、卫生设施、暖

① 参见《残疾人权利公约》第9条第2款第6、7、8项。

气、排污和排水系统、公路、保健设施和救急服务;就权利框架制定有具体时间框架和财务要求,目标明确的行动计划和战略,以便充分实现这些权利;为监测权利状况制定基准,包括为此使用适当的指标;对一切落实权利有任何消极影响的法律、条例和其他指示立即进行全面的立法、政策审查;从立法和政治方面确立对权利的承认;优先重视并制定有针对性的战略,努力兑现身患疾病、精神病患者、自然灾害受害者以及住多灾地区老年人的权利;虽然这些是国家义务,但是国家人权机构可在国内监测和鼓励履行这些义务,并且在有些情况下,国家机构可促进这些义务的履行。①

(二)立法措施

按照国际法,在一般情况下,国际条约标准在国内实施的方式可由缔约国自由选择。然而,立法措施始终在国家义务中具有优先性,1966年的人权两公约体现了这一倾向。《公民权利和政治权利国际公约》第2条第2款的规定:“凡未经现行立法或其他措施予以规定者,本盟约每一缔约国承担按照其宪法程序和本盟约的规定采取必要步骤……”《经济、社会、文化权利国际公约》第2条第1款规定:“每一缔约国家承担尽最大能力……采取步骤……尤其包括用立法方法,逐渐达到本盟约中所承认的权利的充分实现。”②可见,立法措施意味着缔约国政府还负有向立法机关提交相关法案的义务。因此,一个国家成为国际人权公约缔约国之后,应考虑以下几个方面:是需要把公约加以转化,还是可

---

① 参见联合国人权事务高级专员办事处专业培训丛刊第12辑,《国家人权机构手册:经济、社会、文化权利》,联合国2004年,纽约和日内瓦,第28~29页。

② 类似规定在其他核心人权公约中多次体现,如《儿童权利公约》第3条第2款、《消除对妇女一切形式歧视公约》第2条第2款、第18条第1款、《残疾人权利公约》第4条第1款等多处。

以直接纳入国内法；现存国内法律和程序是否符合人权公约在法律上的要求；如果二者之间存在不一致，新的立法是否应当被制定，或者现存的立法是否应当被修改；如果国内立法与人权条约不一致，国内的做法是否有可能得到保留。然后决定是否修正本国立法或者通过新的立法。①

在采取"采纳"式的国家，在条约按国际法对缔约国生效之日起，条约自动在国内生效，条约取得其国内宪法条款的地位，作为可裁判的权利受到广泛保护。② 美国、加拿大、德国、南非、印度等国家均采取这种模式，然而，这种模式绝非普遍，在实践中仍需确保所有相关国内法（包括任何地方法或习惯法）与《公约》取得一致，即使是这些国际条约等同于或相同于国内宪法的国家也是如此。特别是针对国际人权公约，如本书前已述及，大部分国家采用的是经过"纳入"程序，或将国际人权公约确定为国内"非自动执行条约"，再由国内立法程序进行"转化"后，才能在国内实施。何况部分经济、社会、文化权利规定了"逐步实施"的义务，③在这种义务下，条约只规定了逐步实施的义务，即"采取步骤……逐渐达到本盟约中所承认的权利的充分实现"。④ 与之相对，公民权利和政治权利一般都理解为立即执行的义务，可以直接适用，并导致直接实施的义务。但在实践中，并没有对两类权利作严格的区分来进行立法适用，而是根据公约的性质以及特定权利的内容和要求，由缔约国采取不

---

① 王勇民：《儿童权利保护的国际法研究》，华东政法大学 2009 年博士学位论文，第 215 页。

② [挪]S. 利本贝里（Sandra Lienberg）：《经济和社会权利在国内法律制度中的保护》，载[挪]艾德等主编：《经济、社会和文化权利教程》（修订第 2 版），中国人权研究会组织翻译，四川人民出版社 2004 年版，第 47 页。

③ 如《经济、社会、文化权利国际公约》第 2 条第 1 款规定，缔约国承担"采取步骤，以便用一切适当方法……逐渐达到本公约中所承认的权利的充分实现"。类似规定见《残疾人权利公约》第 4 条第 2 款；《儿童权利公约》第 24 条第 4 款等。

④ 参见《经济、社会、文化权利国际公约》第 2 条第 1 款的规定。

同的立法措施，进行新的立法，或修改现有的立法，或废除与公约不相符的法律、法规。

因此，为了充分执行《老年人权利公约》，需明确规定，各缔约国需要采取的初步步骤之一是全面审查本国立法和政策框架，并且必须严格，不但必须对《老年人权利公约》进行逐条考虑，而且还必须在承认人权的相互依存性和不可分割性的基础上从整体上加以考虑。这种审查应包括国内民法、刑法、行政法在内的整个法律体系，其范围应包括与老年人密切相关的领域，例如，无障碍、选举、移民和国籍、司法、拘押和监狱、保险、教育、就业、卫生、精神健康及其强制性评估及治疗、监护和法律人格、福利和养老金条例，等等。随后，应根据《老年人权利公约》的实质要求，采取适当立法措施，包括修订或废止构成歧视老年人的现行法律、法规、习惯和做法；在一切政策和方案中考虑保护和促进老年人的人权；不实施任何与公约不符的行为或做法，确保公共当局和机构遵循公约的规定行事。还包括应规范非国家行为主体，确保不构成对老年人的歧视以及其他权利的侵犯。

（三）行政措施

在许多情况下，老年人的政治、经济、社会、文化权利若要得到落实，通过立法是必不可少的一步。但仅法律本身不足以履行国际人权公约的义务，还需要政府制定行政、司法、政策、经济、社会和教育措施以及其他一切必要步骤，确保权利的落实。其中，行政措施是缔约国最广泛采用的措施。

行政机关作为一个国家内权利保护方面日常事务管理机关，由于国家行政管理工作涉及各个领域，行政机关所起的作用更为直接和有效。根据经济、社会、文化权利委员会 1989 年通过的第 9 号一般性意见，委员会对行政措施的要求是：任何这类行政补救措施都应是人们可以利用的、负担得起的、及时的、有效的。对这类行政程序的最终司法上诉权有时也有必要。[①]《残疾人权利公约》第33条第1款规定:“缔约国应当按照本国建制,在政府内指定一个或多个协调中心,负责有关实施本公约的事项,并应当适当考虑在政府内设立或指定一个协调机制,以便利在不同部门和不同级别采取有关行动。”这种对《残疾人权利公约》在国内实施实质性义务的规定是绝无仅有的,之前任何国际公约都没有对国内实施进行详细规定,[②]反映了该公约对国内层面实施的重视。

对于老年人权利保护来说,首先,为了《老年人权利公约》能够在缔约国国内得到协调一致的实施,避免政府部门之间责任模糊或行动缺乏协调,有必要在《老年人权利公约》中规定各缔约国应当考虑在政府内设立或指定一个协调机制,以便利不同部门和不同级别采取有关行动。其次,适当的行政措施应包括:基于《老年人权利公约》的国家战略和计划;协调老年人权利的落实工作;老年人权利数据收集分析及指标的编制工作;财政资金投入计划;老年人培训和能力建设安排;老年人养老机制;保健机制。还应当包括社会合作和国际合作,以及根据本国法律和行政政策建立独立的老年人国内人权监测机构等。可见,行政措施涵盖面非常广泛,涉及宏观和微观的各个方面,这些措施对老年人的权利保护无疑最具现实意义。

(四)司法措施

国际人权规范的法律实施主要是缔约国国内事务,因此,为避免个人

① 参见经济、社会、文化权利委员会第9号一般性意见,1989年,UN. Doc. E/C. 12/1998/24,第9段。

② Frederic Megret,“The Disabilities Convention:Human Rights of Persons with Disabilities or Disability Rights?”,*Human Rights Quarterly* 30(2008)pp. 494 – 516.

权利被侵犯而向其提供具体保护的事务也属于国家义务。在国际人权公约机制中,司法措施与立法措施和行政措施一样,具有同等重要的地位。

司法措施主要体现在对权利人提供司法救济上。《世界人权宣言》第8条明确规定,“任何人当宪法或法律所赋予他的基本权利遭受侵害时,有权由合格的国家法庭对这种侵害行为作有效的补救”。核心人权公约也规定对人权受到侵犯应予以补救。《公民权利和政治权利国际公约》第2条第3款规定,在公民权利受到侵犯时有获得有效补救的权利。体现了国家在司法措施上的义务。人权事务委员会还十分重视缔约国司法机制的设立,认为“以便根据国内法来处理有关侵犯权利的指控。委员会注意到,司法部门可用许多不同的方式以有效保证人们享有《公约》所承认的权利。其中包括:直接执行《公约》、实施类似的宪法或者其他法律规定,或者在实施国内法时对《公约》做出解释”。[①] 经济、社会、文化权利委员会认为,“在多数情况下,其他措施如果不以司法补救措施辅助或补充,可能没有效果”。[②]

缔约国实行司法补救措施应关注到,一项补救是否有效,最终应由具体人权公约特征决定。除应考虑到所有相关的情况,如国内法律制度以外,还应考虑到具体实体权利的特殊性质。具体到老年人的司法救济,为确保老年人在与他人平等的基础上获得有效的司法保护,缔约国还应当履行“便利”义务,帮助老年人在所有司法程序中,包括作为证人时,能切实发挥其作为直接和间接的参与方的作用。为此,国家还应当考虑为年老体弱的人提供适当及时的医疗、保健以及技术上的服务。

---

① 人权事务委员会第八十届会议第31号一般性意见:《公约》缔约国的一般法律义务的性质,2004年3月29日第2187次会议通过,UN. Doc. CCPR/C/21/Rev. 1/Add. 13,第15段。

② 经济、社会、文化权利委员会第9号一般性意见:《公约》在国内的适用,1998年,UN. Doc. E/C. 12/1998/24,第3段。

三、国内监督机制

在所有人权公约中,实施义务与监督机制密不可分。必须对人权条约进行监督,不仅是为了评估缔约国是否采纳和适用实施公约的措施,也是为了评估措施的结果,进而为实施情况提供反馈。监督机制可加强问责制,从长期来看,可加强条约缔约方履行承诺和义务的能力。有效的监督是公约实施至关重要的推动因素,国内层面的实施和国际层面的实施应同样关注。国际人权法的实践中,国家政府显然对人权负有首要责任,但它们未必一定能找到一种中立的空间来与其他的行为者,尤其是民间社会进行互动和交流想法。事实上,令人遗憾的是,在讨论人权问题时,人们往往将政府和民间社会视为对立的两方。[①] 因此,在国内层面对国家实施国际公约人权义务的监督,一般来说涉及国家人权机构的监督和民间社会的监督。这两种监督机制,也是老年人权利保护之应然。

(一)国家人权机构的监督

1. 国家人权机构的产生和发展

根据联合国人权高专办提供的资料,国家人权机构(National Human Rights Institutions,NHRI)是负有保护和增进人权的宪法和(或)法律任务的国家机构。它们是国家机器的组成部分,并由国家提供经费。[②] 早在1946年,联合国"人权委员会核心小组"便作为国家人权机构的最早雏形,承担着为世界人权宣言的起草提供材料以及定期向人

---

① 联合国人权事务高级专员办事处:《国家人权机构——历史、原则、作用和职责专业培训丛刊第四辑》(第1次修订版),UN. Doc. HR/P/PT/4/Rev. 1,2010年,联合国出版物出售品编号:C. 09. XIV. 4,第26页。

② 同上书,第11页。

权委员传送其国内人权状况的工作。[①] 现代意义上的国家人权机构的概念由1991年《关于国家机构地位的原则》(以下简称《巴黎原则》)确定下来。《巴黎原则》已被国际社会广为接受,被视为对某一机构的合法性和可信度的试金石,并已成为人权用语的组成部分。[②] 至今,已有三个人权条约机构在其"一般意见"中建议各缔约国设立国家人权机构。[③]《残疾人权利公约》是第一项明确规定国家人权机构在国家一级增进、保护和监测条约实施的人权公约。[④] 目前,国家人权机构作为促进、保护和监督人权实施的机制已得到普遍接受,世界上已有近120个国家或地区建立了国家人权机构,其中已有96个国家和地区的人权机构向联合国人权高级专员办公室支持设立的国家人权机构协调委员会认证小组申请了认证。[⑤]

2. 国家人权机构的性质

根据《巴黎原则》,国家人权机构具有独特的性质,它不同于政府的其他部门,不直接隶属于行政、立法或司法机构,不过通常要直接或间

---

① 张伟:《联合国与"国家人权机构"的萌生和发展——基于史料的考察与分析》,载《山东大学学报》(哲学社会科学版)2010年第3期。

② 联合国人权事务高级专员办事处:国家人权机构——历史、原则、作用和职责专业培训丛刊第四辑(第1次修订版),UN. Doc. HR/P/PT/4/Rev. 1,2010年,联合国出版物出售品编号:C. 09. XIV. 4,第6页。

③ 这三个人权条约机构是:"消除种族歧视公约委员会",参见United Nations(25 March 1993). General Recommendation No. 17 of the CERD Committee, Establishment of national institutions to facilitate implementation of the CERD Convention, A/48/18;"经济、社会和文化权利委员会",参见United Nations(1 December 1998). General Comment No. 10 of the Committee on Economic Social and Cultural Rights, The role of national human rights institutions in the protection of economic, social and cultural rights, E/C. 12/1998/25.;"儿童权利委员会",参见United Nations (15 November 2002). General Comment No. 2 of the Committee on Economic Social and Cultural Rights, The role of independent national human rights institutions in the protection and promotion of the rights of the child, CRC/GC/2002/2。

④ 参见《残疾人权利公约》第33条第2款。

⑤ 参见http://www. nhri. net/访问日期:2015年12月25日。另见李活力、杨帅:《国家人权机构对国家立法机关关系研究》,载《政法论坛》2015年第3期。

接地对立法机关负责。在与立法机关的关系上,国家立法机关制定或通过的宪法和专门法律,是国家人权机构得以建立的法律依据;国家人权机构的运行以及经费预算由国家立法机关规制;国家人权机构以定期报告和特别报告的形式向国家立法机关报告工作;国家人权机构监督国家立法机关的人权立法;国家人权机构促进国家立法机关人权立法的实施。[①] 在与行政机关的关系上,国家人权机构与国家行政机关是一种补充的关系,这种补充关系是通过对行政机关的行政行为进行监督来实现的。同时,国家人权机构具有相对的独立性,与国家行政机关的关系受国家人权机构在国家政治结构中的地位的制约,其关系是否良性发展取决于国家人权机构对国家行政机关补充作用发挥的程度。[②] 在与司法机关的关系上,国家人权机构与司法机关的联系是双向的。一方面,人权机构职权的行使需要借助司法的力量;另一方面,司法机关行使职权也需要人权机构的参与和监督。[③] 国家人权机构具有法律依据,并负有作为国家机器组成部分的具体的法律责任。

由此可见,国家人权机构具有独立性、准司法性、综合性和咨询性。独立性是国家人权机构独立行使职权的能力,须通过立法、行政和财政等来保证。准司法性是其具有类似的"司法职能",但行使该司法职能的不是司法机关而是行政机构或行政官员。因此,国家人权机构可以接受申诉、实地考察和调查、可启动调解程序。综合性表现为国家人权机构的职责在于保障人权,其管辖的事项具有多元性。咨询性主要表现在监督国家人权实践的职责上,其可就立法、司法实践、政策规定等

---

① 李活力、杨帅:《国家人权机构对国家立法机关关系研究》,载《政法论坛》2015 年第 3 期。

② 杨成铭:《国家人权机构对国家行政机关关系研究》,载《政法论坛》2011 年第 6 期。

③ 万鄂湘、杨帅:《论国家人权机构与司法机关的关系》,载《法学评论》2010 年第 5 期。

提出建议。[1]

3. 国家人权机构的作用

国家人权机构不仅是强有力的国家人权体系的核心组成部分，它们还是民间社会与政府之间的“桥梁”。它们使国家的责任与公民的权利相挂钩，并使国家法律与区域和国际人权体系相关联。同时，由于国家往往是人权投诉的对象，国家人权机构还经常对创建并资助它们的国家提出批评。

国家人权机构没有任何标准的名称。视不同的区域、法律传统和常见的功能，国家人权机构可采用如下不同的名称：公民权利保护者、专员、人权委员会、人权研究所或中心、监察员、议会人权监察员或人权专员、公设辩护律师(保护者)、议会人权倡导者等。[2] 尽管存在差异，但大多数可分为三大类：“人权委员会”“监察员”以及“机构”。《残疾人权利公约》第33条第2款规定：“缔约国应当按照本国法律制度和行政制度，酌情在国内维持、加强、指定或设立一个框架，包括一个或多个独立机制，以促进、保护和监测本公约的实施。在指定或建立这一机制时，缔约国应当考虑与保护和促进人权的国家机构的地位和运作有关的原则。”可见，虽然本条并没有明确缔约国建立这样一个国家人权机构到底应有多少权限，以及所采取的方式，但为缔约国明确了建立国内机制的指导原则，并给予了缔约国相当大的自由裁量权。根据目前欧洲地区的实施情况，有的国家设立的是“平等与人权委员会”(Equality and Human rights commission)，如英国；有的设立的是“残障者状况的国家监测及科学委员会”(National Observatory on the situation of Persons

---

① 白桂梅：《人权法学》(第2版)，北京大学出版社2015年版，第283~284页。

② 联合国人权事务高级专员办事处：国家人权机构——历史、原则、作用和职责专业培训丛刊第四辑(第1次修订版)，UN. Doc. HR/P/PT/4/Rev. 1，2010年，联合国出版物出售品编号：C. 09. XIV. 4，第12页。

with Disabilities and the scientific committee)如意大利；丹麦设立的是"丹麦人权机构"(Danish Institute of Human Rights)等。[①]

因此，一个国家内的国家人权机构起的主要作用是监督国内人权的实施。这也是几乎所有的国家人权机构都具有的共同特点。许多机构系统地评估国家的普遍人权状况，或是评估涉及特别重要问题的人权状况。监测是普遍保护任务的一个关键环节，它还包含了增进人权方面的一些重要特性。监测工作包括：监测国家状况；注重于问题的监测，如根据对某一选定的专题的长期处理办法进行监测，例如，关于随时跟踪了解人权状况或特定群体成员待遇的决定；注重于事件的监测，即旨在查明某些具体事件事实真相的监测；对拘留场所的监测，目的是防范酷刑、尽量减少审前和防范性拘留行为，并确保遵守国际标准；监测实现国际协定发展目标的进展情况。

监测可能是复杂和需要大量资源的进程，但它可促成切实改善国家的人权状况。成功的监测要求有具备必要的知识和专业能力的工作人员，实质性的培训和指导至关重要。机构应积极履行监测职责，还应该投入时间和资源，确保顺利地履行这些职责。国家必须确保国家人权机构拥有开展这项工作的资源。

4.《老年人权利公约》中国家人权机构的规范

国家人权机构(或者说在性质和功能上与此类似的机构)对《老年人权利公约》的实施同样也是必不可少的，在规范上，可以借鉴《残疾人权利公约》的成功经验，同时也应克服其不足之处。一方面，除了如其他人权公约所要求的在国家人权机构的地位和运行方面遵守《巴黎原则》的规定以外，《老年人权利公约》还应明确缔约国应给予机构充分的

① 李敬、高媛：《〈残疾人权利公约〉国家实施和监测机制初探》，载《国际法研究》2014年第4期。

授权，例如，参与起草新的立法、审查现存立法、实施人权教育和增强意识活动、承担调查及准司法功能，等等，明确缔约国应分配给其国家人权机构的最低限度的责任。另外，由于缔约国的政治体制和行政体制各不相同，还应明确缔约国是否可能采取不同的方式，以便其有效履行《老年人权利公约》之下的职能。

（二）民间社会的监督

无论是国际公约还是国内政策，它们的成功实施，都离不开民间社会的参与。成千上万地方的、国内的、区域的和国际的人权团体和组织以及上千万的人权卫士已经组成了一个审议世界各国的人权状况、进行事实调查、迅速而不官僚地对侵犯人权进行反应、对这种侵犯进行公开报告并迫使政府采取行动的全球网络。[①] 国际人权法发展到今天，国际人权法规则的出现和适用很大程度得益于国家以外行为者的贡献。政府间和非政府组织、团体和个人都可能将规则直接付诸行动施加影响。[②]

近年来，越来越多的民间团体及个人参与到核心国际人权公约的制定和实施中来。2006 年通过的《残疾人权利公约》，其制定过程中民间社会的参与是联合国所有国际人权公约最为深入的一项，残障人士参与与自身有关的法律、政策或其他问题的决策过程是该公约的四大核心原则之一。[③] 无论是磋商过程，还是具体条款的制定，无一不显现出残障者组织“没有我们的参与，不可作事关我们的决定”这一响亮口

---

① ［奥］曼弗雷德·诺瓦克：《国际人权制度导论》，柳华文译，北京大学出版社 2010 年版，第 263 页。

② 柳华文：《论国家在〈经济、社会和文化权利国际公约〉下义务的不对称性》，北京大学出版社 2005 年版，第 119 页。

③ 参见《残疾人权利公约》第四条第一款第（3）项“在一切政策和方案中考虑保护和促进残疾人的人权”。

号。在落实《残疾人权利公约》第 19 条时，[①]残障者组织起了至关重要的作用。他们通过社会互动，支持残障者成为一个真正的社会人和有社会角色的人生大戏之主角，使这一权利在公约中得以体现，而这一目的实现，除了各类专业化服务外，更重要的是残障者自我组织以及通过组织影响到其他社会主体。[②]《残疾人权利公约》更是在条款中规定"民间社会，特别是残疾人及其代表组织，应当获邀参加并充分参与监测进程。"[③]这一要求在《残疾人权利公约》第 4 条中进一步具体规定了残疾人参与的一般原则，《残疾人权利公约》第 4 条第 3 款规定了一般义务，即在制订和执行实施《残疾人权利公约》的立法和政策以及在涉及残疾人的一切决策进程中，通过残疾人代表组织与残疾人密切协商，并吸纳他们参与。

因此，为了更好地保护老年人权利，促进老年人权利标准在国内层面得到良好的执行，应在《老年人权利公约》中明确民间社会的参与，包括团体、组织、老年人个人或团体、组织的代表。这种参与的要求不仅适用于监测进程，而且适用于所有方面，即任何有关设立监测框架的协商都应有老年人有关的民间组织或代表的参与。同时应指出，监督程序应纳入确保老年人有关的民间社会代表、组织参与的要求。建议与老年人组织开展开放性讨论，以便明确可考虑成为这类组成机构代表组织的标准。

四、国际合作

国际合作是国际法基本原则之一，也是实现"充分享有人权"的一

① 《残疾人权利公约》第 19 条是关于"独立生活和融入社区"的权利。

② ［爱尔兰］帕德雷克·凯纳、［中国］李敬：《残障公约第十九条独立生活之渊源、含义、范围及实施责任的探讨》，载［爱尔兰］帕德雷克·凯纳、［中国］李敬：《〈残疾人权利公约〉研究：海外视角(2014)》，人民出版社 2015 年版，第 257 页。

③ 参见《残疾人权利公约》第 33 条第 3 款。

项重要内容。《联合国宪章》将"国际合作"确定为联合国宗旨之一，[①]会员国在《联合国宪章》下承诺实现国际合作，增进并鼓励尊重人权。[②]联合国大会1970年通过的《关于各国依联合国宪章建立友好关系及合作之国际法原则之宣言》(简称《国际法原则宣言》)称"各国依照宪章彼此合作之义务"，[③]将国际合作原则宣布为国际法七项原则之一。缔约国的国际合作义务体现在几乎所有的联合国核心人权公约中。例如，《经济、社会、文化权利国际公约》和《儿童权利公约》要求缔约国采取措施，最大可能地利用现有资源，单独采取措施并借助国际合作实现经济、社会和文化权利。《残疾人权利公约》还承认国际合作在促进、保护和确保残疾人权利中发挥着作用。序言提及"国际合作对改善各国残疾人，尤其是发展中国家残疾人的生活条件至关重要"。在执行部分段落中，《残疾人权利公约》规定，关于经济、社会和文化权利，"各缔约国承诺尽量利用现有资源并于必要时在国际合作框架内采取措施，以期逐步充分实现这些权利，但不妨碍本公约中依国际法立即适用的义务"。《残疾人权利公约》第32条进而规定了包括关于国际合作的单独条款，强调国际合作和发展对于充分实现残疾人权利至关重要。

可见，国际合作在国际人权法中不断发展，并且其作用日益突出，国际公约必须承认各国的差异性和多样性，因此，不能要求每个国家均能达到公约所规定的一致的标准，特别是对于一些经济、社会、文化权利中不能"立即实施"，只能采取相应措施"逐步实施"的义务，各个国家经济、社会、文化不一致，所能达到的目标效果也不一样。强调国际合

① 参见《联合国宪章》第1条第3款："促成国际合作，以解决国际属于经济、社会、文化及人类福利性质之国际问题，且不分种族、性别、语言或宗教，增进并激励对于全体人类之人权及基本自由之尊重。"

② 参见《联合国宪章》第9章"国际经济及社会合作"。

③ 参见《关于各国依联合国宪章建立友好关系及合作之国际法原则之宣言》，UN. Doc. A/RES/2625(XXV)附件。

作是有准备实施公约和缩小国家间差距的重要举措。[1] 鉴于此,《老年人权利公约》应号召国际合作,并明确缔约国国际合作的义务。

第一,国际合作的目的应明确,范围包括所有政治、公民、经济、社会、文化权利在内的一切权利。《老年人权利公约》应在支持国家为执行《老年人权利公约》所做努力的背景下,承认国际合作和推进国际合作的重要性,对于促进、保护所有老年人充分和平等享有一切人权和基本自由,促进老年人尊严极为重要。这样,将国际合作纳入包括公民和政治权利在内的所有权利领域。

第二,《老年人权利公约》应明确参与国际合作的主要行为者为缔约国,并且应采取双边和多边的合作方式,在国家之间的合作上,不仅仅局限于发达国家与发展中国家之间的合作,还可以包括南北合作、北北合作和南南合作;不仅是指缔约国之间的国际合作,而且还包括更广泛的国家之间的合作。除了国家之间的合作外,还应包括其他行为者的合作,如国际、区域和民间社会组织的合作,特别是应重视与老年人组织的合作。

第三,《老年人权利公约》所规定的国际合作模式应该是"包容的"和"便利的"。[2]包容是一个宽泛的概念,一方面,要求不把老年人和老年人代表组织排除在涉及老年人的决策之外,另一方面,要求采取积极措施,在这类过程中咨询老年人,并确保老年人充分、有效地参与其中。这种包容性的发展合作应充分重视所有老年人。便利性同样是一个宽泛的概念,它包括便利老年人无障碍生活的物质环境,如使用交通工具、利用信息和通信以及享用向公众开放的其他设施和服

① 袁利华:《〈烟草控制框架公约〉研究》,西南政法大学 2012 年博士学位论文,第 73 页。

② 参见《残疾人权利公约》第 32 条第 1 款第 1 项,该条指出"确保包容和便利残疾人参与国际合作,包括国际发展方案",这为国际合作模式规定了原则性的指导。

务。包容的和便利的国际合作还为增强老年人的权能提供了一种途径,帮助确保合作遵循其他原则,如非歧视性、机会均等以及尊重固有的尊严。

第五章 《老年人权利公约》构建进程中我国的对策探讨

第一节 我国老龄化现状

一、老龄化速度加快

从20世纪70年代开始，我国老龄人口的比重一直不断上升。1953年第一次全国人口普查显示，我国60岁以上老龄人口有4154万人，占当时总人口比重是7.3%；1964年第二次人口普查时，这一年龄范围的人口为4225万人，但比重有所下降，为6.1%；但到1982年第三次人口普查时，增长到了7664万人，比重达到了7.6%；1990年第四次人口普查时有9697万人，比重达8.6%。之后，这一比重不断增加，到2000年第五次全国人口普查，我国已进入老龄化社会。[1]数据显示，2000年第五次全国人口普查时，60岁及以上人口有1.3亿人，占总人口的10.3%，65岁及以上人口有8811万人，占总人口的6.96%。在2010年第

① 关于老龄化社会的界定，参见本书第一章。

六次全国人口普查中,60岁及以上人口为1.78亿人,占全国13.39亿总人口的13.26%,比2000年人口普查时上升了2.93个百分点,65岁及以上人口为1.19亿人,占总人口的8.87%,比2000年人口普查时上升了1.91个百分点。由此可见,21世纪前10年是我国人口老龄化速度不断加快的10年(见表5-1)。

表5-1 中国历次人口普查老龄人口比重①

单位:万,%

人口普查	年份	60岁及以上人口数量	60岁及以上人口占总人口比重
第一次	1953	4154	7.3
第二次	1964	4225	6.1
第三次	1982	7664	7.6
第四次	1990	9697	8.6
第五次	2000	13000	10.3
第六次	2010	17800	13.26

中国老龄人口占总人口比重的不断提高有两个方面主要原因,首先是近几十年来人口出生率的下降,特别是与20世纪70年代以来国家计划生育政策的推行有重要的关系;其次,人口寿命的延长对人口老龄化的作用不断加大。另外,20世纪五六十年代生育高峰期出生的大量人口近年来不断进入老年队列,对人口老龄化水平的提升起到了很大

① 资料来源:姚新武等编:《中国常用人口数据库集》,中国人口出版社1994年版;中华人民共和国国家统计局:《2005年全国1%人口抽样调查主要数据公报》;国务院第六次全国人口普查办公室等编:《2010年第六次全国人口普查主要数据》,中国统计出版社2011年版。姜向群等主编:《中国人口老龄化和老龄事业发展报告(2014)》,中国人民大学出版社2015年版。

的作用。[1] 根据联合国经济和社会事务部人口司的数据,2015 年,[2]我国人口总数为 13.76 亿,60 岁以上的人口达 2.09 亿,占总人口比重为 15.2%。根据该部门预测,到 2020 年,我国 60 岁以上老年人将达 2.41 亿,占总人口比重为 17.18%;2025 年将达到 2.84 亿,占总人口比重为 20.07%;到 21 世纪中叶,将达到 4.29 亿,占总人口比重为 31.82%。[3]可见,我国老龄人口比重逐步提高,人口老龄化的速度出现了加快推进的趋势。

二、人口高龄化趋势加强

在人口老龄化过程中,老龄人口中不同年龄组的人口数量出现结构性的变化。现阶段,老龄人口中低龄老年人比例较高,但是高龄老年人的比例增加较快。

从老龄人口年龄构成来看,2000 年第五次全国人口普查数据显示,60~69 岁人口比重占 60 岁以上人口比重为 58.84%,70~79 岁人口比重占 60 岁以上人口比重为 31.93%,80 岁及以上人口占 60 岁以上人口比重为 9.23%;2010 年第六次全国人口普查的数据中,60~69 岁人口比重占 60 岁以上人口比重下降了 2.66 个百分点,为 56.18%,70~79 岁人口比重变化较小,仅仅上升了 0.07%,为 32%,80 岁及以上人口上升到了 11.82%,比第五次人口普查上升了 2.59 个百分点(见表 5-2)。

---

① 姜向群等:《中国人口老龄化和老龄事业发展报告(2014)》,中国人民大学出版社 2015 年版,第 3 页。

② 联合国数据截至 2015 年 7 月 1 日,预测数据除外。以下凡涉及联合国统计数据均如此。

③ United Nations Population Division Department of Economic and Social Affairs Probabilistic Population, Projections based on the World Population Prospects: The 2015 Revision, Population Division, DESA. http://esa.un.org/unpd/ppp/. Visited on December 30, 2015.

表 5-2　两次全国人口老年人年龄构成状况

单位:%

人口普查	年份	60~69 岁占比	70~79 岁占比	80 岁及以上[①]	合计
第五次	2000	58.84	31.93	9.23	100.00
第六次	2010	56.18	32.00	11.82	100.00

联合国经济和社会事务部人口司对 70 岁及以上的人口给出了统计及预测数据,数据显示,2015 年,中国 70 岁及以上人口为 0.8 亿,预测 2020 年为 0.98 亿,2025 年为 1.30 亿,2050 年将达 2.83 亿。[②] 由此可见,高龄化的趋势将会不断加强。

三、城乡区域特征明显

我国人口老龄化呈现明显的区域性特征,人口老龄化程度城乡倒置[③]是各国的普遍现象,我国也不例外。从 1982 年第三次人口普查以来,中国农村人口老龄化程度日益高于城市,这种人口老龄化程度城乡倒置成为中国人口老龄化的特点之一。最近四次全国人口普查结果显示,这种城乡人口老龄化倒置现象不断突出。1982 年,60 岁及以上人口比例为:城市 7.4%,乡村 7.8%,差距为 0.40 个百分点,但随后差距不断拉大。1990 年,60 岁及以及人口比例为:城市 8.62%,乡村 8.72%,

① 资料来源:2000 年数据来自中华人民共和国国家统计局网统计数据中的普查数据部分,参见 http://www.stats.gov.cn/tjsj/ndsj/renkoupucha/2000pucha/html/t0302.htm;2010 年数据根据第六次全国人口普查汇总数据计算而得。另参见姜向群等主编:《中国人口老龄化和老龄事业发展报告(2014)》,中国人民大学出版社 2015 年版。

② United Nations Population Division Department of Economic and Social Affairs Probabilistic Population, Projections based on the World Population Prospects: The 2015 Revision, Population Division, DESA. http://esa.un.org/unpd/ppp/. Visited on December 30, 2015.

③ 人口老龄化倒置现象指人口老龄化程度农村高于城市,城市并没有由于经济发展水平更高而反映出有更高的老龄人口比例,反而是农村的老龄人口比例高于城市的现象。参见杜鹏、王武林:《论人口老龄化程度城乡差异的转变》,载《人口研究》2010 年第 2 期。

差距为0.10个百分点;2000年,60岁及以及人口比例为:城市10.05%,乡村10.89%,差距为0.84个百分点;2010年,60岁及以及人口比例为:城市11.48%,乡村14.98%,差距为3.50个百分点(见表5-3)。

表5-3 第三次到第六次中国市、镇、乡60岁及以上老龄人口比例①

单位:%

	第三次(1982年)	第四次(1990年)	第五次(2000年)	第六次(2010年)
市	7.40	8.62	10.05	11.48
镇	6.40	7.20	9.01	12.01
乡	7.8	8.72	10.89	14.98

我国城乡人口老龄化倒置现象的出现与我国城市化进程中人口流动密切相关,以年轻人口为主的农村人口进入城市,使农村人口老龄化程度高于城镇人口。根据联合国的预测,未来20年是我国人口老龄化高速发展时期,而对于农村,受到以年轻流出人口为主的农村人口城市化和人口自然老化两个因素的共同作用,人口老龄化的发展会更加迅速,农村老龄人口比例和人口平均年龄上升将在未来很长一段时期继续快于城镇人口,到2020年、2030年,农村人口老龄化程度将分别高于城镇5个和7个百分点。人口老龄化城乡倒置的状况也将一直持续到2040年。②

四、性别不平衡

我国老龄化进程中,性别差异也是一个突出的特点。由于女性预期

① 资料来源:1982年、1990年和2000年和数据引自邬沧萍、杜鹏:《中国人口老龄化:变化与挑战》,中国人口出版社2006年版;2010年数据根据第六次全国人口普查汇总数据计算而得。另参见姜向群等主编:《中国人口老龄化和老龄事业发展报告(2014)》,中国人民大学出版社2015年版。

② 邹湘江、吴丹:《人口流动对农村人口老龄化的影响研究——基于"五普"和"六普"数据分析》,载《人口学刊》2013年第4期。

平均寿命普遍高于男性,而且越到高龄,女性的预期寿命越高于男性,尤其是在70岁以后,男女寿命的差异更为显著。我国也是如此,女性老龄人口的数量多于男性老龄人口。近两次全国人口普查数据显示:2000年,60岁及以上的男性人口和女性人口分别为6338万和6660万,占老龄人口的比例分别为48.76%和51.24%,性别比[①]为95.17%;2010年,60岁及以上的男性人口和女性人口分别为8707万和9058万,占老龄人口的比例分别为49.01%和50.99%,性别比为96.12%(见表5-4)。

表5-4 近两次全国人口普查中国60岁及以上老龄人口性别构成[②]

单位:万,%

年份	男性		女性	
	数量(单位:万)	比例(%)	数量(单位:万)	比例(%)
2000	6338	48.76	6660	51.24
2010	8707	49.01	9058	50.99

随着人类生活水平的提高,人口预期寿命普遍延长,不同年龄的老龄人口整体上呈不断增加趋势,性别比出现提高。与2000年相比,2010年60~64岁组的老龄人口性别比有所下降,65~69岁组的老龄人口性别比持平,而其他年龄组老龄人口性别比均有上升;70~74岁组从2000年的94.7%上升到2010年的99.0%,75~79岁组从82.0%上升到89.7%,80.84岁组从67.0%上升到79.4%,85~89岁组从53.4%上升到64.1%,90岁及以上组从41.7%上升到49.6%(见表5-5)。

① 性别比是人口学上关于社会或国家男女人口数量的一种比率,通常用每100位女性人口所对应的男性人口数来表示。——笔者注

② 资料来源:2000年数据来自中华人民共和国统计局网站统计数据中人口普查数据部分,参见http://www.stats.gov.cn/tjsj/pcsj/rkpc/5rp/index.htm;2010年数据根据第六次全国人口普查汇总数据计算而得。另参见姜向群等主编:《中国人口老龄化和老龄事业发展报告(2014)》,中国人民大学出版社2015年版。

但由于老龄人口同年龄段的死亡率一般来说男高女低，因此，越到高龄，性别比逐渐下降。根据近两次人口普查数据，老龄人口的性别比从60～64岁组的103.5%开始下降；从70～74岁组开始，老龄人口的性别比开始下降至99%，其后继续下降；75～79岁组降到89.7%，80～84岁组降至79.4%；85～89岁组降至64.1%；90岁及以上组最低，为49.6%（见表5－5）。

表5－5 近两次全国人口普查中国老龄人口不同年龄组性别比①

单位：%

年份	60～64岁	65～69岁	70～74岁	75～79岁	80～84岁	85～89岁	90岁及以上
2000	108.2	101.9	94.7	82.0	67.0	53.4	41.7
2010	103.5	101.9	99.0	89.7	79.4	64.1	49.6

第二节 我国现行老年人权利保障体系审视

“敬老”“尊老”是我国自古以来的传统美德，但直到1996年，我国才将老年人权利保障工作纳入法制化轨道。1996年8月29日第八届全国人民代表大会常务委员会第二十一次会议通过的《老年人权益保障法》是我国历史上第一部全面保障老年人合法权益的重要法律，标志着我国对老年人权益保障从此走上法制化轨道。此后，国家制定了大量关于保护老龄人口的法律、法规以及各类政策性文件，全国大部分省

① 资料来源：2000年数据来自中华人民共和国统计局网站统计数据中人口普查数据部分，参见http://www.stats.gov.cn/tjsj/pcsj/rkpc/5rp/index.htm；2010年数据根据第六次全国人口普查汇总数据计算而得。另参见姜向群等主编，《中国人口老龄化和老龄事业发展报告（2014）》，中国人民大学出版社2015年版。

份也出台了《老年人权益保障条例》或《〈老年人权益保障法〉实施办法》等地方性法规及相关政策性文件。政府在老龄事业方面也初步形成了政府主导、社会参与、全民关怀的工作格局。[①] 我国现行老年人权利保障体系大体包括老年人权利保护的法律保障、老年人权利保护的行政保障、老年人权利保护的司法保障。

一、我国老年人权利保障体系现状

(一)老年人权利法律保障

我国已初步建立起了以《宪法》为基础,以《老年人权益保障法》为主体,包括有关法律、行政法规、地方性法规、国务院部门规章、地方政府规章和有关政策在内的老年人权益保护法律体系。

1.《老年人权益保障法》

《老年人权益保障法》于 1996 年通过时,从当时国情出发,在强化家庭赡养和扶养老年人的同时,初步构建起了国家、社会和家庭在老年人权益保障中的责任体系。但是,随着我国经济社会的发展、家庭结构的变化以及老龄化社会的加剧,《老年人权益保障法》通过时的实施环境已经发生了深刻变化,"老有所养"不再只是家庭内部需要面对的问题,而成为重大的社会民生问题;医疗和护理费用不断提高;养老服务供需矛盾十分突出;随着人口寿命的延长,老年人群体逐渐成为社会参与的重要力量。[②] 与此同时,中央和地方相继出台了一系列的政策措施,需要上升为法律制度。因此,《老年人权益保障法》的修改被提上了

① 曹健、王云斌:《老年人权益保障法律制度比较研究》,中国政法大学出版社 2012 年版,第 8 页。

② 全国人大内司委内务室:《〈中华人民共和国老年人权益保障法〉读本》,华龄出版社 2013 年版,第 20 页。

日程。十一届全国人大常委会第三十次会议于2012年12月28日以全票表决通过了《中华人民共和国老年人权益保障法(修订草案)》。新修订的《中华人民共和国老年人权益保障法》于2013年7月1日起施行。2015年4月24日第十二届全国人民代表大会常务委员会第十四次会议《关于修改〈中华人民共和国电力法〉等六部法律的决定》对《老年人权益保障法》作了第二次修正,这次仅对第40条和第44条做了改动。①

2012年修订的《老年人权益保障法》从原法6章50条扩展到9章85条,其中全新的条文有38条,在原法条文基础上修改的条文有37条,仅有十条没有作修改,可以说是一次全面的修改。新法进一步明确了老年人的权利,明确了家庭、政府和社会在老年人权益保障中的责任,充实、完善了家庭赡养与扶养、社会保障、社会服务、社会优待、宜居环境、参与社会发展等各方面与老年人权益息息相关的规定,强化了法律责任。增加的三章是社会优待、宜居环境和参与社会发展。

总体上来说,现行《老年人权益保障法》积极应对人口老龄化,将之上升为国家战略任务,对家庭养老进行了重新定位,规定国家逐步开展长期护理保障工作,构建了老龄服务体系建设基本框架,突出了对老年人的精神慰藉,增加了社会优待内容,确定了老年人监护制度,增加了宜居环境建设的内容。② 该法有利于贯彻尊重和保障人权的宪法原则,更好地保障老年人权益;有利于形成适应国情的新的养老模式,推动老龄事业持续健康发展;有利于维护社会稳定,促进经济发展。③

---

① 将第40条第2款中的"非营利性养老服务设施用地"修改为"公益性养老服务设施用地"。将第44条第1款修改为:"设立公益性养老机构应当向县级以上人民政府民政部门申请行政许可;经许可的,依法办理相应的登记。"增加一款,作为第2款:"设立经营性养老机构应当在工商行政管理部门办理登记后,向县级以上人民政府民政部门申请行政许可。"

② 吴玉韶:《中国老龄事业发展报告(2013)》,社会科学文献出版社2013年版,第169页。

③ 全国人大内司委内务室:《〈中华人民共和国老年人权益保障法〉读本》,华龄出版社2013年版,第32~33页。

2. 其他法律

老年人权益保障的其他法律还反映在我国《宪法》《婚姻法》《继承法》《刑法》《社会保险法》《反家庭暴力法》等重要法律法规中。

《宪法》中普遍适应于所有公民的一般性的规定同样适用于老年人,除此之外,还有其他特别针对老年人的条款。第 45 条第 1 款规定,“中华人民共和国公民在年老、疾病或者丧失劳动能力的情况下,有从国家和社会获得物质帮助的权利”;第 49 条第 3 款规定,“父母有抚养教育未成年子女的义务,成年子女有赡养扶助父母的义务”,该条第 4 款规定,“禁止破坏婚姻自由,虐待老人、妇女和儿童”。

《婚姻法》第 2 条第 2 款规定,“保护妇女、儿童和老人的合法权益。”第 21 条第 1 款规定,“父母对子女有抚养教育义务,子女对父母有赡养扶助的义务。”第 3 款规定,“子女不履行赡养义务时,无劳动能力的或生活困难的父母,有要求子女付给赡养费的权利”。

《继承法》第 10 条规定在遗产继承时,将父母和配偶、子女一起列为第一顺序继承人。在第 12 条中,又将“丧偶儿媳对公、婆,丧偶女婿对岳父、岳母,尽了主要赡养义务的”,规定作为第一顺序继承人。

《刑法》第 260 条,“虐待家庭成员,情节恶劣的,处二年以下有期徒刑、拘役或者管制”。第 2 款规定,“犯前款罪,致使被害人重伤、死亡的,处二年以上七年以下有期徒刑。”第 260 条之一,“对未成年人、老年人、患病的人、残疾人等负有监护、看护职责的人虐待被监护、看护的人,情节恶劣的,处三年以下有期徒刑或者拘役”。第 261 条,“对于年老、年幼、患病或者其他没有独立生活能力的人,负有扶养义务而拒绝扶养,情节恶劣的,处五年以下有期徒刑、拘役或者管制”。

2010 年 10 月 28 日第十一届全国人民代表大会常务委员会第十七次会议通过的《社会保险法》构建了包括基本养老保险在内的一系列社会保险机制,以“保障公民在年老、疾病、工伤、失业、生育等情况下依法从国家和社会获得物质帮助的权利”。[①] 该法在第二章专设“基本养老保险”,从第10条到第22条专门规定基本养老保险的相关机制。在城镇居民基本医疗保险制度的建立方面,还规定“享受最低生活保障的人、丧失劳动能力的残疾人、低收入家庭六十周岁以上的老年人和未成年人等所需个人缴费部分,由政府给予补贴”。[②] 对于工伤保险,规定“工伤职工符合领取基本养老金条件的,停发伤残津贴,享受基本养老保险待遇。基本养老保险待遇低于伤残津贴的,从工伤保险基金中补足差额”。[③]

《反家庭暴力法》[④]第5条第三句规定,“未成年人、老年人、残疾人、孕期和哺乳期的妇女、重病患者遭受家庭暴力的,应当给予特殊保护”。对老年人提出了特殊保护的要求。

除此之外,还有《旅游法》《体育法》也特别关注到了老年人的权益保障。

3. 司法解释

最高人民法院先后出台了十多项有关老年人权益保护的司法解释,其中包括《关于充分发挥民事审判职能 依法维护妇女、儿童和老年人合法权益的通知》[⑤]《关于认真学习宣传贯彻执行老年人权益保障法的通知》(1996年12月5日发布并实施)《关于如何处理农村五保对象遗产问题的批复》[⑥]等涉及遗产分配与继承、退休金追索等问题。

---

① 参见《中华人民共和国社会保险法》第2条。

② 参见《中华人民共和国社会保险法》第25条第3款。

③ 参见《中华人民共和国社会保险法》第40条。

④ 《中华人民共和国反家庭暴力法》已由中华人民共和国第十二届全国人民代表大会常务委员会第十八次会议于2015年12月27日通过,自2016年3月1日起施行。

⑤ 法〔2012〕57号,2012年2月28日发布并实施。

⑥ 法释〔2000〕23号,2000年7月25日发布,2000年8月3日实施。

4. 国务院行政法规、法规性文件和部委规章

国务院及各部委制定了一系列配套法规、规章和规范性文件。经国务院授权,由国务院新闻办公室发布的两份《国家人权行动计划》[①]均提及老年人权利保护。国务院办公厅2011年发布《社会养老服务体系建设规划(2011~2015年)》,针对社会养老服务体系提出了指导。国务院2013年印发《关于加快发展养老服务业的若干意见》,为发展养老服务业,确立了指导思想、基本原则、发展目标和政策措施。2014年印发《关于建立统一的城乡居民基本养老保险制度的意见》,在全国范围建立了统一的城乡居民养老保险制度。2015年11月印发《关于推进医疗卫生与养老服务相结合的指导意见》,为创新体制机制,推进医疗卫生与养老服务相结合指明方向,等等。除此之外,国务院的"中国老龄事业发展规划"在每个五年度内对老龄事业做出统筹规划。近年来,国务院有关部门制定配套规定60多件,涵盖老年人社会保障、社会服务、社会优待、社会救助和参与社会发展等多个方面。[②]

各职能部门如劳动和社会保障部、民政部、中共中央组织部、卫生部、司法部、建设部、全国老龄委等,先后单独或联合颁布了一批规章和政策性文件:如卫生部《关于加强老年卫生工作的通知》、[③]劳动部《关于加快养老金社会化发放工作的通知》、[④]中组部、文化部、教育部、民政部、全国老龄工作委员会办公室《关于做好老年教育工作的通知》、[⑤]中

① 两份计划分别为:2009年4月发布的2009~2010年计划,2012年6月发布的2012~2015年计划。

② 全国人大常委会副委员长王胜俊:《全国人民代表大会常务委员会执法检查组关于检查〈中华人民共和国老年人权益保障法〉实施情况的报告》,2015年12月22日第十二届全国人民代表大会常务委员会第十八次会议,北京。

③ 卫疾控发〔2001〕205号,2001年7月20日发布,2001年7月20日实施。

④ 劳部发〔1996〕420号,1996年12月18日发布,1996年12月18日实施。

⑤ 文社图发〔2001〕22号,2001年6月22日发布,2001年6月22日实施。

共中央组织部、人事部、劳动部、财政部《关于增加部分老红军、老干部生活困难补助费的通知》、[①]财政部《老年人社会福利机构基本规范》、[②]财政部、国家税务总局《关于对老年服务机构有关税收政策问题的通知》、[③]全国老龄工作委员会办公室、司法部、公安部《关于加强维护老年人合法权益工作的意见》、[④]住房城乡建设部《关于批准〈老年人居住建筑〉等17项国家建筑标准设计的通知》、[⑤]体育总局等12部门"关于印发《关于进一步加强新形势下老年人体育工作的意见》的通知"[⑥]等共计28项。

5. 地方性规章

近年来,各地加强了老年人权益的保护力度,出现了大量的专门针对老年人的地方性规章。截至2016年2月14日,[⑦]在地方性法规方面,目前,全国大部分省份出台了共计78项《老年人权益保障条例》或《〈老年人权益保障法〉实施办法》;已发布的地方政府规章共计20项,均涉及老年人优待办法的相关规定。另外,还有老年人相关权益保护的地方规范性文件共计558项。这些规章及文件,涉及老年人生活的各个方面,包括针对高龄与失能老年人的补贴、老年人公证服务、老年人专用智能产品与服务、老年人优惠待遇、健康工程实施、医疗卫生服务、意外伤害保险、体育健身工作,等等。

---

① 组通字〔1992〕27号,1992年10月14日发布,1992年10月14日实施。
② 民发〔2001〕24号,2001年2月6日发布,2001年3月1日实施。
③ 财税〔2000〕97号,2000年11月24日发布,2000年10月1日实施。
④ 全国老工办发〔2003〕4号,2003年2月25日发布并实施。
⑤ 建质函〔2015〕306号,2015年12月14日发布,2016年1月1日实施。
⑥ 2015年9月30日发布。
⑦ 根据北大法宝统计 http://www.pkulaw.cn/,访问日期:2016年2月14日。

(二)老年人权利行政保障

1. 老年人权益保护的国家计划

中国政府先后颁布实施了《中国老龄工作七年发展纲要(1994～2000年)》《中国老龄事业发展"十五"计划纲要(2001～2005年)》《中国老龄事业发展"十一五"规划(2006～2010年)》和《中国老龄事业发展"十二五"规划(2011～2015年)》以及《社会养老服务体系建设规划(2011～2015年)》,对推动老龄事业与经济社会协调发展起到了促进作用。国务院有关部门和地方各级人民政府,分别制定本部门老年人权益保护及老龄工作行动计划和本地方老年人权益保护及老龄事业发展规划。2009年10月,国家应对人口老龄化战略研究正式启动。这是我国从国家层面、战略高度全面审视中国人口老龄化问题的一项重大国情研究和决策研究。此外,国家还建立了督查和评估制度,对规划的实施情况进行期中和期末检查,推动规划的落实。同时,建立老年人权益保护统计指标体系和老年人权益保护统计工作制度,为制订规划和完善督查评估工作提供基础数据。20世纪80年代以来,我国政府先后三次进行了全国范围的老龄人口状况调查,为老年人权益保护的科学决策提供了重要依据。

2. 老年人权益社会组织

1999年,国务院成立全国老龄工作委员会,统筹规划和协调指导全国的老年人权益保护及老龄工作,研究、制定老年人权益保护等老龄事业发展战略和重大政策,协调和推动有关部门实施老龄事业发展规划,指导、督促和检查各地老龄工作。全国老龄工作委员会主任由国务院副总理担任,成员单位由国家26个部门组成,委员由各成员单位一位副部长级领导担任。委员会下设办公室,负责日常工作。目前,全国已基本建立起省(自治区、直辖市)、地(市、州、盟)、县(市、区、旗)、乡镇

(街道)各级老龄工作委员会及其办事机构,村(居)民委员会有专人负责老年人权益保护及老龄工作,初步形成从中央到地方的工作网络。《2014年度中国老龄事业发展统计公报》显示:2014年年底,全国共有各级老年人协会40多万个,参加人数逾4千万人,其他各类老年社团组织共有3万多个,参加人数4百多万人。全国还有各类老年人法律援助中心18295个,老年维权协调组织88216个。这些组织在帮助老年人实现自我服务、维护自身权益、最大限度地参与社会发展等方面发挥了重要作用。根据2015年12月22日关于"检查《中华人民共和国老年人权益保障法》实施情况的报告",全国城乡社区建有老年协会49万个,覆盖率达到74%。[①] 老年协会在监督养老服务政策落实、参与居家养老服务工作、承接政府购买服务、开展文体娱乐活动、依法反映老年人诉求、维护老年人权益等方面发挥了积极作用。

(三)老年人权利司法保障

司法部门在司法实践中注重老年人权益的保障,根据全国人大常委会执法检查组2011年5月至7月对《中华人民共和国老年人权益保障法》实施情况进行检查的报告,司法行政部门已建立了近2万个老年人法律援助中心(站),将《老年人权益保障法》列入普法内容。各级人民法院对涉老赡养案件在立案、审理和执行上优先,在诉讼费方面对生活困难老年人实行减、免、缓交。在涉老案件中,老人作为原告占80%以上,从1996年上海建立第一家"老年法庭"开始,全国多地相继建立了老年法庭。从2006年到2010年5年来,全国法院受理的赡养纠纷案

① 王胜俊:《全国人民代表大会常务委员会执法检查组关于检查〈中华人民共和国老年人权益保障法〉实施情况的报告》,2015年12月22日第十二届全国人民代表大会常务委员会第十八次会议,北京。

件逐年下降,由2006年的3.1万件下降到2010年的2.6万件。

二、国际人权法视角下老年人权利保障体系之不足

(一)立法上碎片化严重

我国现有保护老年人权益的法律规则中,虽形成了以《宪法》为基础的老年人权益保障特别法和其他法律、法规,但总的来说,缺乏完整性,碎片化仍然比较严重。具体表现为以下几个方面。

首先,《老年人权益保障法》缺乏可操作性。通过立法确定的国家对老年人权益的保护义务如果不与老年人请求权相对应,不与法院的救济权相联系,那么对于老年人权益的保障仅仅只是纸上的宣传,这种国家义务也是不牢靠的。《老年人权益保障法》作为特别法,在形式上承担了保障老年人合法权益的作用,贯彻了《宪法》中老年人权益保障的精神和指导原则,是老年人权益保护最基本的立法。《老年人权益保障法》从老年人权益保护的原则、家庭赡养与扶养、社会保障、社会服务、社会优待、宜居环境、参与社会发展、法律责任等几个方面进行了规范。该法依据《宪法》而制定,[①]因此,在司法实践中,应当具备法律的基本属性,即法律的强制性、法律的权威性、法律的稳定性、法律的实践性。但是,该法缺乏相应的实施细则,在与老年人密切相关的权益方面,如老年福利、老年医疗保健、养老保险等,其配套法律法规多散见于《社会保险法》等其他部门法律法规之中。从《老年人权益保障法》的规范来看,很多以宣示、倡导的形式表现,显得过于原则化,不具有可操作性。最具典型的规定如2012年修改时新增的"常回家看看"条款,该条

---

① 参见《中华人民共和国老年人权益保障法》(2015年修正)第1条:为了保障老年人合法权益,发展老龄事业,弘扬中华民族敬老、养老、助老的美德,根据宪法,制定本法。

规定,“与老年人分开居住的家庭成员,应当经常看望或者问候老年人”。[①] 其立法目的在于强调家庭养老的基础作用,作为家庭成员的子女或赡养人在生活上、精神上有供养、照料、抚慰的特殊义务,但对于条文中的“经常”“看望”“问候”等词的表述如何作为法律条文来实施,却是无从判断。另外,也缺乏相应的监督和处罚机制,因此新法类似规则的出台实则是对某些忽视老人行为的一种提醒或约束,属于“倡导性法律规范”,可操作性不大。[②] 导致对于具体的权利救济无依据可寻,而“无权可维”。

其次,《宪法》《婚姻法》《刑法》以及各种地方性法规对老年人权益保护都有所涉及,但均显零散且缺乏统一性。例如,《宪法》相关的规定虽然为老年人权益保障法及一系列立法提供了一个法理上的依据,老年人宪法权利保障具有伦理道德基础,是各种权益保障的核心,[③]但关于老年人权益的条款还停留在公民年老时有获得国家和社会物质帮助的权利,而在经济高速发展的今天,在老龄化社会的现在,老年人不仅仅应该享有最基础的物质生存权,而应该在社会参与和精神文化等生活方面都享有宪法规定的权利。[④] 从地方性法规的制定来看,许多地方立法并没有很好地依据地方实际情况和老年人权益保障的需要进行制定,而大都是对老年人权益保障法的简单重复,或是稍加实施方面的详细说明,却忽略了地方立法的真正目的和作用,导致各个地方关于老年人权益保障的法规设置缺乏科学性与合理性,从而缺乏可操作性,在实践过程中难以执行和实施。[⑤]

---

① 参见《中华人民共和国老年人权益保障法》(2015 年修正版)第 18 条。

② 田亮:《专访新老年法起草者肖金明:“常回家看看”入法是不得已》,载《环球人物》2013 年第 19 期。

③ 陈雄:《老年人宪法权利保障的道德根基研究》,载《湖南社会科学》2013 年第 5 期。

④ 李向明:《老年权益保障的法律体系研究》,山东大学 2012 年硕士学位论文,第 9 页。

⑤ 同上书,第 10 页。

最后,政出多门现象比较严重,实施效力低。当前国家层面的老龄政策主要局限于部委规章和规范性文件层面,在形式上,绝大部分老龄政策以"通知""意见""决定"等形式出台,这些文件的效力较低,使政策的贯彻实施难以达到预期效果。从国务院及各部委制定的一系列配套法规、规章和规范性文件来看,涉及老龄政策的有十多个部委。从保护对象上看,对老年人群体保护标准多元化,如,同样是城市老年人群,有退休和离休之分,而在退休的老年人当中,退休前的职业、身份等决定着退休政策和退休金,往往差别很大。还比如在医疗保险方面,社会保障部门主管着城镇职工、城镇居民基本医疗保险,卫生部门主管着"新农合",而且医疗保险实行省级统筹,导致不同省份的老年人所能报销的比例也各不相同。① 这种政出多门和标准多元化直接导致老年人权益分配的不公平和不均衡。

(二)缺乏"权利"体现

根据《宪法》的规定,老年人是作为一特定人群的公民并通过设置了特别条款的方式给予保护。除此之外,我国还出台了以《老年人权益保障法》为主的一系列相关法律法规,构成了"宪法—法律—法规"的系统保护网。作为特别法的《老年人权益保障法》第1条就明确"为了保障老年人合法权益……"该法同样以"权益保障"作为标题。从这些法律、法规的表述来看,其保护的内容是老年人的"合法权益"。根据《中国百科大辞典(法学)》的解释,合法权益指"符合法律规定的权利和利益"。② 由此可见,我国法律、法规明确对老年人的保护的内容是"权

---

① 王亦君、关尔佳:《〈中国老龄事业发展报告(2013)〉:老龄问题严峻性世界少有》。参见 http://news.xinhuanet.com/local/2013-02/28/c_114828199_5.htm. 2015-12-31。

② 中国百科大辞典编委会:《中国百科大辞典四(法学)》,中国大百科全书出版社2010年版,第45页。

益”,而并非仅仅是“权利”。权益一方面包括“权利”(right),另一方面包括“利益”(interest),意味着受法律保护的权利和法律不否定、不禁止的利益。① 由此还可以推断,法律上目前尚未实现,但只要可以从宪法或其他法律文件中可以推出的利益和可能实现的利益,也仍然是老年人权益保护对象。因此,可以说,对老年人权益的保护是个开放性的范畴,是随着社会、经济、文化及法律观念的发展而发展的,在发达国家,老年人所享受到的权利和利益高于不发达国家,不发达国家随着经济和社会的发展以及观念的转变,老年人将有越来越多的利益被确定为权利。在这里,“权益”表现为“权利”和“利益”互为补充的结合。② 如果权利没有被确定,利益的获得将是不稳定的,“各项权利扮演一种特殊的角色:各项权利是赋予每个人的权益,如果它们遭受侵犯或未获保障,即发生基本正义的失败”。③ 因此,不难推出,对老年人权益进行保障,应先确定老年人应享有的权利。

我国对老年人的保障体系,正是缺少老年人权利的确定。《宪法》虽然将老年人作为特殊主体给予了特别保护,但《宪法》上规定的权利不能成为诉权,不能进入诉讼,使这些权利因此而处于无保障状态。作为老年人权益保障的主要法律《老年人权益保障法》开篇即指出“为了保障老年人合法权益,发展老龄事业,弘扬中华民族敬老、养老、助老的美德,根据宪法,制定本法”,④表明该法对老年人合法权益的保护目的

① 管斌:《论消费者权利的人权维度》,载《法商研究》2008年第5期。

② [美]玛莎·C.纳斯鲍姆:《能力、权益与权利:补充和批判关系》,载《人权》2015年第3期。

③ M. C. Nussbaum, "The Costs of Tragedy: Some Moral Limits of Cost-benefit Analysis", in M. D. Adler and E. A. Posner eds., *Cost-Benefit Analysis: Legal, Economic, and Philosophical Perspectives*, Chicago: University of Chicago Press, 2001, pp. 169–200. 转引自[美]玛莎·C.纳斯鲍姆:《能力、权益与权利:补充和批判关系》,载《人权》2015年第3期。

④ 《中华人民共和国老年人权益保障法》(2015年修正)第1条。

和宗旨基于促进经济的全面发展和社会的稳定(“发展老龄事业”)、传统美德的弘扬(“弘扬中华民族敬老、养老、助老的美德”),使整部法律法规具有强烈的功利性,这种功利性可能会导致对老年人应有权益的随意剥夺,而无法形成规模化、制度化的实践。[①] 因此,该法大部分条文体现的是将老年人视为医学护理、治疗、社会保护的对象,而并非作为权利的主体,能够主张权利和作为能动性的社会成员参与社会、共享发展成果,更没有明确为老年人所享有的政治权利、公民权利、经济权利、社会权利、文化权利构建一个综合的权利体系。在各省市的地方性法规中,绝大多数立法内容涉及家庭保护和社会扶持,只零星列举了具体权利、相关部门的职责,如河南、陕西两省和昆明市虽将政府责任部分独立成章,但对各部门的具体负责事项只是笼统的叙述,并不明晰。[②] 这种“权利”的不确定将影响到老年人权益的享有和保障的持久性、普遍性。而基于“权利”的保护就会避免这些问题,使老年人不用担心政策的变化而影响自己的权益,而一般来说,政府对政策的平衡和考量不利于老年人这类弱势人群的保护。

(三)缺乏统一的监督机制

法律规范需要有效的监督机制,否则,其实际的实施效果就会不尽如人意。老年人权益保障法律体系,一方面体现的是国家或政府作为权益保障的义务主体与老年人的关系;另一方面还体现了其他义务主体,如家庭成员、社区、相关机构及个人对老年人的相关义务。因此,其法律监督的主体,包括国家监督,即国家机关进行的法律监督,又可分

---

① 齐延平:《社会弱势群体的权利保护》,山东人民出版社2006年版,第87页。

② 杨海坤:《宪法平等权与弱者权利的立法保障——以老年人权益保障法为例》,载《法学杂志》2013年第10期。

为权力机关的监督、行政机关的监督和司法机关的监督；还包括社会监督，即各政党、社会团体、组织和人民群众所进行的监督。①

目前，全国人民代表大会常务委员会执法检查组对《老年人权益保障法》的实施情况进行了两次监督检查。第一次于2011年5月到7月进行，由全国人大内务司法委员会主任委员和几位副主任委员为组长，部分内司委委员和全国人大代表为成员。第一次监督检查组成7个小组分赴上海、安徽、福建、山东、云南、陕西、新疆进行检查；同时，委托其余24个省级人大常委会在本行政区域内进行检查。检查组采取听取汇报、召开座谈会、实地考察等方式进行。第二次监督检查于2015年6月到8月进行，工作组赶赴山东、贵州、北京、湖南、广东、山西进行检查，并委托其他25个省（区、市）人大常委会进行自查。通过执法检查，进一步推动老年人社会保障体系和社会养老服务体系建设，营造全社会依法维护老年人权益的良好氛围，促进老龄事业与经济社会协调发展，把老有所养、老有所医、老有所为、老有所学、老有所乐落到实处。

另外，1999年10月，由国务院主管的全国老龄工作委员会成立，该委员会是全国老龄工作的议事协调机构，其部分工作职责承担了协调和推动有关部门做好维护老年人权益的保障工作。该委员会由包括中组部、中宣部、中央国家机关工委、外交部、中直机关工委、国家发展改革委、国家民委、教育部、司法部、公安部、民政部、人力资源和社会保障部、财政部、住房和城乡建设部、文化部、卫生计生委、国家新闻出版广电总局、国家税务总局、国家统计局、国家体育总局、国家旅游局、全国总工会、全国妇联、共青团中央、中国老龄协会等在内的32个单位组成。2005年8月，经中央编委批准，全国老龄工作委员会办公室与中国老龄协会实行合署办公，在国内以全国老龄工作委员会办公室的名义

① 孙国华、朱景文：《法理学》（第2版），中国人民大学出版社2004年版，第411页。

开展工作，在国际上主要以中国老龄协会的名义开展老龄事务的国际交流与合作。[1]

由此可见，在老年人权益保障实施的监督形式和监督主体上，我国并没有形成统一的机制。在机构上没有设立专门的监督检查机构，也没有形成日常监督机构，由全国人大常委会组成的检查组是一个临时性的机构，对全国也只实行抽查，且《老年人权益保障法》从 1996 年颁布到现在，历经了 2012 年大型的修改和 2015 年的修正，全国人大常委会组成的检查组仅进行过两次检查，对地方实施主体行为是否偏离难以监测，也难以保持各地方政府在保障责任上的持续性。我国没有类似于"中国残疾人联合会""中国妇女联合会"这样的非政府组织，能代表老年人群体共同利益，维护老年人合法权益的组织实行社会监督。我国的民间老年人组织尚处于发展初期，在运行模式、管理制度和社会资源获取上处于摸索阶段，[2]还难以承担社会监督之责。

第三节　基于联合国《老年人权利公约》构建之应对

当全球人口老化成为一种新的社会趋势与潮流，老年人权利保护被国际社会和国际组织关注。联合国早在 1991 年提出的《联合国老年人原则》中，就揭示老人应该拥有的"独立、参与、照顾、自我充实、尊严"五大原则，随后更将 1999 年确定为"国际老人年"，期待全世界将来能走向"接纳所有年龄层的社会"；依据前述原则，世界卫生组织（WHO）

---

① 参见中央编办发〔2005〕18 号。

② 姜向群等：《中国人口老龄化和老龄事业发展报告（2014）》，中国人民大学出版社 2015 年版，第 118 页。

则在2002年提出"积极老龄化"(active ageing)[①]政策架构,主张从健康、参与以及保障三大方面,提升老年人生活质量,该理论为学界广泛讨论,成为世界各国公共政策的重要议题。[②] 目前,联合国在积极鼓励相关利益方提交《老年人权利公约》草案,我国面对老龄化社会的挑战和老年人权利国际人权法保护进程,在国际层面和国内层面如何应对应成为我们的思考重点。

一、我国参与联合国老年人权利保护进程之考量

我国作为全球第一人口大国,在经济尚不发达的情况下进入了老龄社会,较之发达国家,面临老龄化与发展的双重压力。我国已充分意识到,解决这一矛盾的首要措施是调动一切积极因素,包括为老年人提供参与社会发展的条件,促进经济发展。[③] 从1982年第一次老龄问题世界大会开始,我国一直积极参与联合国老年人权利保护进程。

1982年我国派12名代表参加大会,从那以后,我国的老年学研究和相关的老龄问题得到了迅速发展。当时,我国老龄问题的总体目标为后来1996年《老年人权益保障法》中规定的"五个老有":老有所养、老有所医、老有所为、老有所学、老有所乐。[④] 在机构设置上,我国于1999年10月设立了"全国老龄工作委员会",该委员会的成员机构基本囊括了所有政府重要部门,这说明,我国在老年人和老龄问题方面的工作与联合国基本保持同步发展。1998年,我国还承办了"联合国亚太经

---

① WHO(2002),Active Aging:A Policy Framework. Geneva:WHO. See http://www. who. int/ ageing /publications/active_ageing/en/2015 - 12 - 10.

② 王诺、张占军:《机遇还是挑战? ——中国积极老龄化道路》,经济科学出版社2014年版,第41页。

③ 熊必俊:《制定新世纪老龄行动计划,应对全球老龄化挑战——第二届世界老龄大会综述和启示》,载《市场与人口分析》2002年第5期。

④ 《中华人民共和国老年人权益保障法》第3条。

社会98'中国北京老龄问题地区研讨会",该会议是为贯彻1992年联合国第47届会议通过的《联合国老龄问题宣言》中将1999年定为"国际老年人年"后开展的一次重要活动。

2002年,联合国召开第二次老龄问题世界大会时,我国参加大会以及政府组织论坛和国际老年学论坛的代表就有70多人。我国政府代表团团长(时任国务委员、全国老龄工作委员会常务副主任司马义·艾买提)和副团长(时任民政部副部长、全国老龄工作委员会办公室常务副主任李宝库)分别在大会和圆桌会议上做了题为"我们对未来充满信心"和"为使全世界老年人生活得更美好而共同努力"的发言。2002年9月,上海承办联合国第二次老龄问题世界大会亚太地区后续行动会议,中国政府代表团团长司马义·艾买提在大会上作了重要发言,中国政府代表团副团长李宝库在圆桌会议上发言,共同向全世界阐述了中国政府在老龄问题上的立场和方针。①

进入21世纪,联合国加紧了老年人权利保护的立法进程,2010年12月,联合国大会第65/182号决议,决定设立联合国所有会员国参加的"老龄问题不限成员名额工作组"(Open-ended Working Group on Ageing,OEWG),从人权视角将保护老年人权利提上了日程。2012年12月,联合国大会第67/139号决议,决定"订立一项全面综合的国际法律文书以促进和保护老年人权利与尊严",并授权"老龄问题不限成员名额工作组"开始《老年人权利公约》的制定工作。在此背景下,一方面,我国在国内立法方面积极应对,于2012年12月28日通过了新修改的《老年人权益保障法》,在一定程度上与我国参加联合国老龄问题世

① 全国老龄工作委员会办公室、中国老龄协会:《第二次老龄问题世界大会暨亚太地区后续行动会议文件选编》,华龄出版社2003年版,第2页。

界大会精神及联合国相关老龄问题政策性文件①相呼应；另一方面，我国积极参加“老龄问题不限成员名额工作组”的工作会议，在目前为止的六次会议上提交了五份声明，介绍了我国应对老龄化的做法以及主张，在第五次会议和第六次会议提交的声明中，对订立老年人国际人权文书的可行性提出了建议，并表示了支持。②

由此可见，在我国老龄化社会的现实背景下，作为联合国常任理事国之一，我国在国际社会老年人权利保护国际化的浪潮中，无论从国内法律法规的调整上，还是从国际事务的参与上，都在发挥积极的作用，而且理应发出自己的声音。随着联合国制定《老年人权利公约》进程的推进，首先，我国应在联合国会议中继续积极参与，并且不能只限于目前在每次工作会议中提交一份抽象的声明，下一步还应对《老年人权利公约》具体构建提出草案，提交工作组会议，应对老龄问题的全球努力中发挥自己独特的作用，这也是十八大报告中所要求的“积极参与国际规则制定……增强我国在国际法律事务中的话语权和影响力……”③的应有之义；其次，应积极借鉴国际上老龄法方面先进的立法经验，在《中华人民共和国老年人权益保障法》的基础上，结合我国的国情，进一步探索切实保障老年人权益、应对老龄问题的有效途径和方法，为社会的可持续发展提供保障。

二、加强以“权利”为基础的法律保障体系的建设

以“权利”为基础的法律保障意味着老年人权益保障体系的构建必

---

① 如《马德里老龄问题政治宣言》《马德里老龄问题国际行动计划》《联合国老年人原则》等。

② 相关声明参见 http://social. un. org/ageing-working-group/index. shtml，访问日期：2015 年 12 月 10 日。

③ 参见《中共中央关于全面推进依法治国若干重大问题的决定》，2014 年 10 月 23 日中国共产党第十八届中央委员会第四次全体会议通过。

须围绕尊重和保障老年人的权利这一主线,也意味着老年人立法应将老年人看作权利的拥有者而不是慈善的对象。国家法律体系的构建以及国家对老年人的帮扶、特殊照顾义务并非仅仅为了满足老年人的需求,也不是出于慈善或施舍,而是基于老年人作为人理应享有的权利,即人权,而作的制度性安排。本来,一个国家人民平均寿命延长,代表的应该是人类健康与环境优良指标进步的象征,但无比讽刺的是,因为社会结构的转变,其背后所隐藏的却不尽然是乐观的结果,甚至被视为是"问题""危机",间接使得老人被负面化而成为社会的负担。各国应立足"权利"力求尊重、支持和庆贺人类寿命延长,创造条件让老年人有意义地参与社会发展。同时还应认识到,保护和增进老年人的权利并不仅仅在于提供老年人需要的相关服务而已,而是应采取措施改变老年人由于年龄的增长面临的来自各个方面的歧视和不平等,促进老年人参与社会、贡献社会,促进各国形成"不分年龄人人共享的社会"。正如联合国前秘书长科菲·安南在联合国大会中指出,"不再把老年人看作领退休金的人,而是社会发展进步的主体和受益人"。① 这也是近年来国际社会在老年人立法上所出现的"从需求到权利"这一趋势的体现。②

我国自 1999 年就已经进入老龄化社会,未富先老的格局已经形成。如何应对老龄化社会带来的现实问题,处理好老年人应然权利与实然权利的关系,并与我国国情相结合,需要形成以《老年人权益保障法》为核心,其他涉及老年人问题的法律规范为补充的法律体系。

---

① 参见 http://www.un.org/chinese/esa/ageing/newage.htm,访问日期:2015 年 12 月 10 日。

② 汪地彻:《中国老龄法治问题三论》,载《理论导刊》2013 年第 8 期;熊必俊:《制定新世纪老龄行动计划,应对全球老龄化挑战——第二届世界老龄大会综述和启示》,载《市场与人口分析》2002 年第 5 期。

第一,综合规范权利内容和政府职责。《老年人权益保障法》面向新的社会现实应进行及时调整,使老年人基本宪法权利具体化,对老年人的政治权利、公民权利、经济权利、社会权利、文化权利进行综合规制,并对每一项权利规定政府及相关义务主体的责任和义务以及政府在应对人口老龄化方面的职责,可从经费保障、规划制定和老龄工作机构完善等方面明文规定政府发展老龄事业和做好老年人权益保障工作的义务。[①] 同进,应制定相关的实施细则,使法律更具可操作性。为此,我国《老年人权益保障法》的再次修改,应在坚持从国情出发与吸收借鉴国外有益做法的基础上,处理好与其他相关法律、巩固家庭养老基础性地位与积极发展养老社会保障和社会服务、增进老年人福利与经济承受力和可持续发展等方面的关系。

第二,用制定专门法的形式将涉及老年人权利保障的重大、复杂的问题制度化和规范化。根据"积极老龄化"理论,健康、参与和安全是老年人三大政策支柱。就健康层面而言,为满足老年人由于年龄而导致身体机能受损而带来的特殊需求,相关政策方案应考虑提供连续的、可负担的、容易取得的、高质量的健康与社会服务;其次,社区养老或机构养老如能提供终身学习与志愿服务机会,将有助于提升老人的社会参与程度;老人的居住环境设计、所能获得的生活扶助,以及避免发生各种老人虐待事件等方面,则是养老机构与社区式或家庭式养老所需关注的安全面向。因此,老年人社会保障、老年人医疗卫生保健和老年人养老服务体系是当前最重要的三个领域。其中,老年人养老社会保障立法应以老年人社会保险立法和老年人社会救助立法为主,老年人医疗卫生保健立法重点在于制定《老年人保健法》,老年人养老服务立法的核心任务在于将以居家养老为基础、社区养老为依托、机构养老为补

① 刘灵芝:《中国公民养老权论》,吉林大学 2007 年博士学位论文,第 126 页。

充的三位一体养老服务体系建设予以规范化、制度化。[①] 由此，对政府责任提出相应的要求，以我国应构建的养老服务体系为例，政府应采取措施对相关服务的供给与使用模式加以修正。首先，应设置以权利为基础的长期照顾保险制度，一方面，使老年人能获得财务支持，有能力支付所需要的服务项目；另一方面，则需刺激服务供给的数量，扩大各部门加入服务产业，并进行有效的管理规范，才能使权利人就近获得并选择相对高质量的服务。其次，养老服务体系的设计应将更多资源投入预防老年人失能或失能初期的治疗和保健上，而并不仅是针对已经失能的老年人，这不仅是为了节省相关成本，而是对于老人年生命尊严的保证。再次，养老服务应有质量评估机制，养老保障制度制定与实施的政府相关部门的考核评估机制中应包括老年人的参与，注重老年人对政府相关部门及相关养老服务的评价与监督，这种评估应兼顾到服务的全过程以及成果，将服务对象生活质量是否得以维持或提升作为衡量标准，并完善反馈机制。[②] 最后，还应关注养老服务提供者的资质问题，需要政策制定、专业团体与教育单位共同合作，建立检测和培训机制，以保证服务提供者的适格性。

第三，完善其他部门法中的涉老规范，构建和完善以专门法为中心的统一的、制度化的老龄权利保障体系。我国相关的部门法中均有涉及老年人权益的条款和规范，多集中在老年人财产权和人身权等相关权益方面。这些规范有的与《老年人权益保障法》有重叠之处(如《继承法》中关于继承权的规定等)，有的规定较为抽象和原则，仅起到宣示作用，难以满足老年人权益保护的特殊要求。因此，有必要对分散于其他部门法中的涉老规范进一步完善，弥补专门法规定的不足，同时对涉及

① 汪地彻：《中国老龄法治问题三论》，载《理论导刊》2013 年第 8 期。

② 王利清：《养老保障制度改进中老年人增权问题分析》，载《探索》2014 年第 2 期。

老年人的人身安全、就业权、诉讼权等其他权利给予更多的关注。在各部门法的完善方面,有关老年人监护制度、禁止虐待老年人条款、对老年人犯罪予以宽宥的规定、精神赡养的规定、保障老年人劳动权的规定、方便老年人进行诉讼活动的规定等方面都是今后一个时期立法完善的重点。①

另外,在立法技术上,应多设置授权性规定,从保护性立法转向授权性立法。要将老年人作为权利主体,视其为享有天赋人权的公民,具有同其他群体相同的在法定范围内"为"或"不为"的资格,以及要求他人"为"或"不为"的资格。同时,应尊重老年人作为权利主体的选择权和不同诉求。

三、完善老年人权利保障监督机制

老年人权利保障监督机制的完善应从国家监督和社会监督着手。

(一)国家监督的完善

在国家监督方面,我国在国际人权法的实施保障上,目前虽然已批准加入了八项联合国核心人权公约及相关议定书,②但尚未成立《巴黎原则》意义上的国家人权机构。国内许多部门如国家信访局、国务院妇女儿童工作委员会、国务院残疾人工作委员会、国家民族事务委员会、全国老龄工作委员会等机构承担着类似于国家人权机构的职责,促进

---

① 汪地彻:《中国老龄法治问题三论》,载《理论导刊》2013 年第 8 期。

② 中国批准或加入的核心国际人权公约如下:《经济、社会及文化权利国际公约》《消除一切形式种族歧视国际公约》《消除对妇女一切形式歧视公约》《禁止酷刑和其他残忍、不人道或有辱人格的待遇或处罚公约》《儿童权利公约》《儿童权利公约》关于儿童卷入武装冲突问题的任择议定书;《儿童权利公约》关于买卖儿童、儿童卖淫和儿童色情制品问题的任择议定书;《残疾人权利公约》。参见 http://tbinternet.ohchr.org/_layouts/TreatyBodyExternal/Treaty.aspx?CountryID=36&Lang=ZH,访问日期:2016 年 2 月 19 日。

和保护人权。而在联合国核心人权公约中,规定缔约国建立国家人权机构或类似于国家人权机构性质的监督机制是履行条约义务的要求。虽然从广义的角度上来看,我国所有的国家机构都负有公民权利保障的责任,但是客观上还没有形成统一有效的权利保障监督体系,各个部门并没有形成明确的责任分工,公民权利救济还存在一定的障碍。

因此,我国有必要建立一个统一的国家人权机构。国家人权机构的建立对于我国公民权利保障意义重大。第一,可以弥补人权保护上的制度性缺陷。国家人权机构直接服务于社会大众,其职责在于促进和保护人权,同时可为以平和的方式解决社会突发事件提供了渠道,长此以往,将在全社会培养起一种充满友爱的人权文化,从而为和谐社会的构建做出贡献。[①] 第二,国家与社会之间的矛盾也需要一个机构进行合理地协调,在这方面,亚洲、非洲国家人权机构建设的经验对于我们有直接的借鉴价值。[②] 由此可见,我国建立促进和保护人权的国家专门机构,不仅是国际人权法上条约义务的要求,也是国内民主政治建设、法治事业进步、人权保障与促进工作向更高层次提升的必然要求。[③]

从老年人权利保障的角度来看,虽然我国目前还不存在老年人权利保护方面国际法上的义务,但从国际国内层面上均有利于我国老年人权利的保障。从国际层面来看,目前,联合国《老年人权利公约》的制定正在进行中,许多国家和非国家组织以及区域提交了意见和提案,我国暂时未提交实质性的意见,如果我国能通过国家人权机构的设立,在联合国加强对话与沟通,将有利于我国参与国际人权公约的制定,争取

---

① 张伟:《关于在中国设立国家人权机构的几点思考》,载《中国政法大学学报》2011 年第 6 期。

② 韩大元:《国家人权保护义务与国家人权机构的功能》,载《法学论坛》2005 年第 6 期。

③ 齐延平:《国家的人权保障责任与国家人权机构的建立》,载《法制与社会发展》2005 年第 3 期。

在国际舞台上更为重要的话语权。除此之外，老年人权利保障国际合作需要国家人权机构这个平台来沟通。从国内层面来看，将我国老年人权利保障纳入人权保护统一监督机制，有利于审查、监督我国现行的涉老法律、法规，使之与国际上老年人权利保障先进理念相协调，向有关部门提出立法意见与建议，同时还可指导、督促相关国家机关履行其对老年人权利保障的责任和义务，对侵犯老年人权利和可能侵犯老年人权利的行为向有关部门提出矫正建议和预警意见。

(二)社会监督的完善

在社会监督方面，我国应加强涉老权益保护为主要内容的社会组织的建设。根据我国民政部的定义和分类，社会组织包括：(1)社会团体，指中国公民自愿组成，为实现会员共同意愿，按其章程开展活动的非营利性社会组织；[①](2)民办非企业单位，指企业事业单位、社会团体和其他社会力量以及公民个人利用非国有资产举办的，从事非营利性社会服务活动的社会组织；[②](3)基金会，指利用自然人、法人或者其他组织捐赠的财产，以从事公益事业为目的，按规定成立的非营利性法人。[③] 社会组织作为区别于政府和市场的“第三部门”，其存在的意义在于弥补政府和市场的“失灵”，性质上具有自身的独立性，它不是政府部门的附属，也不能成为某些商业行为利用的工具。

---

① 《社会团体登记管理条例》(1998 年 10 月 25 日国务院令第 250 号发布)，第 2 条。参见 http://www.mca.gov.cn/article/yw/shjzgl/fgwj/201507/20150700850197.shtml。访问日期：2016 年 1 月 5 日。

② 《民办非企业单位登记管理暂行条例》(1998 年 10 月 25 日国务院令第 251 号发布)，第 2 条。参见 http://www.mca.gov.cn/article/yw/shjzgl/fgwj/201507/20150700850196.shtml。访问日期：2016 年 1 月 5 日。

③ 《基金会管理条例》(2004 年 3 月 8 日国务院令第 400 号公布)，第 2 条。参见 http://www.mca.gov.cn/article/yw/shjzgl/fgwj/201507/20150700850200.shtml。访问日期：2016 年 1 月 5 日。

我国正在经历快速老龄化过程,随着家庭养老功能的弱化和社会的转型,社会化养老需求快速增加,老年人权益保障也面临特殊的挑战。社会组织的加入可以在老年人生活照料、精神慰藉、康复护理、临终关怀,以及权利受到侵害时的有效救济方面提供多层次的服务和监测。对弥补政府和市场的不足、提供助老服务、促进社会和谐方面可发挥重要的作用。另外,还应看到,在国际人权领域中,社会组织的影响力越来越强,从联合国通过的核心人权公约的过程来看,国际非政府组织发挥着重要的作用。目前在联合国《老年人权利公约》制定进程中,非政府组织的参与也非常活跃,针对全球范围内老年人权利现状以及法律保障现状提交了大量的提案和监测数据,成为国际人权立法中不可缺少的力量。相比而言,我国社会组织在国际人权论坛上少有活动,国际社会对我国社会组织也存在一些负面理解。[①]

就我国涉老社会组织而言,目前我国采取的是双重管理体制,即登记管理机关和业务主管单位两个政府部门主管。这种体制的存在,导致我国社会组织受政府牵制较多,行政化色彩浓厚。[②] 同时,我国社会组织还处于初创阶段,对政府有着很强的依赖性,难以发挥自主性,在社会上认同感不强,特别是涉老社会组织。我国目前"妇联""残联"广为所知,并且分别成为妇女和残疾人权益维护的重要社会组织,但涉及老年人的社会组织却很少被人们认知。因此,我国应积极为涉老社会组织的发展提供支持。首先,政府应健全相关法律法规,规范社会组织的行为,从"重登记轻管理"模式转化为"重管理轻准入"模式,减少政府的干预,在法律性质上赋予其独立的地位,引导、鼓励其保持独立性和

---

① 李君如:《中国人权事业发展报告(人权蓝皮书)》,社会科学文献出版社 2015 年版,第 357 页。

② 罗鹂鸥:《我国社会组织发展困境及其对策研究》,湖南大学 2010 年硕士学位论文,第 36 页。

专业性。其次,应加强社会宣传工作,转变观念,加强社会对涉老社会组织的理解和支持。对涉老社会组织的宣传除了依靠社会组织自身外,更要依靠政府和社会力量,才能提高其公信力,增加社会认可度。

结　语

对于儿童和青少年、妇女、土著人群和残疾人，目前，联合国均有与之对应的核心人权公约。而联合国框架下的国际人权体系对待老年人权利保护的问题与对待其他特殊群体是完全不同的。老年人可以说是最晚纳入联合国国际人权法体系考虑的特殊群体。对于儿童和青少年、妇女、土著人群和残疾人群体，具有约束力的文书是由国际立法者自上而下推动的；而在老年人问题上，似乎是从基层或区域人权体系开始，自下而上地认识到国际法规和监管框架的必要性理念。《老年人权利公约》虽然目前尚未形成草案文本，但已作为联合国为特殊群体进行人权立法的下一个目标。本书理性地探讨了《老年人权利公约》应当具备的基本要素，并结合中国问题提出了对策。由于篇幅的限制，还有许多问题不能进行更细致的探讨，所以很多场合使用的是“包括但不限于”这样的表达，如基本原则的构建、权利内容的构建、缔约国政府责任内容等，不可能在书中穷尽，只能涉及基本范围。

另外，由于老年人群体内部异质性较大，对于特殊群体的老年人的权利保护,书中未作专篇论述,这些包括但不限于老年妇女和土著老年人的权利。由于老年妇女的比例高于老年男子(特别是在高龄妇女中),而妇女相对于男子在权利享有上面临特殊的挑战,除了消除年龄歧视外,还需要确保充分认可并尊重她们的权利,包括防止一切形式的暴力侵害,废除守寡习俗及其他可能影响老年妇女身心健康的有害习俗,保护农村地区的老年妇女,提供社会保障,以及保护丧偶妇女的财产和占有权。土著老年人权利也需要在《老年人权利公约》中特别关注,受到适当(非暴力)待遇的权利、保护大家庭制度、性别平等和代际平等是保护土著老年人权利的重要方面。这些方面还有待以后更进一步的研究。

后 记

本书是在我的博士学位论文基础上修改而成的。

几年的博士生涯，一路走来，有过迷茫，有过困惑，有过忧伤，有过焦虑，甚至抑郁和绝望，当然也有过欣喜、温暖和感动，但更多的还是“感恩”两个字。

感恩蒋新苗教授将我纳入门下，能有机会跟随老师攻读硕士学位、博士学位，每每想起，不由感谢上天的眷顾。

从当时的学生到留校任教，再到学生，正是恩师，引导我步入法学殿堂，为我铺平求学之路，教我感悟人生真谛。论文在选题、资料收集以及写作中，老师给予了悉心的指导，并在我写作过程中感到痛苦纠结之际适时提点和鼓励，使我在困惑中找到方向，推动我以更严格的标准和更高的要求来审视自己的学业。师母黄晓燕教授一直以来给予我和我的家人无尽的关爱，每当我因为学业上、工作中以及家庭和生活中的问题心情沮丧、困顿时，师母总是能给我建议、鼓励和宽慰，她那乐观、向上、积极的人生态度总能让我走出阴霾，充满对美好的期待。谢谢师母，感恩有您如同慈母般的关怀与帮助！

感谢李双元教授一直以来的教导与指引。先生虽年事已高，但耳聪目明，思维敏捷，每期都会亲自授课，其治学严谨的态度，不失一代学人风范。在论文的选题之际，先生一次问及我的选题，还鼓励我拓展视野，大胆选题，并提出了具体的建议，使我受益匪浅，深受鼓舞。在此，衷心祝愿先生万事如意，福寿绵长！

感谢中国人民大学的王立君教授。王老师在百忙之中抽时间审阅了我的论文，并提出了诸多中肯的意见，对我后期的修改给予了莫大的帮助。不仅如此，王老师还以特有的敏锐和细致，鼓励我增强信心，勇于探索，给予了我自信和坚定。王老师的乐观豁达和无私帮助将使我铭记永久！

感谢一直在指导我、鼓励我的博士生导师们，他们是肖北庚教授、李先波教授、郑远民教授、刘健教授、欧福永教授。如果说这篇论文有些许创新之处和成绩的话，那便是诸位导师率先垂范、言传身教的结果。研究生办李桂群老师在我遇到困难时总是能施以援手，一想到她，总是让我感到无比温暖！感谢同事朱雅妮博士忍受我在选题到写作过程中的多次叨扰，感谢所里其他同事在我写作过程中的鼓励、支持和工作上的帮助，还好有你们！同窗好友们给我的帮助和关怀也常常使我感动，前进的路上有你们同行，真好！他们的名字不能一一列举，在此深表歉意！

还要感谢我的家人在我求学路上给予的支持和帮助。为了我顺利完成学业，我的先生杨炼主动接手陪伴孩子的工作，努力学习操持家务。家里的四位老人，我的婆婆和公公，以及我的父母亲，他们放弃了本应闲适的晚年生活，轮流帮我承担着繁重的家务劳动，无微不至地照顾着全家的饮食起居。四年求学生涯，儿子从五岁的小小男孩变成了九岁的小小男子汉，写作过程中忽略了很多次的陪伴，但他毫无怨言。

正因为有着家人的坚强后盾，使我得以心无旁骛、全力以赴地投入到学业当中，他们是我永远的港湾，使我的前进道路充满意义。对于他们，非“感恩”二字了得！

最后，我还想说，博士生涯的结束也是另一种新生活的开始，我将心怀感恩，不断前行！

何燕华

2017 年 2 月于岳麓山下

图书在版编目(CIP)数据

《老年人权利公约》理性构建研究 / 何燕华著. --
北京:法律出版社,2017.3
ISBN 978-7-5197-0765-1

Ⅰ.①老… Ⅱ.①何… Ⅲ.①老年人权益保障法-研究 Ⅳ.①D912.7

中国版本图书馆 CIP 数据核字(2017)第 057349 号

《老年人权利公约》理性构建研究
《LAONIANREN QUANLI GONGYUE》
LIXING GOUJIAN YANJIU

何燕华 著

策划编辑 陈 睿
责任编辑 陈 睿
装帧设计 汪奇峰

出版 法律出版社
总发行 中国法律图书有限公司
经销 新华书店
印刷 北京京华虎彩印刷有限公司
责任校对 王沁陶
责任印制 沙 磊

编辑统筹 法律考试·职业教育出版分社
开本 A5
印张 9.5
字数 248 千
版本 2017 年 12 月第 1 版
印次 2017 年 12 月第 1 次印刷

法律出版社/北京市丰台区莲花池西里 7 号(100073)
网址/www.lawpress.com.cn
投稿邮箱/info@lawpress.com.cn
举报维权邮箱/jbwq@lawpress.com.cn
销售热线/010-63939792
咨询电话/010-63939796

中国法律图书有限公司/北京市丰台区莲花池西里 7 号(100073)
全国各地中法图分、子公司销售电话:
统一销售客服/400-660-6393
第一法律书店/010-63939781/9782 西安分公司/029-85330678 重庆分公司/023-67453036
上海分公司/021-62071639/1636 深圳分公司/0755-83072995

书号:ISBN 978-7-5197-0765-1 **定价**:38.00 元
(如有缺页或倒装,中国法律图书有限公司负责退换)